本专著是2019年度国家民委项目《教育精准扶贫背景下民族地区中小学师资保障研究》（2019-GMC-045）；内蒙古自治区教育科学“十三五”规划课题《内蒙古农村牧区民族小学师资保障研究》（2018MGH006）的成果。

中央民族大学“985工程”中国少数民族教育研究创新基地文库

多维视野的民族教育研究丛书

总主编　苏德

# 内蒙古民族学校双语教师
# 专业发展研究

Bilingual Teachers' Professional Development

塔娜 ——◎ 著

中央民族大学出版社
China Minzu University Press

**图书在版编目（CIP）数据**

内蒙古民族学校双语教师专业发展研究 / 塔娜著 . —北京：中央民族大学出版社，2020.9

ISBN 978-7-5660-1479-5

Ⅰ.①内… Ⅱ.①塔… Ⅲ.①蒙古族—小学教师—少数民族教育—双语教学—师资培养—调查研究—锡林郭勒盟 Ⅳ.①G625.1

中国版本图书馆 CIP 数据核字（2017）第 312742 号

**内蒙古民族学校双语教师专业发展研究**

著　　者　塔　娜
责任编辑　杨爱新
责任校对　赵　静
封面设计　舒刚卫
出 版 者　中央民族大学出版社
　　　　　北京市海淀区中关村南大街 27 号　　邮编：100081
　　　　　电话：（010）68472815（发行部）　传真：（010）68933757（发行部）
　　　　　　　　（010）68932218（总编室）　　　　（010）68932447（办公室）
发 行 者　全国各地新华书店
印 刷 厂　北京鑫宇图源印刷科技有限公司
开　　本　787×1092　1/16　印张：16
字　　数　242 千字
版　　次　2020 年 9 月第 1 版　2020 年 9 月第 1 次印刷
书　　号　ISBN978-7-5660-1479-5
定　　价　60.00 元

# 编委会

# 总　序

我国是一个统一的多民族国家，民族教育是我国教育事业的重要组成部分。民族教育的发展是促进各民族共同团结进步和共同繁荣发展的重要基础。《国家中长期教育改革和发展规划纲要（2010-2020年）》（以下简称《规划纲要》）和全国第六次民族教育工作会议分别对民族教育做出了全面规划和部署，这对民族教育事业发展和民族教育学科建设都是大好机遇，也有利于加快民族教育改革、实现民族教育跨越式发展。

中央民族大学作为党和国家为解决民族问题、培养少数民族干部和高级专门人才而创建的高等学校，在我国民族事务与民族教育事业中具有举足轻重的地位。该校是一所汇聚了56个民族师生的国家“双一流”重点建设大学。中央民族大学教育学院是一个院、所合一的教学科研单位，也是中央民族大学“双一流”项目重点建设的二级学院。

教育学院历经70多年的发展，特别是改革开放40多年以来，通过“211工程”“985工程”和“双一流”建设项目以及其它项目建设，教育学院形成了以少数民族教育为特色和优势的教育学科，凝聚了一支在国内外有影响力、团结协作并有奉献精神的少数民族教育学术研究创新团队。近年来，学院在民族教育学的学科建设方面取得了许多重要成果，尤其是出版了一系列学术精品著作，如《中国少数民族教育学概论》（孙若穷、滕星主编）、《中国少数民族高等教育学》（哈经雄著）、《中国边境民族教育》（王锡宏主编）、《中国少数民族教育本体理论研究》（王锡宏著）、《中国少数民族双语教育概论》（戴庆厦、滕星等著）、《民族教育学通论》（哈经雄、滕星主编）、《文化变迁与双语教育：凉山彝族社区教育人类学的田野工作与文本阐述》（滕星著）、《教育人类学研究丛书》（滕星主编）、《族群·文化与教育》（滕星著）、《文化选择与教育》

（王军著）、《文化环境与双语教育》（董艳著）、《少数民族传统教育学》（曲木铁西著）、《文化变迁与民族地区农村教育革新》《文化多样性、心理适应与学生指导》（常永才著）、《新时期民族院校人才培养问题研究》（常永才、谭志松主编）《民族教育 岁月峥嵘》（常永才、苏德主编）等系列重要学术著作，在国内外核心期刊发表学术论文上百篇，其中若干成果已获得国家、省（部）级科研成果一二等奖及国家图书奖，并成为该学科发展的标志性成果。

自21世纪以来，中央民族大学教育学院中国少数民族教育学的学科建设实现了跨越式发展，民族教育学先后被列为中央民族大学“211工程”重点学科建设项目（1999年）和“985工程”重点建设单位（2005年），并专门成立了“985工程”中国少数民族语言文化与边疆史地研究哲学社会科学创新基地“中国少数民族地区基础教育研究中心”。2010年学校成立了“985工程”支持建设的“中国少数民族教育研究创新基地”，学院在科研条件、研究经费等方面得到明显改善。民族教育学“211工程”学科建设的目标是：经过重点建设，使中国少数民族教育学科处于国内领先水平，成为少数民族教育高层次人才培养的重要基地，为少数民族和民族地区的教育事业发展服务。通过“211工程”二期民族教育学学科建设，出版了《教育民族学》（王军主编）、《民族文化传承与教育》（王军、董艳主编）、《中外民族教育政策史纲》和《中国少数民族教育史教程》（吴明海主编）等“教育民族学丛书”，较好地推动了民族教育学学科稳步发展。

目前，教育学院承担着国家社科基金重大项目、国家社会科学基金重点项目、全国教育科学规划国家级重点课题、教育部人文社会科学重点研究基地重大项目及多项省部级民族教育研究重点课题。已主持完成了国家社科基金重点招标课题“民族教育质量保障与特色发展研究”（苏德主持）、国家社科基金课题“内蒙古地区蒙古族中小学双语教学问题、对策与理论研究”（苏德主持）等多项国家级、省部级课题。完成了美国福特基金会“中国西部少数民族地区经济文化类型与地方性校本课程开发研究”（滕星主持）、加拿大女王大学国际合作项目“多民族社会的族群关系”（常永才参与设计与实施）、联合国教科文组织西班牙千年发展目标促进基金“中国文化与发展伙伴关系”项目“中国少数民族基础教育政策研究”（苏德主持）等多项国际合作项目，相关研究成果在国内外民族教育研究领域产生了较大影响。

为贯彻落实《规划纲要》精神，进一步提高民族教育科学研究的质量和水平，促进我国民族教育科学事业的繁荣和发展，教育学院教师坚持以习近平新时代中国特色社会主义思想为指导，站在社会主义现代化建设的历史新起点上，围绕民族教育改革发展的重要理论和重大现实问题，坚持基础研究和应用研究并重，积极尝试民族教育理论创新，增强民族教育研究的针对性和实效性，更好地服务于新时代国家民族教育决策和实践创新发展，促进民族教育学科进一步发展。同时，教育学院在“985工程”三期建设中成立了“民族教育研究新视野系列丛书”和“多维视野的民族教育研究丛书”编委会，该编委会以本院民族教育科研师资队伍为主，并且邀请国内外民族教育研究领域的优秀专家学者，研究撰写和出版了中国少数民族教育系列专业教材和学术著作。该丛书是中央民族大学民族教育学学科建设的标志性成果之一，为中国少数民族教育学科与民族教育事业的发展做出了重要贡献。

“民族教育研究新视野丛书”第一辑出版的著作包括《民族院校教育管理研究》（李东光著）、《守望·自觉·比较：少数民族及原住民教育研究》（陈·巴特尔、Peter Englert编著）、《亚太地区原住民及少数民族高等教育研究》（陈·巴特尔、Peter Englert主编）、《跨文化心理学研究》（高兵编著）、《中国边境民族教育论》（苏德、陈中永主编）、《蒙古族传统家庭教育与文化传承》（苏德著）、《特色与质量：民族幼儿教育研究》（苏德著）、《包容性发展与民族地区乡村教师研究》（吴明海主编）、《可持续发展与民族地区环境教育研究》（吴明海主编）、《教育审美与教育批判——解脱现代性断裂对民族教育发展的困扰》（李剑著）、《中国西部女童——西部三十名贫困女童学业成就提高的质性研究》（李剑著）、《美国儿童早期阅读教学研究——以康州大哈特福德地区为个案》（史大胜著）、《大学教师学术权利的制度设计研究》（夏仕武著）、《蒙古族传统体育传承的教育人类学研究》（钟志勇著）、《全球化与本土化：多元文化教育研究》（苏德主编）、《中国少数民族音乐文化概论》（崔玲玲著）、《教育人类学的理论、方法与应用》（滕星、苏德主编）等。

“多维视野的民族教育研究丛书”包括《少数民族高等教育导论》（曲木铁西、夏仕武著）、《民族院校的办学特色发展研究——以内蒙古地区为例》（吕佩臣著）、《制度创新与民族院校毕业生就业关系研究》（夏仕武著）、《文化差异与民族学生学业质量——基于云南省傣族地区农村小学的田野调查与理论研究》（陶格斯著）、《比较教育学——民族国家、东西方文化、境内少数民族》（李剑著）、《西部少数民族聚居区贫困儿童学业成就的质性研究》（李剑著）、《民族基础教育新课程改革适切性研究——以内蒙古通辽市蒙古族中小学为个案》（杨志娟著）、《民族中小学双语教师质量研究——概念思辨与田野呈现》（达万吉著）、《少数民族文化传承与学校教育研究——以云南丽江纳西族东巴文化为个案》（胡迪雅著）等。

民族教育研究应紧紧围绕国家重大发展战略和全国教育事业发展规划制定的目标，聚焦当前少数民族教育中的重大理论和现实问题，以科学研究为依托，通过师资队伍建设、凝炼学科方向和推进学科建设、加快科研自主创新和社会服务能力建设，为中国少数民族教育改革与发展提供智库支持和决策服务。

我相信，通过《多维视野的民族教育研究丛书》的出版，中央民族大学教育学院将继续秉承注重开展民族教育田野调查的优良传统，积极强化民族教育理论和应用研究，努力培养优秀的教学科研型人才，力争达到中国少数民族教育学科建设的一流水平，并为推动少数民族地区教育事业又好又快发展，促进边疆安全稳定、民族团结进步、社会和谐发展和国家长治久安发挥积极地推动作用。



2018年6月

# 序

中国是一个统一的多民族社会主义国家，统一是前提。在建设中国特色社会主义现代化的进程中，民族问题是整个社会总问题的一部分，能否解决好关系到中国特色社会主义事业重大事务的成败。民族问题的核心是民族文化问题，而民族文化的焦点则在于民族教育。中华人民共和国成立以来，我国的民族教育在党和政府的支持和关心下，有了很大的发展和变化，但在横向比较之下，民族教育质量和发展水平仍存在着巨大的差距，尚未达到“让人民满意”的水平，由此影响着民族文化的传承与创新，制约着民族问题有效性、整体性、长远性的解决。

随着信息社会的快速发展，少数民族语言面临着巨大挑战。譬如城镇化导致少数民族文化生态的转变，传统的语言生活发生改变，语言资源出现流失；民族文字授课的学生就业、晋升遇到困难，一些语言濒临消亡……等等。在这种形势下，加快保护少数民族语言资源的步伐，有效地遏制少数民族语言文化资源的流失，使少数民族语言文字发挥其传承和发扬民族灿烂文化的功能，显得尤为迫切。少数民族双语教育是解决这一现实问题的有效途径之一。

民族教育质量和水平提高是一项系统性工程，其发展需要外源性力量和内生性力量，其中，作为一种内生性力量的双语教育具有不可替代的基础性作用。双语教育是民族教育中的一个核心命题，是民族教育质量提升的激发器。民族教育的发展及民族教育质量的提升，不能回避也不能绕过双语教育这一核心问题。概言之，双语教育在提升少数民族人口质量、传承文化多样性和促进少数民族参与国家实务能力建设中是个重要因素。

近年来，在党和国家的重视与大力支持下，我国的民族教育事业有了长足的发展，取得了举世瞩目的成绩。民族教育，尤其是少数民族双语已成为全国教育工作的重要内容，同时也是广大专家学者们关注的焦点。

我校教育学院院长、博士生导师、国际双语学学会副会长苏德教授长期致力于少数民族双语教育的研究工作，曾主持完成了全国教育科学规划国家级重点项目《边境农村牧区民族基础教育现状调查与对策研究》、国家社科基金“十一五”规划课题《内蒙古地区蒙古族中小学双语教学问题、对策与理论研究》、国家社科基金“十一五”规划教育学重点招标课题《民族教育质量保障和特色发展研究》、联合国教科文组织西班牙千年发展目标促进基金项目《中国少数民族基础教育政策研究》、教育部“荣达教育资助基金”民族教育研究重大课题《蒙汉双语教育理论、政策和实验研究》及一般项目《民族教育重大政策实施效果研究》、中央高校科研业务费重大项目《民族地区的双语教育问题研究》、中央统战部委托课题《新疆双语教育问题与民族关系研究》等等系列课题。他长期坚持在国内少数民族地区双语教育的理论与实践中，做出了很有现实意义的研究，取得了诸多丰硕的研究成果，得到了很好的社会效益和社会反响。苏德教授近些年主持完成了国家社科基金教育学重大（重点）招标课题《民族地区依法实施双语教育政策和模式研究》、国家民委委托课题《少数民族双语教育研究》等研究工作。

近些年来苏德教授还率领研究团队对我国各地的双语教育进行了持续而深入的研究，不断深入各民族地区进行社会调查，了解双语教育的发展状况及相关问题。他们在整理以往研究成果的基础上，率领团队开展了全国性的田野调查，从理论上进行分析探讨，最终形成了《少数民族双语教育发展报告（2015—2018）》及《少数民族双语教育理论与实践新论》等著作。

《内蒙古民族学校双语教师专业发展研究——基于内蒙古民族小学的调查》一书是苏德教授团队成员塔娜在双语教育问题上的一项成果。本书以内蒙古地区为个案点，以双语教师为研究对象，基于数据和深度访谈资料，全面了解了牧区双语教师这一相对边缘化的群体的职业发展现状及其所遇到的困难。据此，本书提出了科学、合理、适用的政策建议，以期尽快解决困难。比如，他们在工作上出现专业化程度低、职业归属感欠缺、职业声望边缘化等现象，需要通过政府、学校和双语教师共同努力，采取多种措施不断增强牧区学校对双语教师的吸引力、不断提高双语教师的民族文化水平和职业发展能力。全书内容翔实，数据可靠，结论可信，不仅丰富了我国民族地区双语教育问题的研究范式和理论框架，而且能为国家有关部门制定政策文件提供参考咨询，对稳定基层双语师资，缩小城乡师资水平的差距，优化基层双语教师队伍，持续推动民族教育事业发展等有积极意义。

本书凸出了以下主题：

第一个主题可以总括为《学校布局调整背景下的双语教师生存困境问题研究》。本书从社会学视角关注布局调整政策实施后的锡林郭勒盟牧区小学双语教师生存境遇，通过问卷与访谈，对双语教师的居住与家庭状况，生存环境与文化环境，收入与支出情况以及流动状况和流动意愿等方面进行了分析和探讨。作者深入到基层，倾听基层双语教师的声音，注重“自下而上”、实然性的体察和言说。

第二个主题可以总括为《双语教师培训政策执行的个案研究》。该书全面分析了小学双语教师职业发展的主要途径——职后培训。对双语教师培训政策执行的个案研究结果表明，双语教师培训需要理论、实践和语言三位一体的专家；减少“任务性的，强迫性的”，追求数量为主的培训；尊重教师的自主性。指出政策是否具有适切性和文化敏感性是衡量双语教育培训政策执行效果的关键所在。

此外，本书较好地体现了理论与实践研究的结合。如，在研究思路上，注重历史与现实结合、对双语教师专业发展与生存境遇进行整体性关照，使该研究既具有理论思维的指导，又有制度政策的保障；在研究范式上，从多学科视角出发，对双语教师职业发展进行多角度分析和论证；在研究方法上，注意理论联系实际，注意多学科协作，开展综合研究。从民族地区的实际特点和实际需要出发，因地制宜地研究和探讨内蒙古双语教师发展问题，形成针对性的研究结论。

实践层面，本书的出版必将加深人们对边远牧区双语教师发展这一问题的认识和关注，使其具有更广泛的社会基础；更加深入地弄清牧区双语教师生存境遇及专业发展途径（培训）中存在的问题与困难的原因，从而更好地减少研究和实践的盲目性；更好地探索增强双语教师职业发展的对策，不断改善其职业发展中遇到的问题。具体来讲，能为民族地区师资的培养、培训、录用、分配、管理、评价等方面提供更具针对性和有效性的对策建议。

该系列丛书凝结了苏德教授及其团队多年研究的心血，是他和团队成员对我国民族教育的贡献，也代表了中央民族大学教育学院师生多年的努力。苏德教授在丛书中体现的他在民族教育研究上孜孜以求的精神值得民族教育工作者学习。

是为序。

戴庆厦2020年7月18日

于中央民族大学507工作室

# 前　言

内蒙古自治区的双语教育有着悠久的历史与丰富的内涵，一直以来被视为中国双语教育的典范。这与内蒙古独特的教育背景密切相关。首先，蒙古族和汉族之间相互影响源于地理位置上的邻接。蒙古族独特的历史，加之各民族之间频繁的人口流动，使该地区具有一个双语交流的语言环境。其次，蒙古族拥有悠久的文化和语言文字历史，这使蒙汉双语教育获得了重要的语言和文化支撑。再次，内蒙古是中国最早成立的自治区，也是最早实行双语教育的少数民族地区，这使蒙汉双语教育积累了丰富的实践经验。当然，内蒙古的双语教育蓬勃发展的同时，也不可避免地受到地广人稀、地处边境、交通不便等客观因素的严重制约，从而妨碍了内蒙古双语教育的健康发展。为进一步了解和把握内蒙古双语教育发展与双语教师专业发展的现实状况，本研究选择了蒙古族人口比例较高、以牧业生产为主的锡林郭勒盟作为调研地点。因为，在地理位置上，锡林郭勒盟地处边境，北与蒙古国接壤，拥有长达1098千米的国境线——占内蒙古边境线长度的四分之一，具有内蒙古双语教育的典型性。本研究调查的几所个案学校都位于该地区。

在内蒙古自治区70年的双语教育发展过程中，双语教师始终发挥着关键性作用。当然，在各个历史时期，双语教师的专业发展也呈现出不同的时代特征。上一个历史时期双语教师专业发展中的成功经验，往往成为下一个历史时期双语教师专业发展的良好基础；同样，上一个历史时期双语教师专业发展中存在的问题，也会制约此后的双语教师专业发展。因此，对双语教师专业发展演变历史的梳理、总结与分析是十分重要的。本研究将蒙古族的双语教育及双语教师专业发展置于我国历史发展和文化变迁的背景中，将研究重点放在新时期内蒙古地区双语教师专业发展的现实状况描述、存在问题分析和发展途径探索等方面。

本书主要分为以下几部分内容。

绪论，笔者介绍了双语教师专业发展研究的背景，阐明了双语教师专业发展研究的意义与价值，介绍国内外相关研究状况的同时对核心概念进行科学界定并提出了自己的观点。

第一章将蒙古族教育划分为古代、近代和现代三个历史阶段，展示了蒙古族教育的演变过程与蒙古族教师和蒙汉双语教师职业的形成过程。同时，对每一个历史时期的教师角色进行了梳理和分析。

第二章梳理并论述新中国成立以来内蒙古双语教育的历史沿革，其中主要对双语教育政策、双语教育实践状况、双语教育特征等进行了详细的整理和分析。

第三章梳理并论述了内蒙古双语教师专业发展进程。此部分详细描述了蒙古族教师和蒙汉双语教师形成的历史背景，并从内蒙古双语师资的发展状况和双语教师培养培训状况两个方面对双语教师专业发展的情况进行了分析，并总结出双语教师的时代特征。

第四章在教育社会学的框架和视角下，从双语教师结构、双语教师生存状况、双语教师工作状况三个方面，呈现较为立体而全面的牧区小学双语教师专业发展的现状。同时，对双语教师专业发展的有效途径进行了考察分析，其中主要对当前牧区小学双语教师培训的实效性进行了详细分析。

第五章为问题分析与对策建议。本章对研究进行了较为全面的总结，指出了双语教师专业发展中存在的问题，并根据分析提出了促进双语教师专业发展的对策与建议。

# 目 录

# 绪　论

## 一、双语教师专业发展研究的背景

### （一）双语教师专业发展研究的缘起

本课题的确定主要缘于当前教师专业发展及教师教育改革的趋势以及我国少数民族双语教育发展和双语教师质量提升之要求。

*1.教师专业发展是当前世界教育研究的一个重要主题*

在世界范围的教育改革浪潮中，人们越来越认识到教育改革的成败关键在于教师。1983年，美国国家教育优异委员会题为《国家处在危机之中：教育改革势在必行》的报告，使整个国家进入“全民关注教育”状态，掀起了教育改革浪潮，影响持续至今。上述报告重新确定了该国教育领域面临的首要挑战：从之前提供平等的教育机会，转变为现今促进背景各异的学生的成功学习。他们认为，没有优异的公平是空洞的成就，没有质量的数量是未兑现的承诺①。此报告发表之后，相关的研究报告数目达350份之多，而这些报告提出的具体建议是以关于美国教育的五条基本观点为基础的。其中第四个观点为：高质量的教师和教学是取得良好学习效果的基础。教育是人类资源“工业”，它要求在“人力资本”上舍得花大本钱…… 教师工作环境的改善及待遇的提高、教师培训的加强被视为改革措施之关键②。

20世纪80年代，在美国发表的两篇报告引起了世人的普遍关注：

① 史静寰等:《当代美国教育》，北京：社会科学文献出版社，2012年，第1页。

② 史静寰等:《当代美国教育》，北京：社会科学文献出版社，2012年，第32页。

1986年美国卡内基“教育和经济论坛”（Carnegie Forum on Education and the Economy）的《国家为培养21世纪的教师做准备》和霍姆斯小组（Holmes Group）《明天的教师》，两份报告均提出以教师专业发展作为师范教育改革的目标。之后，霍姆斯小组在1990年和1995年又分别发表了《明日之学校》和《明日之教育学院》两份报告，提出确立教师工作的专业性地位以及教师教育的新模式——教师专业发展学校（Professional Development School）。1996年联合国教科文组织在第45届国际教育大会上通过的《加强教师在多变世界中的作用之教育》中写道：“在提高教师地位的整体策略中，推进教师专业化是‘改革教师地位和工作条件’的最有前途的中长期策略。”①

2. 教师专业发展是实现我国教育改革的重要保障

1994年颁布的《中华人民共和国教师法》明确规定，“教师是履行教育教学职责的专业人员”。我国在形成义务教育经费保障体系以后，教师问题就成为影响我国中小学健康发展的突出问题。全面实施素质教育，关键在于教师的作用。2002年教育部在《关于“十五”期间教师教育改革与发展的意见》中首次提出“教师专业发展”，此后这一概念在党中央颁布的教育改革重要文件中不断被强调，尤其是党的十八大以来，习近平总书记对教师工作发表了一系列重要论述，形成了习近平总书记关于教师的“使命责任—专业发展—队伍建设”系列论述。随后，《中共中央国务院关于全面深化新时代教师队伍建设改革的意见》《教师教育振兴行动计划（2018—2022年）》等针对教师队伍发展的文件不断出台，为我国新时代教师专业发展与教师队伍建设提供了基本准则和行动指南。

我国义务教育发展已进入新的历史性阶段，体现在从注重教育规模发展转向注重内涵发展，从注重硬件建设转向注重软件建设，从满足于接受一般教育资源转向接受优质的教育资源。教师在促进教育内涵发展、

① 赵中建主译：《全球教育发展的历史轨迹——国际教育大会60年建议书》，北京：教育科学出版社，1999年，第534-535页。

软件建设和提供优质教育资源方面具有基础性、关键性作用。[①]

2001年我国开始实施新一轮基础教育课程改革。在新课改的理念中，教师作为课程实施主体和教学主体，需要积极回应课程改革带来的挑战，不断更新知识与观念。新课程改革背景下的教师专业发展就是要形成与课程改革相适应的教育理念、自我发展意识和知能结构，并持续发展。

3.双语教师专业发展是解决双语教育现实问题、提高少数民族教育质量的重要途径

《国家中长期教育改革和发展规划纲要（2010—2020年）》（以下简称《纲要》）颁布于2010年，这是我国首次在中央印发的教育文件中以专章的形式对民族教育进行的论述，其中明确提出："重视和支持民族教育事业，全面提高少数民族和民族地区教育发展水平，大力推进双语教学……国家对双语教学的师资培养培训、教学研究、教材开发和出版给予支持。"

《纲要》的颁布和实施，使社会各界广泛重视双语教育。国家已建立诸多与双语教育直接或间接相关的教育政策体系，也配套实施了许多保障措施，投入了大量的财力和人力。但总体来看，双语教育的发展现状离社会各界所期待的双语教育质量与标准存在一定的差距，双语教育的应有功能还没有得到充分的发挥。对双语教师专业发展中存在的问题，国内研究者主要从外部因素和内部因素两个方面进行了分析。如教师专业发展环境问题，学历、学科、职称、结构不平衡，知识、能力参差不齐，专业发展途径单一、针对性不强，培训内容和方法与教学实际脱节，教师的科研意识、自我发展意识淡薄等。这些问题能否有效解决将直接影响双语教育的质量。

4.双语文化背景与双语教师身份使笔者更加关注双语教师群体及其发展

在中国加速现代化进程中，我们在自己所处的环境里随时感受着社

① 杜晓利:《教师政策》，上海：上海教育出版社，2012年，第1–9页。

会文化、经济的剧烈变迁。笔者来自边疆牧区，从小学到大学接受双语教育的经历以及工作上的“双语教师”身份是我开展此项研究的动力之源，使用民族语言与以双语教师身份开展深入的交流与沟通，是本研究的优势所在。

### （二）双语教师专业发展研究的意义

教师专业发展是教育发展的内在要求，是教师自我发展的基本体现，是教师自我实现的必由之路，是教师的基本权利和义务。探索教师专业发展的方法和途径，与时俱进地提高双语教师的专业发展水平，开展充满活力的民族教育，具有重大的理论意义与实践意义。

#### 1.理论意义

（1）拓展教师教育研究

20世纪末21世纪初的我国师范教育体制处于社会转型期，面临严峻挑战。师范教育一统天下的封闭格局被打破，普通高等院校也承担起中小学师资培养培训任务。这意味着我国的教师教育从数量满足转为质量提升。“教师教育学”是我国百余年师范教育变革以及教师专业发展需求的必然产物，也符合当今世界教师教育发展的内在逻辑。当前的中国教师教育研究还处于起步阶段，少数民族教师或双语教师教育研究更是缺乏深入的理论探究。构建当代中国的“教师教育学”，当然离不开双语教师的参与和实践。

（2）丰富本土少数民族教育研究

本研究把一个民族的双语教育及双语教师能力的形成与发展状况融入其赖以生存的历史发展与文化变迁背景加以考察梳理，对蒙古族的历史发展、文化变迁与双语教育之间的相互联系、相互影响进行了深入的解读。今天，在我国“多元一体”民族文化发展背景下梳理少数民族文化变迁的过程，考察少数民族文化传承及其教育的演变过程，无疑具有深刻的理论意义。

（3）深化双语教育研究

双语教育研究是民族教育研究的重要组成部分。目前双语教育研究尤其是双语教育理论研究中，双语教师专业发展的理论研究还处于探索阶段，研究者和广大一线教师对“双语教师专业发展”这一概念的理解还没有形成统一认识。伴随着现代社会对高标准民族人才的需求，双语教师即将面临更多挑战，亟须提高自身质量，向双语教师专业化方向发展。本书在厘清已有研究中有关双语教育和双语教师专业发展概念与内涵的基础上，尝试为双语教师专业发展提供一些理论借鉴。

（4）为该地区双语教育制度和政策框架提供理论参考

促进相关决策部门和教育教学机构了解双语教师的专业发展现状及问题，进一步明晰双语教师教育在双语教育领域的目标和任务，提高双语教育政策的针对性和适切性，加强该地区师资队伍建设，从而提高双语教育质量。

2. 实践意义

（1）双语教育内在的本质与规律决定着双语教育的复杂性与特殊性。双语教育的复杂性与特殊性又导致双语教育实践中的教师必然要有自己的不同之处。双语教师的特殊性在于所培养的是具备双语双文化的多元型人才，在传承本民族优秀文化的基础之上培养其跨文化的认知、理解和适应能力。本研究从这一特殊意义出发，深入双语教育现场，关注双语教师专业发展现状，正视少数民族双语教师专业发展中存在的问题，旨在帮助双语教师反思内在素养，为双语教师提供行之有效的专业成长建议。

（2）“西部大开发”政策实施以来，西部少数民族地区双语教育改革成为国家教育改革的重点。双语教育改革的进程关系着少数民族社会、经济、文化发展，也关系着国家的稳定与现代化发展。双语教育改革中双语教师专业化是关键。双语教师的价值规范、意识态度、言行准则都要受到社会文化传统和政治经济体制的影响。提高双语教师队伍整体素质有助于提升少数民族人口的整体素养，加快民族地区社会、经济、文化教育的全面健康发展。

（3）为当今基础教育改革进程中双语教师的职业要求提供新的视野，有助于把握双语教师的职业特征，也可以为双语教师的培养、录用、管理和评价提供必要的参考或依据。

## 二、双语教师专业发展研究的回顾与分析

对相关研究的回顾与总结，有助于明确研究起点和创新要求。双语教育研究以民族教育中的双语现象、事实、实践为研究对象，其重要任务是揭示双语教育的本质与规律。根据文献的相关程度，本研究将有关文献分为两类：一类是间接相关文献，即有关双语教育研究和双语教师研究的文献（教育学视角）；一类是直接相关文献，即有关双语教师专业发展研究的文献。

### （一）双语教育研究回顾与分析

对我国双语教育理论层面进行探讨的著作有《中国少数民族双语教育概论》[①]（戴庆厦、滕星等）《民族教育学通论》[②]（哈经雄、滕星主编）等。这些研究在总结与探索我国双语教育实践的基础上建立并加强了双语教育学科理论。随着双语教育理论研究的发展与成熟，结合具体民族和民族地区的实际情况，系统展示双语教育发展事实的个案研究不断出现，其中代表性著作有《文化变迁与双语教育：凉山彝族社区教育人类学的田野工作与文本撰述》[③]（滕星）、《民族教育质性研究方法：理论、策略与实例》[④]（苏德）、《蒙汉双语教学研究：多学科的视角》[⑤]（苏德）等。

以双语教育或双语教学研究为主题的期刊论文和学术论文相比同主题的著作而言，表现出广泛的视角和多样的形式与内容，数量上也呈现上升趋势。涉及的主题主要包括：①双语教育历史沿革的研究。戴庆厦、

---

① 戴庆厦，滕星，关辛秋：《中国少数民族双语教育概论》，沈阳：辽宁民族出版社，1997年。

② 哈经雄，滕星主编：《民族教育学通论》，北京：教育科学出版社，2001年。

③ 滕星：《文化变迁与双语教育：凉山彝族社区教育人类学的田野工作与文本撰述》，北京：教育科学出版社，2001年。

④ 苏德：《民族教育质性研究方法：理论、策略与实例》，北京：教育科学出版社，2014年。

⑤ 苏德：《蒙汉双语教学研究：多学科的视角》，北京：民族出版社，2014年。

董艳的《中国少数民族双语教育的历史沿革（上、下）》[①]通过对我国双语历史的回顾，认为影响双语教育历史演变的主要因素包括社会变革、民族关系的变化、人口分布以及宗教影响等。②双语教育历史发展与对策研究。苏德的《多维视野下的双语教学发展观——内蒙古地区蒙古族中小学个案》[②]以多学科视角，通过综合分析、专题研究和实验探索，在阐述蒙古族历史文化变迁与蒙古族教育发展历史沿革的基础上，重点讨论了内蒙古蒙古族中小学双语教育改革和发展的现状，对蒙古族双语教育实验的不同模式进行了理论分析，探讨了蒙古族双语教育发展的条件、前景和策略，针对蒙汉双语教学的师资队伍建设、课程构建、教材建设、现行教学评价和学制改革等提出了发展对策。③双语教育政策研究。陈立鹏、刘燕青在《我国现行双语教学政策分析》[③]中对我国双语教育政策的制定背景、政策内容、政策的执行情况与执行效果进行了详细的分析。④双语教学研究。王鉴在《关于我国少数民族双语教学问题的若干思考》[④]中首先对双语教学概念进行了界定，在此基础上对我国不同少数民族地区实施的双语教学模式进行了整理与分析，得出的相关研究结果显示，我国双语教学在实践方面的重点工作在于探索不同的模式。⑤双语教育模式研究。周庆生在《中国双语教育类型》[⑤]中从双语教学计划的附加功能角度，将双语教学分为保存型模式、过渡型模式和权益型模式。近年来，双语教育模式研究倾向于对具体的某个民族或某个民族地区双语教育模式的实证性研究。例如，万明钢和邢强在《双语教学模式与藏

---

① 戴庆厦、董艳:《中国少数民族双语教育的历史沿革》(上),《民族教育研究》, 1996年第4期；戴庆厦、董艳:《中国少数民族双语教育的历史沿革》(下),《民族教育研究》, 1997年第1期。

② 苏德:《多维视野下的双语教学发展观——内蒙古地区蒙古族中小学个案》, 中央民族大学博士学位论文, 2005年。

③ 陈立鹏, 刘燕青:《我国现行双语教学政策分析》,《贵州民族教育》, 2009年第2期。

④ 王鉴:《关于我国少数民族双语教学问题的若干思考》,《当代教育与文化》, 2012年第4期。

⑤ 周庆生:《中国双语教育类型》,《民族语文》, 1991年第3期。

族学生智力、学业成绩关系研究》[①]中通过对藏族地区双语教育及儿童的认知发展和学业成绩进行实证研究，认为双语模式对儿童的认知发展和学业成绩有一定的影响，不同双语教学模式下的学生各科成绩存在显著差异。⑥国外双语教育理论介绍与比较研究。郑新蓉在《美国的语言教育政策：学校内外的争辩》[②]中重点探讨了美国双语教育的政策与实践，并提出美国双语教育政策在教育层面和政治层面上的重要意义；顾华详在《美国双语教育发展的教训及警示——兼论我国民族地区发展双语教育的对策》[③]中介绍美国解决双语教育问题的方法与策略的同时，阐述了美国双语教育经验对我国双语教育的启示。

综上所述，我国的双语教育研究不管在理论层面还是在实践层面，或是在方法论上，都体现出了一定的科学性、合理性和多元性。总体而言，双语教育研究虽然在理论与实践的结合方面表现出较好的态势，但依然存在重理论、轻实证的情况。[④]因此，双语教育研究应该在理论的关照下，从民族地区的实际特点和实际需要出发，因地制宜地研究和探讨双语教育的实际问题与发展方向。

目前，双语教育的内容研究已经涉及众多领域和环节的焦点、热点问题。但相对而言，双语教育实验、双语教学教材、双语教学评价等方面研究不足；不同民族之间的横向对比研究缺乏；对国外双语教育研究介绍的多，结合本土经验并提出可行建议的少。因此，本土化双语教育理论、实践研究显得尤为重要。

研究方法上，现有双语教育研究还是以运用教育科学的一般研究方法为主，借鉴社会学、民族学和人类学等多学科的理论方法与范式进行

---

① 万明钢，邢强：《双语教学模式与藏族学生智力、学业成绩关系研究》，《西北师范大学学报》，1999年第5期。

② 郑新蓉：《美国的语言教育政策：学校内外的争辩》，《西北师范大学学报（社会科学版）》，2005年第1期。

③ 顾华详：《美国双语教育发展的教训及警示——兼论我国民族地区发展双语教育的对策》，《国家教育行政学院学报》，2008年第1期。

④ 刘伟，李森，郑红苹：《近二十年我国少数民族双语教育研究状况分析——以（1990—2009年）为例》，《民族教育研究》，2012年第1期，第79页。

的研究相对缺乏。

(二)双语教师研究回顾与分析

我国关于少数民族双语教师研究总体上呈现上升趋势，尤其是近十年来，少数民族双语教师研究呈蓬勃发展之势，论文数量迅速增长。褚慧[①]基于中国知网数据库，运用citespace软件对1978—2020年期间国内少数民族双语教育研究进行分析，归纳出了少数民族双语教育的热点问题。图1-1表示被引频次最高的10个关键词。作者对数据进一步分析后得出，在少数民族双语教学研究成果中，双语教师和双语教育模式研究占比较大，说明二者在推动双语教学发展中的重要地位。[②]整理双语教师、双语师资、双语教师队伍发展和少数民族教师相关文献，可以概括出以下主题。

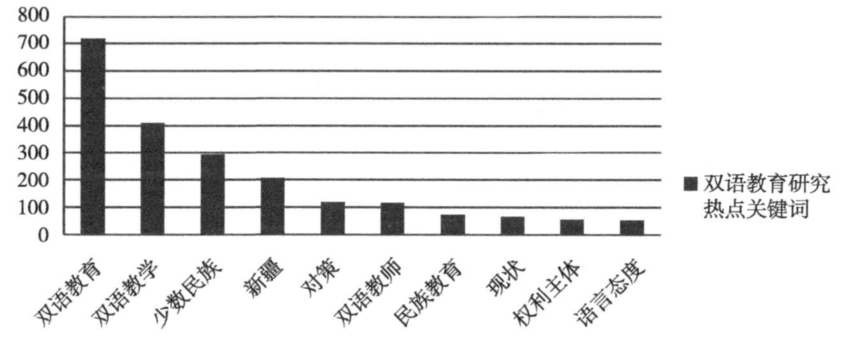


图1-1 1978—2020年我国双语教育研究热点关键问题

1.双语教师或师资队伍现状与对策研究

王嘉毅与赵明仁在《民族地区教师队伍建设的现状、问题与对策研

① 褚慧:《改革开放40年我国少数民族双语教育研究热点、历史过程与展望》,《信阳师范学院学报(哲学社会科学版)》，2020年第1期，第81页。

② 褚慧:《改革开放40年我国少数民族双语教育研究热点、历史过程与展望》,《信阳师范学院学报(哲学社会科学版)》，2020年第1期，第82页。

究》[①]中将我国民族地区教师队伍存在的问题总结为双语教师严重缺乏、结构不合理、教师专业水平较低、教师进修机会少、学校的教师管理水平较低等，并提出提高民族地区教师待遇、创新民族地区教师资源配置机制、加大对口支援与城乡交流工作力度、大力开展双语教师的培养与培训工作、提高民族地区教师队伍管理水平与队伍建设的标准等具体建议。

2. 双语教师政策研究

此类研究主要关注教师培训政策、待遇政策、管理政策、特岗教师政策等。李泽林在《我国少数民族地区双语教师培训政策研究》[②]中对我国双语教师培训进行分类，并提出不能简单地把双语教师培训等同于HSK等级考试、第二语言学习和知识加汉语培训这一基本原则，认为我国要培养一支专业化的双语教师队伍，应该在培训政策制定中加强双语教师培训的立法，建立双语教师资格的国家标准和教师教育一体化的培训机制。双语教师待遇政策、管理政策与特岗教师政策在农村教育领域中涉及较多，但针对这些政策的文献却非常稀缺。

3. 双语教师与新课改关系之研究

双语教师能否适应新课程教学改革，是新课程改革成功与否的关键所在。新一轮基础教育课程改革对教师提出了更新更高的要求，如何适应和有效实施新课程教学改革是每一位民族中小学教师面临的首要问题。《民族基础教育新课程改革适切性研究——以内蒙古通辽市蒙古族中小学为个案》[③]的作者杨志娟深入田野，重点考察了个案学校民族（双语）教师对新课程改革的态度和认知情况、新课程改革的双语教师培训状况、新课程改革中双语教师的教学变革、双语教师在新课程改革中遇到的困难与问题等。

---

① 王嘉毅，赵明仁：《民族地区教师队伍建设的现状、问题与对策研究》，《西北民族研究》，2012年第1期。

② 李泽林：《我国少数民族地区双语教师培训政策研究》，《民族教育研究》，2010年第2期。

③ 杨志娟：《民族基础教育新课程改革适切性研究——以内蒙古通辽市蒙古族中小学为个案》，中央民族大学博士学位论文，2013年。

4.双语教师质量研究

达万吉在《民族中小学双语教师质量研究——理论探索与田野呈现》[①]中以中小学藏汉双语教育为个案依托，在对“双语教师”和“双语教师质量”等基本理论进行深度阐释的基础上，通过田野调查研究，为双语教师师资建设和双语教师质量保障提供了可借鉴的经验和理论依据。

5.国外经验介绍与借鉴研究

以国际视野为变量的双语教师研究力图通过国际比较，获“他山之石”，以“攻己之玉”。这些成果为国内开展以民汉语言为特征的双语教育提供了崭新视野、理论思想与研究范式。刘畅在《美国双语教师培养及其对我国少数民族中小学双语教师培养的启示》[②]中整理和分析了美国独具特色的双语教师职前、职后培训模式。在此基础上结合我国少数民族双语教师培训培养中的困难与问题，提出了有效建议。

6.双语教师素质研究

研究者普遍认同少数民族双语教学是一项有独特学科性质的工作，而双语教师不仅需要具备普通教师应具备的素质，而且还应具备双语教师所特有的专业素质。[③]很多学者从双语教师专业水平、教学能力等不同的视角对我国双语教师素质进行了研究。戴庆厦、滕星等在《中国少数民族双语教育概论》[④]中认为双语教师应该具备如下素质：吃苦耐劳的敬业奉献精神；教育学、心理学的基础知识；一定水平的双文化的知识；一定的语言学和语言教学法的知识等。吐尔逊娜依在《双语教学对少数

---

① 达万吉:《民族中小学双语教师质量研究——理论探索与田野呈现》，中央民族大学博士学位论文，2013年。

② 刘畅:《美国双语教师培养及其对我国少数民族中小学双语教师培养的启示》，辽宁师范大学硕士学位论文，2008年。

③ 达万吉:《民族中小学双语教师质量研究——理论探索与田野呈现》，中央民族大学博士学位论文，2013年，第15页。

④ 戴庆厦，滕星，关辛秋:《中国少数民族双语教育概论》，沈阳：辽宁民族出版社，1997年。

民族双语教师素质的要求》[①]一文中提出要着重培养少数民族教师的汉语能力、专业知识、信息能力、教学监控能力以及语言的对比能力。

7. 双语教师培训研究

双语教师培养培训研究在双语教师研究中占很大比例。从选题内容上看，主要有双语教师培养培训现状与对策研究、双语教师培训政策分析、双语教师培训模式研究、双语教师培训国外经验借鉴研究等。例如，梁云在《新疆少数民族中小学双语教师培训的现状及对策研究》[②]中以问卷调查为依据，分析了培训过程中存在的问题，从教学课程安排层面、参训学员层面、政策制定部门与教育管理部门层面和教育行政管理层面提出了行之有效的建议；王鉴、李泽林在《西北少数民族双语师资协同创新培养培训模式研究》[③]一文中分析了西北少数民族双语教师培训中存在的问题，提议成立西北少数民族双语师资培养培训协同创新中心，并以此为基础，联合西北地区相关高校，打破省区界限，发挥政府间的协调作用，以合理科学的体制机制联合培养高质量的双语教师队伍。

国内关于不同民族地区或不同民族的双语教师研究，实际上是基于不同民族地区的地方性特征或不同民族的民族特征，对双语教师的现实状况进行分析和考量。近年来，结合具体民族地区进行的双语教育个案的研究繁多，涉及的省区主要有新疆、内蒙古、四川、甘肃、云南，其中以新疆双语教师培训为主的双语教师相关研究在数量上具有显著优势，这充分反映了学者对新疆双语教育的关注。然而，与此相反，西藏、广西、宁夏作为少数民族聚集区，其双语教师相关文献数量却并不多。由此可见，我国双语教师培养培训工作以及双语教育相关研究可能存在一定程度的不协调和对部分地区的失察。

---

① 吐尔逊娜依：《双语教学对少数民族双语教师素质的要求》，《新疆大学学报（人文社会科学版）》，2010年第4期。

② 梁云：《新疆少数民族中小学双语教师培训的现状及对策研究》，《民族教育研究》，2007年第6期。

③ 王鉴，李泽林：《西北少数民族双语师资协同创新培养培训模式研究》，《双语教育》，2014年第1期。

我国双语教师研究在其研究内容上体现出对中国具体的国情与现实问题的思考。如双语教师培训方面，并没有机械化地照搬国外培训模式，而是根据不同民族的双语教育现实状况，探索科学合理的培养培训模式与内容。但总体上看，双语教师研究实践成果多，实证研究和理论研究缺乏。多数实践研究只局限在分析与总结层面，在解决问题的策略上，缺乏理论关照实践，即使涉及理论分析，也不够深入和系统。

除此之外，笔者认为双语教师研究在文化关照和人文关怀方面还欠缺。虽然双语教师的工作受民族地区多样性文化的影响，但在双语教师研究中,“双语”一词往往仅用于修饰词，而“双语”中承载的文化因素却被忽略。双语教师研究应该以民族文化作为依托。

（三）教师专业发展研究的回顾与分析

从1988年第一篇以介绍培养教师的新方案为内容的《霍姆斯协会报告：明天的教师》①发表，教师专业发展便在教育的不同领域引发热议。

我国在教师专业发展研究初期阶段主要是对教师专业发展的理论进行介绍和探讨。自2000年以来，以“教师专业发展”为主题的论文逐渐增加，教师专业发展领域明显受到关注，研究内容也随之不断地得到扩充，逐渐出现选题为“教师专业发展”的硕士和博士学位论文。

教师专业发展备受关注，原因有以下两个方面：第一，2001年，由教育部师范司组织编写，用以指导专业化实践的《教师专业化的理论与实践》②一书出版发行；同年，首都师范大学在国内首开大学与中小学“联姻”之河，建立教师专业发展学校。这两个从政府到学校、从理论到实践的重要行动，直接推动了国内教师专业发展研究热潮的兴起。第二，随着我国新一轮基础教育课程改革的实施和“素质教育”的提出，教师的专业发展问题从幕后走向前台，成为一个亟须研究的重大课题。

下文结合本研究的主题，对有关教师专业发展的文献进行梳理、分析和述评。

① 范宁:《霍姆斯协会报告：明天的教师》,《外国教育资料》，1988年。

② 教育部师范教育司:《教师专业化的理论与实践》，北京：人民教育出版社，2003年。

1.教师专业发展的内涵或概念研究

“教师专业发展”，直至今日，依然是一个颇有争议的概念。国外学者对教师专业发展概念的阐释主要有以下两种：一种是认为教师专业发展是教师专业成长的过程，一种是认为教师专业发展是教师专业成长的结果。例如，霍伊尔（Hoyle，E.）认为教师专业发展是教师掌握良好专业实践所必备的知识与技能的过程；而格拉特霍恩（GlatthoM，A.）则认为，教师专业发展是教师由于经验增加和对其教学系统审视而获得的专业成长。在此基础上，也出现了一些延伸的概念阐释。例如，利伯曼（LiebertMan，A.）从“在职教育”与“教师培训”的对比角度出发，关注教师在实践中的持续性，认为教师是一个成年的学习者；又有学者把教师专业发展看作是教师的不断反思过程，认为教师就是“反思实践者”。

我国学者叶澜等在《教师角色与教师发展新探》[①]中首次对西方学者的多种教师专业发展概念界定进行了总结，在此基础上提出了自己的观点。叶澜等人认为：教师专业发展是促进教师专业成长或教师内在结构不断更新、演进和丰富的过程。朱宁波则认为，“教师个人在历经职前师资培育阶段、任教阶段和在职进修的整体过程中都必须持续地学习与研究，不断发展其专业内涵，逐渐达到发展是以教师专业自主意识为动力，以教师教育为主要辅助专业圆熟的境界”[②]。刘万海撰文指出，教师专业发展是教师专业途径、教师的专业技能素质和信念系统不断完善、提升的动态发展过程。[③]

我国学者对教师专业发展的观点基本上是综合上述国外观点提出的。大多数学者从过程和途径的视角阐述，侧重点为教师专业发展过程中教师专业技能的发展。

---

① 叶澜，白益民，王枬等：《教师角色与教师发展新探》，北京：教育科学出版社，2001年，第222–226页。

② 朱宁波：《中小学教师专业发展的理论与实践》，长春：吉林人民出版社，2002年，第72页。

③ 刘万海：《教师专业发展：内涵、问题与趋势》，《教育探索》，2003年第12期，第103页。

2.教师专业发展过程/阶段研究

美国学者富勒（Fuller，F.）提出的教师专业成长过程中的四阶段为任教前关注阶段、早期求生存阶段、关注教学情境阶段和关注学生阶段。这为教师专业发展过程成为一个新的研究领域奠定了基础。费斯勒（Fessler，R.）在著作《教师职业生涯周期》中把教师职业周期划分为八个阶段并强调教师职业周期模式的动态性。伯登（Burden，P.）提出教师教学生涯发展的三阶段理论，认为教师发展成长可分为求生存阶段、调整阶段和成熟阶段；伯林纳（Berliner）和司德菲（Steffy）等人从教学专业知识和技能视角划分出教师专业发展的五个阶段，即新手阶段、高级新手阶段、胜任阶段、熟练阶段、专家阶段。教师专业发展阶段研究的意义在于，能够让教师对个人的教学生涯有所规划，同时为政府部门制定教师继续教育政策提供依据。国外的研究经验对我国这一领域的研究具有启示意义。

我国学者根据本土情况也做了相关研究。钟祖荣、张莉娜在《教师专业发展阶段的调查研究及其对职后教师教育的启示》中对194名北京市骨干教师就教师专业发展阶段的划分及特点进行调查研究后，提出了教师专业发展阶段划分的依据，并认为教师的成长大致要经过适应期、熟练期、探索期、成熟期和专家期。①邵宝祥在对全国20多个省的3000多名中小学教师进行问卷调查的基础上，从教师的教学能力发展角度概括出教师成长的四阶段，分别为适应阶段、成长阶段、称职阶段或高原阶段和成熟阶段。突破高原阶段的教师将进入教师成长的新阶段，成为专家型、学者型教师。②

国内教师专业发展过程研究从优秀教师、骨干教师成长的轨迹来分析和探讨的相对多一些，对新手教师专业发展过程的关注相对缺乏。

① 钟祖荣，张莉娜:《教师专业发展阶段的调查研究及其对职后教师教育的启示》,《教师教育研究》，2012年第6期，第25页。

② 李斌:《国内外教师专业发展过程研究评述》,《江苏教育学院学报（社会科学版）》，2003年第4期，第18-20页。

3.教师专业发展影响因素研究

国外该领域中的代表性研究如下。费斯勒（Fessler, R.）在著作《教师职业生涯周期》中不仅提出了教师发展阶段论，还对影响教师专业发展的因素做了系统的陈述，形成了教师生涯发展影响因素论。在此研究中影响因素被梳理为个人环境因素与组织环境因素两大方面。格拉特霍恩（A. Glatthorn）的教师专业发展影响因素论认为，影响教师专业发展的因素是与教师个人相关的因素、与教师工作生活相关的因素和与促进教师发展的特殊活动相关的因素。

赵昌木在《教师成长研究》中认为，教师专业成长的影响因素主要由个人因素（认知能力、师德状况、人际交往、职业发展动机、自我评价）和环境因素（教育政策、学校管理、学校氛围、教师文化）组成①；刘洁认为影响教师专业发展的基本因素有社会因素（社会地位和职业吸引力、教师管理制度）、学校因素（校长的引领、合作性教师文化的激励、民主管理制度的保障）和个人因素（家庭因素、个人专业发展结构因素）②。

尽管对教师专业发展影响因素有不同角度的解读，但研究者在教师专业发展的外部环境和个人因素两大方面达成了共识。从总体上看，对群体规范与外界标准阐释得多，对个体主动发展变化的内在机制阐释得少。

4.教师专业发展促进方式的研究

世界范围内，在教师专业发展促进方式研究方面颇具影响的是1994年霍姆斯小组在《明日之学校》报告中提出建立专业发展学校的办学模式。戴依和萨克斯认为教师专业发展的实施主要有三种策略：以学校为本的教师专业发展、伙伴协作和网络学习。还有研究认为，促进教师成长的模式主要为大学本位教师教育模式和以中小学为本的教师培训模式。③

① 赵昌木：《教师成长研究》，西北师范大学博士学位论文，2003年。

② 刘洁：《试析影响教师专业发展的基本因素》，《东北师范大学学报（哲学社会科学版）》，2004年第6期。

③ 赵昌木：《教师成长研究》，西北师范大学博士学位论文，2003年。

国内近年在此方面的研究相对较多。例如，林崇德在《教育的智慧：写给中小学教师》一书中主张：成为一名优秀教师是教育过程加反思的过程；香港大学的徐碧美在《追求卓越——教师专业发展案例研究》一书中认为教师专业发展是多种范式综合产生作用的结果①。徐碧美在香港选取了四位中学教师作为研究对象进行跟踪比较研究②。在对四位老师一年多的课堂录像、访谈等进行分析的基础上，揭示了教学新手和专家型教师之间在行为方式和知识储备方面的诸多不同。

5.教师专业发展需要和意识的研究

叶澜在《教育概论》③一书中认为，教师专业意识不仅指教师与外部世界的关系，而且能把自身的发展当成自己认识的对象和自觉实践的对象。人能构建自己的内部世界。只有达到了这一水平，人才成为自己发展的主体。刘铁芳在《教育叙事：教师专业自主发展的可能路径》④一文中从不同的视角对教师专业发展意识进行了深刻的探讨。刘铁芳认为，教师专业发展的核心与关键在于个体教育意识的全面觉醒，把这种觉悟渗透到教师的教育教学实践中，从而使得教师能够对个人职业生涯所面临的基本问题进行自我解答。对教育生活的反思，不仅仅是教学技能技巧的反思，也可以是对整个教育生活状态的反思，更深层面上也可以是对教师个体生命存在的品质与意义的反思。

教师专业发展意识的形成基于教师的需求，教师的需求与教师的生活紧密关联，而当前研究大多片面地夸大教师服务于学生和社会的工具性价值，相对忽视了满足教师自身需要的本体价值，并且强调教师专业化的必然性，而对教师的实际生存状态缺少关注，以致研究不能深入。内尔·诺丁斯在《学会关心——教育的另一种模式》⑤一书中探讨关心

① 林崇德:《教育的智慧：写给中小学教师》，北京：开明出版社，1999年，第46–50页。

② 徐碧美:《追求卓越——教师专业发展案例研究》，北京：人民教育出版社，2003年。

③ 叶澜:《教育概论》，北京：人民教育出版社，2006年，第217–218页。

④ 刘铁芳:《给教育一点形而上的关怀——刘铁芳教育演讲录》，上海：华东师范大学出版社，2008年。

⑤ [美]内尔·诺丁斯著:《学会关心——教育的另一种模式》，于天龙译，北京：教育科学出版社，2011年，第86–101页。

伦理的本质、关心在教学中的运用，认为“关心自我”范畴中包括物质生活、精神生活、职业生活和休闲生活，个体的需求不应该从这些关系中分离出来。内尔·诺丁斯在另一部著作《幸福与教育》①中认为，需求的满足是幸福的主要方面，并试图为将幸福作为教育的目的进行辩论。

教师专业发展意识的研究把教师的专业发展意识作为教师特质的构成要素凸显出来是有必要的。因为能否树立正确的教师专业发展观，是影响教师专业发展的首要问题。只有具备自我发展意识的教师，才会产生内在的专业发展动力，进而获取专业发展。但一些研究却忽略了教师专业发展需要与意识之间的辩证关系。

6.教师专业发展内容（专业结构）的研究

教师专业结构的研究主要集中在两个方面：一是对“专业特质”的研究；二是对“教师素质”的研究。从教师素质角度，西方早在20世纪50年代就有相关成果发表。如霍伊尔在《教师角色》一书中认为教师专业素质包括：履行重要的社会服务、系统知识的训练、持之以恒的理论与实践训练、高度的自主性、经常性的在职进修、团体的伦理规范等②。

在国内，随着对素质教育的重视，教师素质相关研究也开始活跃，不同学者从不同维度对教师专业素质结构展开了研究。例如，林崇德、申继亮等从心理学的角度对教师素质进行分析，界定教师素质为：教师在教育教学活动中表现出来的，决定其教育教学效果，对学生身心发展有直接而显著影响的心理品质的总和。在此基础上提出了教师的素质结构由职业理想、知识水平、教育观念、教学监控能力及教学行为与策略构成③。从教师作为一名专业人员的角度对教师的内在专业结构进行理论分析与探讨的研究中具有代表性的有以下六种。

---

① [美]内尔·诺丁斯著：《幸福与教育》，龙宝新译，北京：教育科学出版社，2009年，第1–28页。

② 转引自曹彦丽：《民汉双语教师专业素质研究——基于甘南藏族自治州的调查》，中央民族大学硕士学位论文，2011年，第12页。

③ 林崇德，申继亮，辛涛：《教师素质的构成及其培养途径》，《中国教育学刊》，1996年第6期。

表 1-1 国内具有代表性的教师专业结构研究①

| | |
|---|---|
| 叶澜 | 1.专业理念 2.知识结构 3.能力结构 |
| 艾伦 | 1.学科知识 2.行为技能 3.人格技能 |
| 林瑞钦 | 1.所教学科的知识 2.教育专业技能 3.教育专业精神 |
| 饶见维 | 1.教师通用知能 2.学科知能 3.教育专业技能 4.教育专业精神 |
| 唐松林 | 1.认知结构 2.专业精神 3.教育能力 |
| 叶澜、白益民等② | 1.教育信念 2.专业知识 3.专业能力 4.专业态度和动机 5. 自我专业发展和意识 |

总结上述代表性研究，可见教师专业素质中都包括了专业技能和专业服务态度，问题在于，具备这两点的教师依然可能是一个“专业级”的“教书匠”。根据以上问题，叶澜从当代教师专业素养的基本要求出发，提出了教师的观念和理性信念，也就是专业理念，将作为专业人员的教师与非专业人员区分开来。叶澜、白益民等提出：教学是一项极其复杂的工作，要成为一名真正的教学专业人员，需要经过长期的专业学习，所以教师自身的专业发展意识在成长过程中显得十分重要。因而，教师的专业结构除专业理念、专业技能和专业服务精神外，还应包括自我专业发展需要和意识③。

关于教师专业发展内容或内涵，最新的研究中出现教师个人的教育哲学、后现代专业性等全新视角。个人的教育哲学视角从侧重教师的学科专业知识和技能发展转向关注教师的人文素养、德性品质、职业情操

---

① 教育部师范教育司:《教师专业化的理论与实践》，北京：人民教育出版社，2003年，第54页。

② 叶澜，白益民，王枬等:《教师角色与教师发展新探》，北京：教育科学出版社，2001年，第231-241页。

③ 叶澜，白益民，王枬等:《教师角色与教师发展新探》，北京：教育科学出版社，2001年，第240页。

与教师的人性发展。[①]后现代专业性视角认为，教师专业发展内容中应该包括审慎的判断、积极地关心学生、合作的文化、持续学习等。[②]陈向明提出以“专业学习”代替“专业发展”的思路[③]，说明传统的教师专业发展内容或结构框架正在被重新建构。

### （四）双语教师专业发展的回顾与分析

#### 1.借鉴与介绍国外双语教师专业发展的研究

对双语教师专业发展研究的梳理，首先要从西方一些国家设立的有关双语教师专业发展标准的整理和总结开始。就目前我国双语教师的研究现状而言，尚无关于双语教师专业标准推出与实施，有的也只是针对教师培养、培训的相关制度标准。

美国得克萨斯州教师认证委员会曾提出一份《双语教育的标准》。其中双语教师专业发展有六项标准。如对于第一语言和第二语言都有流利的交际能力和学术语言能力；了解双语教育原则、双语教育概念及双元文化概念；了解第一语言和第二语言的习得与发展进程；了解主要语言读写能力的发展与评价；了解双语言能力的发展与评价；充分掌握第一及第二语言的教学知识与教学内容。

在借鉴国外双语教师专业发展经验的基础上探索我国双语教师专业发展的研究有：双语教师职前培训研究，如陈俊同的《中美双语教师职前培养模式比较》[④]；双语教师在职培训研究，如刘畅的《美国双语教师培养及其对我国少数民族中小学双语教师培养的启示》[⑤]；双语教师专业标准研究，如陈德云的《美国优秀教师专业教学标准及其认证、开发、实施

---

① 王坤庆:《教师专业发展的境界：形成教师个人的教育哲学》,《高等教育研究》，2011年第5期。

② 王晓莉:《教师专业发展的内涵与历史发展》,《教育发展研究》，2011年第9期。

③ 陈向明:《从教师“专业发展”到教师“专业学习”》,《教育发展研究》，2013年第8期。

④ 陈俊同:《中美双语教师职前培养模式比较》，东北师范大学硕士学位论文，2007年。

⑤ 刘畅:《美国双语教师培养及其对我国少数民族中小学双语教师培养的启示》，辽宁师范大学硕士学位论文，2008年。

及影响》[①]等。

上述借鉴国外双语教师专业发展的研究基本以国外经验介绍为主，对我国双语教师专业发展的启示及反思部分探讨的较少。当然，上述研究对国外双语教师专业发展的介绍、整理和分析能够为本人在无法短期内阅读大量外文相关材料的情况下提供有益的借鉴。

2. 双语教师专业发展内容研究

美国学者John A. Buggs在《双语双文化教育》一书中认为，双语教师的专业发展主要包括：崇高的双语教育职业理想、独特的双语教育知识结构、较高的双语教育学术水平、正确的双语教育价值观与积极的态度等方面。

王斌华在《双语教育与双语教学》[②]中介绍美国双语教师专业素养时提出，合格的双语教师应该具备以下素质：两种语言均要达到能够听、说、读、写、译和流畅交流的程度。具有尊重多元文化的态度，熟悉两种语言文化背景，了解两种语言的文化差异，尊重两种语言的文化传统。更为重要的是，双语教师还要知道学生母语的语言背景。在美国，双语教师除了应具有双语双元文化知识外，还要具有熟练运用两种语言进行非语言学科课程教学的技能。由此可见，双语教师不仅是双语者和双元文化者，而且需精通学科内容知识、双语教育理论以及双语教学技能。王莉颖的《国外双语教师在职培训模式探析——美国、加拿大、芬兰案例》[③]一文中将加拿大的双语教师专业发展内容分析概括为：双语教师必须是高水平的双语双文化者，具有高学历与较高教学水平。双语教师要热爱双语教育，全身心地投入双语教育。芬兰双语教师专业发展的内容为双语教师必须具有双语综合运用能力与双语教学水平。

我国的双语教师专业发展内容相关研究，如姜宏德在《试论双语教

① 陈德云：《美国优秀教师专业教学标准及其认证、开发、实施及影响》，华东师范大学博士学位论文，2011年。

② 王斌华：《双语教育与双语教学》，上海：上海教育出版社，2003年，第158页。

③ 王莉颖：《国外双语教师在职培训模式探析——美国、加拿大、芬兰案例》，《教育发展研究》，2005年第11期。

师的专业素质》[①]一文中认为，双语教师应该有崇高的职业理想、合理的知识结构（广博的双语双文化基础知识、精深的双语专业知识、包括双语教育在内的教育科学知识）、科学的教育理念、复合的能力素养。

值得提出的是，上述研究是针对汉英双语教育展开的理论梳理与探讨，对本书中民汉双语教育研究有一定的借鉴作用。反映我国民汉双语教师专业发展具体内容的实证性研究只有零星几篇，但视角独特。如曹彦丽的《民汉双语教师专业素质研究——基于甘南藏族自治州的调查》[②]，通过对国内外双语教师专业发展标准结构的比较和分析，概括出我国现阶段双语教师应具备的专业素质。该研究深入调研甘南藏族自治州G区，挖掘双语教师的本土特点，为本研究提供了新的思考视角。欧群慧在《云南省孟波镇中学多元文化教师民族志研究》[③]一书中从多元文化视角思考少数民族教师专业发展内涵，也颇有启发价值。

3.双语教师专业发展影响因素研究

关注欠发达地区、少数民族地区和农村地区双语教师专业发展影响因素的研究为数不多。相关的研究中，达万吉在《少数民族教师专业发展影响因素的个案研究》[④]中选取8名少数民族教师作为研究对象，通过深度质性访谈，直观地展示了少数民族教师在专业发展过程中面临的困难和挑战。魏士军在《农村教师专业发展影响之研究——以甘肃省白银市靖远县为个案》[⑤]中，在对该县7个乡镇17所学校的820位农村教师进行问卷调查的基础上，探讨了当前影响农村教师专业发展的主要因素及其存在的问题，并提出了针对性的对策和建议。该研究结果表明：教师学习是影响农村教师专业发展的首要因素。教师的学习时间被重复的低

① 姜宏德:《论双语教师的专业素质》,《当代教育科学》，2003年第23期。

② 曹彦丽:《民汉双语教师专业素质研究——基于甘南藏族自治州的调查》，中央民族大学硕士学位论文，2011年。

③ 欧群慧:《云南省孟波镇中学多元文化教师民族志研究》，北京：民族出版社，2011年。

④ 达万吉:《少数民族教师专业发展影响因素的个案研究》，中央民族大学硕士学位论文，2009年。

⑤ 魏士军:《农村教师专业发展影响之研究——以甘肃省白银市靖远县为个案》，西北师范大学硕士学位论文，2009年。

效事务挤占，致使其难以顾及自己的专业发展。另外，教师培训、教师待遇等也对农村教师专业发展有一定的影响。李景的《行动研究与教师专业成长——以东乡县红星小学马老师为个案》[①]，通过对西部少数民族贫困地区小学教师进行调查，认为教师的生存状况、社会地位、专业素养以及外部支持等因素对教师专业发展的影响不容忽视。

4.文化视角下的双语教师专业发展研究

李家黎的《文化生态学视野下的少数民族教师专业发展研究——以云南省澜沧县拉祜族教师为个案》[②]以文化生态学作为理论基础，通过文献分析、口述实录、问卷调查等多种研究方法，了解拉祜族教师专业发展的现状，分析拉祜族教师专业发展的特殊性，探讨少数民族教师专业发展的有效策略。毛菊在《少数民族教师专业发展的困境及路径选择》[③]中认为，民族教师教育经历了从关注教师数量到质量的不同阶段，当下少数民族教师专业发展面临着多重教育诉求。“素质重构”“身份危机”“文化冲击”是其遭遇的主要发展困境。因此，少数民族教师应该通过建立教师共同体为教师提供身份归属感；同时教师也要激发内在自觉意识，树立辩证合理的文化态度与承担发展民族文化的责任感。

5.双语教师专业发展途径研究

双语教师专业发展途径基本上分为职前与在职两个阶段。纵览双语教师专业发展途径的研究，比较多的是关于在职教师专业发展途径的研究。概括起来，目前教师专业发展途径主要涉及教师自身和外在两个层面。教师自身专业发展途径主要有自学、反思性实践、参与行动研究、校本课程开发等；教师发展的外在因素主要以各级各类政府或教育机构组织的培训为主。

① 李景:《行动研究与教师专业成长——以东乡县红星小学马老师为个案》，西北师范大学硕士学位论文，2006年。

② 李家黎:《文化生态学视野下的少数民族教师专业发展研究——以云南省澜沧县拉祜族教师为个案》，西南大学硕士学位论文，2006年。

③ 毛菊:《少数民族教师专业发展的困境及路径选择》,《湖南师范大学教育科学学报》，2002年第4期。

近年来，结合具体民族地区进行的双语教育个案研究繁多。罗玲、蒋伟在《民族地区教师“双语”培训亟待加强——藏、维民族聚居地区双语教学及教师双语培训调查报告》[①]中通过对少数民族地区双语教学情况的调查研究，就少数民族双语教师缺乏、教学质量低等客观因素有针对性地提出提高双语教师培训的措施及建议；《新疆少数民族双语教师培训探微》《新疆双语师资培训教学中的几个重要问题探析》[②]主要对新疆地区少数民族双语教师培训中的问题进行了深入研究。

借鉴国外双语教师培训的相关理论与经验，对双语教师培训展开研究的有《我国中小学双语教学师资培训模式探究》[③]《小学双语教师在职培训的问题与对策——以辽宁抚顺市为例》[④]等。

### （五）内蒙古双语教师专业发展研究回顾与分析

当前国内的双语教育面临着复杂的环境：一是各少数民族的语言及其发展各有不同；二是国家通用语的普及程度各有差异；三是不同民族地区以及各少数民族对双语教育的认识不尽相同。因此，只有扎扎实实地进入“田野”进行实践调查并进而开展理性的探索和研究，才有可能获得有针对性和实效性的答案和对策。内蒙古双语教师专业发展的研究在广泛的双语教师专业发展研究基础上应该更加关照内蒙古地区独特的地方性、民族性、文化性和本土性。以此视角探讨内蒙古双语教师发展的研究并不多见。

苏德、王甜的《教育均衡发展背景下偏远民族地区师资保障问题及

① 罗玲，蒋伟：《民族地区教师“双语”培训亟待加强——藏、维民族聚居地区双语教学及教师双语培训调查报告》，《教师教育研究》，2009年第1期。

② 梁云，张洁：《新疆少数民族双语教师培训探微》，《新疆师范大学学报（哲学社会科学版）》，2007年第3期；张燚，塞米·马木特：《新疆双语师资培训教学中的几个重要问题探析》，《新疆师范大学学报（哲学社会科学）》，2006年第3期。

③ 鲁闻：《我国中小学双语教学师资培养模式探究》，东北师范大学硕士学位论文，2007年。

④ 史宇：《小学双语教师在职培训的问题与对策——以辽宁抚顺市为例》，辽宁师范大学硕士学位论文，2006年。

其应对》[①]通过对青海、贵州、云南、内蒙古等民族地区偏远民族学校双语教师进行大量访谈后总结出，教师专业发展举措不力是师资保障困难的主要原因之一，从而提出加强对教师阅读、写作和科研的常态化管理；提供更多培训机会，并重视培训的针对性和有效性；打通教师成长渠道，提供学习方便，鼓励提升学历；建立偏远民族地区教师联盟，共同探索应对相似的教育问题等持续推进教师专业发展的具体举措。

从学科的角度切入探讨内蒙古双语教师专业发展的研究有韩春晓的《蒙汉双语教育背景下汉语教学的社会语言学研究——以锡林浩特市蒙古语授课中小学为例》[②]。该研究运用社会语言学理论，通过分析社会环境、政策环境、语言环境和教学环境对汉语教学的影响，提出了改进汉语教学的五项措施。作者还提出师资水平直接影响当地学生的学习效果这一观点，认为汉语教师专业化程度低、教师培训欠缺、教师的汉语水平和教学水平不高是影响学生汉语学习效果的主要因素。哈琴的《双语背景下的少数民族汉语教师专业发展研究——以内蒙古蒙古族小学汉语教师为例》[③]以内蒙古蒙古族小学汉语课堂教学为切入点，通过对学生汉语实际应用水平和汉语课堂教学实例进行分析和考察，揭示出蒙古族小学汉语教师教学现状。上述两篇论文，无论是在理论视角的切入点还是在研究方法的运用方面都对本研究颇有借鉴意义。但论文以教师学历作为主要标准得出双语教师专业化程度低这一结论有待商榷。

总体上看，当前的研究可以总结为以下几点：

（1）从我国教师专业发展研究整体看，重视主流文化意愿的研究较多，重视民族地区或少数民族特点与需求的研究较少，同时，以我国社会转型、教育变革时期的现实状况为背景的原创性研究也相对较少。目

---

① 苏德，王甜：《教育均衡发展背景下偏远民族地区师资保障问题及其应对》，《当代教育与文化》，2019年第3期。

② 韩春晓：《蒙汉双语教育背景下汉语教学的社会语言学研究——以锡林浩特市蒙古语授课中小学为例》，中央民族大学博士学位论文，2012年。

③ 哈琴：《双语背景下的少数民族汉语教师专业发展研究——以内蒙古蒙古族小学汉语教师为例》，华东师范大学硕士学位论文，2010年。

前的教师专业发展研究促进了人们对教师发展、教师教育的重要性的重新认识，但对不同经济、社会和文化教育背景下的教师专业发展水平和专业发展需要缺乏关注。我国地域广袤，东部与西部、沿海与内陆、城市与乡村、内地与少数民族聚居地的经济、社会、文化、教育差异巨大，因此教师专业发展的内容与特点也会表现出很大不同。

（2）针对双语教师专业发展的专题研究匮乏。现有的研究多是在论及现代教育改革或整个教师教育改革时，在民族学、社会学、人类学领域的研究中顺便涉猎，研究不够系统和深入。近年来关注新疆、西藏、内蒙古、四川等少数民族地区双语教师专业发展的研究开始出现，但总体上看，还是局限于对教师现状的描写或分析。现有的研究缺少对双语教师专业发展自身构成因素的内在轨迹的分析。

（3）深入分析双语教师专业发展基本内容和深入探讨双语教师专业结构的研究很少。虽然从动态发展视角看，教师的专业结构是多维度的，不同阶段也会呈现出不同特点，但本研究认为，将其作为一个分析框架提出还是有必要的。有关国内外双语教师专业发展研究，从双语教师的教育观念、态度、理念、意识、知能结构等诸多方面阐释了教师发展的内容。然而，双语教师不仅仅是在特殊的双语教育观念、态度、理念、意识、知能结构等方面区别于普通教师，其特殊的民族文化个性还渗透在“教”与“学”的每一个微观环节中。现有文献中并没有充分关注这一特质。

（4）双语教师专业发展文化视角的解读较少。一些研究尽管阐述双语教师特殊文化背景影响双语教师专业发展的观点，然而在学校教育体系中少数民族文化受到现代文化冲击时，双语教师的角色与任务应该是什么？双语教师的角色认同是怎样的？从这一视角探讨双语教师专业发展的研究并不多见。

（5）关于教师专业发展内容或内涵，最新的研究中出现了教师个人的教育哲学、后现代专业性等全新视角。个人的教育哲学视角从侧重教师的学科专业知识和技能发展转向关注教师的人文素养、德行品质、职业情操与教师的人格发展。后现代专业性视角认为，教师专业发展内容中应该包括审慎地判断、积极地关心学生、合作的文化、持续学习等。陈向明提出以“专业学习”代替“专业发展”的思路，说明传统的教师专业发展内容或结构框架正在被重新建构。因此，双语教师专业发展的内容与结构也需要不同视角的审视。

## 三、有关概念的界定与阐述

### （一）民族教育

民族教育概念的界定，决定着本研究的志向和范畴，因此，本研究试图在对我国多种不同的民族教育概念进行梳理的基础上界定本书中的民族教育概念。

民族教育有广义与狭义之说。广义的民族教育指对有着共同文化的民族成员进行培养，使他们具有能够主动追求本民族的经济、社会、文化发展的态度和能力的教育。[①]从这个意义上来说，世界各民族的教育都属于民族教育的范畴。狭义的民族教育指多民族国家中的少数民族教育。我国把少数民族教育简称为民族教育。本书就采用民族教育这一少数民族教育的同位语。

我国各民族的实际情况不同，采用的民族教育模式也不尽相同，从而在狭义的民族教育范畴中也出现了多种民族教育概念。王锡宏在《中国少数民族教育本体理论研究》[②]中将我国民族教育的概念分成26种。通过概念梳理，本研究发现，在若干民族教育概念界定当中，有一些概念界定存在误区。为正确理解本研究中的“民族教育”及“双语教育”等核心概念，指出并解释以下几点误区是十分必要的。

（1）民族教育等同于民族地区教育的说法。这种说法把民族地区的教育与民族教育混淆，在民族地区教育与民族教育难以划分时，在有些研究中也出现这两个概念通用的情况。比如，在西藏，藏族及其他少数

① 耿金声，《论民族教育的概念和民族教育的特点》，《民族教育研究》，1991年第2期，第11页。

② 王锡宏：《中国少数民族教育本体理论研究》，北京：民族出版社，1998年。

民族人口占全区人口总数的91.83%，贵州有全国四分之三的少数民族人口。这种情况下，民族地区教育与民族教育其实难以划分，因为这些地区的教育与当地经济、社会是作为一个整体被看待的。相反，在内蒙古，蒙古族人口仅占全区人口的17.11%[①]，而蒙古族教育具有悠久历史和鲜明的民族特点，民族地区教育显然无法等同于民族教育。对朝鲜族等杂散居地区的少数民族也不适合。

（2）民族教育等同于民族语言教育的说法。首先，这种说法把少数民族教育等同于少数民族语言教育，认为少数民族学生学业成就的标志就是学好语言课程，尤其是汉语和英语，认为少数民族学校的教育教学活动就是以学习语言为主。其次，这种说法把少数民族双语教育或三语教育理解为专门的语言教育，认为双语教育或三语教育的重要标志就是学习正确发音、积累词汇，学习各种句式，强调专门的语言技能训练，以量化形式作为教学质量的衡量标准。这些误区导致民族教育在多年的发展过程中不仅忽视了学科知识与语言学习的平衡关系，也忽视了语言学习与文化理解的相互关系。[②]

（3）民族教育等同于民族传统文化教育的说法。由于我国每个少数民族都有不同于其他民族的文化特质，这种说法片面认为，民族传统文化就是民族教育的全部内容。近年来民族民间文化进校园政策在各少数民族学校实施，有些地方教育部门决策者由于缺乏对民间文化和民族文化与民族教育之间关系的正确认识，所实施的民族文化教育大多数停留在唱歌跳舞，传统节日、庆典活动等显性因素层面，却忽略甚至抛弃了民族文化的精神内涵，如文化传统中人与自然的和谐观等。民族文化进入课堂的意义不仅限于显性因素的引入，其真正目的在于以多元文化观作为指导，利用少数民族儿童熟悉的文化内容、形式，帮助他们学习知识，提高学习效率。

关于民族文化与少数民族教育之间的关系，王锡宏在《中国少数民

---

① 依据2011年第六次全国人口普查数据。

② 塔娜:《以教育公平视角审思当前少数民族英语教育中的两大问题——以内蒙古蒙古族学校为例》,《内蒙古师范大学学报（教育科学版）》，2014年第11期，第42页。

族教育本体理论研究》[1]中认为："民族教育是在与国家主流文化教育的联系和影响中，遵照教育规律，按照本民族的意愿，传递少数民族社会生活经验，培养少数民族成员的社会活动。"

（4）民族教育的目的只是传承本民族文化的说法。我国民族教育的目的体现在不同的历史发展时期的教育法律政策中，这由我国不同社会发展阶段的实际需求所决定。民族文化的传承与发展、民族人才的培养、民族地区经济文化的发展以及少数民族成员的国家认同等共同构成了现阶段我国民族教育的目的。

（5）民族教育等同于多元文化教育的说法。西方多元文化教育指对多元文化国家中不同文化背景者实施的教育。我国有些学者用西方多元文化教育的概念取代我国少数民族教育的概念。西方多元文化教育在范围上更加广泛，多元文化教育的历史与发展过程也与我国的少数民族教育不尽相同。

通过"民族教育"的概念辨析，我们发现，这些概念之间事实上存在相互交叉的关系，这也充分体现了我国民族教育的复杂性与多样性。

我国的民族理论起源于马克思主义民族平等理论。马克思主义民族平等理论在我国的发展主要体现在中国共产党在中国革命和社会主义改造过程中提出的，针对民族问题的一系列主张、思想以及实施的相关民族政策。民族学校是贯彻我国民族理论、实现"民族平等"政策的主要场所，因为没有其他场所如同学校一般具有较大的规模和较强的计划性。从该理论延伸出来的民族教育包含两个机能。首先，民族教育要传承各民族的历史、文化、传统与生活习惯。其次，作为我国教育制度和民族政策的重要组成部分，民族教育应促进民族地区社会、经济发展。民族教育传承各民族的历史、文化、传统与生活习惯的机能主要体现在民族学校使用民族语言文字教授课程、设置民族语言科目、开展以民族文化为教育内容的课程和教育活动等；促进民族地区社会、经济发展的机能则体现于双语教育的普及与推广。改革开放以来，社会各界越来越意识

① 王锡宏：《中国少数民族教育本体理论研究》，北京：民族出版社，1998年，第33页。

到双语教育对民族地区经济发展的重要性，民族学校成为培养民族地区社会、经济发展所需人才的主要场所。通过民族教育的两个机能，我们可以从民族教育概念的表面描述窥视其深层内容。民族教育的核心内容事实上始终围绕着语言教育在进行，其中包括开展民族语言、汉语和外语课程教学。在学校教育中，尊重少数民族文化体现于尊重少数民族语言文字、使用少数民族语言文字开展各类教育活动。

到目前为止，我国民族教育大致形成了三大双语教授类型（模式）。第一类：各门课程民族语授课 + 一门汉语课；第二类：各门课程汉语言授课+ 一门本民族语文课；第三类：双向双语型。蒙古族属于第一类双语教授模式，其教育目的在于民族语言文化的传承、保护和国家通用语的习得。①

### （二）双语教育

#### 1.对“双语教育”概念的辨析

关于少数民族双语教育的概念或含义，国内外有不同视角、不同维度的解读。

W.F · 麦凯和M · 西格恩（William Francis Mackey & M. Siguan）在《双语教育概论》中认为，双语教育是指以两种语言作为教学媒介的教育体制，其中一种语言常常是但不一定是学生的本族语言，作为教育教学实施的工具。②

科林 · 贝克（Colin Baker）认为厘清双语教育概念需要区分两种教育现象：一种是使用并促进两种语言发展的教育；另一种是对少数民族儿童的语言教育。③

国外学者中关注并研究我国双语教育的并不多见。国外研究者虽然

---

① 戴庆厦，滕星，关辛秋：《中国少数民族双语教育概论》，沈阳：辽宁民族出版社，1997年，第90页。

② [加拿大]W · F.麦凯，[西班牙]M · 西格恩著：《双语教育概论》，严正，柳秀峰译，北京：光明日报出版社，1989年。

③ [英国]科林 · 贝克著：《双语与双语教育概论》，翁燕珩等译，北京：中央民族大学出版社，2008年，第199页。

可以抛开中国国情的各种限制因素，却在把握实况和收集资料上有困难。他们的研究通常引用国内《教育统计年鉴》《教育工作年鉴》等数据资料，主要以新中国成立后少数民族教育状况与经济发展、政策转换等联系起来的概括性描述为主。近年来深入到中国少数民族地区进行田野调查、寻求实证研究的国外研究者也开始出现。

冈本雅亨的『中国の少数民族教育と言語政策』(《中国的少数民族教育与语言政策》）和小川佳万的『社会主義中国における少数民族教育』(《社会主义中国的少数民族教育》）不局限于利用中国少数民族教育相关法律规定、政策方针、政府颁布的政策性指导文件等，更重要的是通过实地调查，具体详细地介绍了中国民族政策实施与落实情况。①

冈本雅亨认为，中国的少数民族教育是指在少数民族地区针对该少数民族儿童实施的，以该少数民族固有的语言文化开展的教育活动。双语教育就是将少数民族固有语言和国家通用语言这两种语言同时作为教学媒介语言开展的教学活动，双语教育本身是极为丰富和复杂的术语。冈本雅亨对中国的双语教育分类如下。第一类：蒙古族、朝鲜族。他们的双语教育是以通过学校教育保持民族语言和学习汉语为目的的，主要特点是他们处在民族语和汉语交织的环境中，并有人口占绝大多数的汉族所使用的汉语环境。第二类：维吾尔族、藏族、哈萨克族。对于这些民族来讲，他们的双语教育问题在于如何以民族语言文字为媒介掌握第二语言——汉语。第三类：西南少数民族。他们的双语教育特点是以民族语言作为掌握汉语的辅助手段，民族语言只在小学低年级学习。②

我国学者从本国国情出发，对双语教育的含义做出如下阐释。戴庆厦、滕星③等把双语教育归纳为六种说法：（1）过程说。双语教育是指在一定的教育阶段，同时进行母语和第二语言的教育，使受教育者学会使用两种语言。双语教育并非两种语言的简单机械相加，而是在两种语言

---

① ［日］小川佳万，『社会主義中国における少数民族教育』，東信堂，2001年。

② ［日］冈本雅亨『中国の少数民族教育と言語政策』，社会評論社，2008年，第105-106页。

③ 戴庆厦，滕星等：《中国少数民族双语教育概论》，沈阳：辽宁民族出版社，1997年，第7页。

教育同时进行的条件下所构成的整体。民族学校的课程设计与实施，应该整体把握两种语言教育之间的关系，否则容易产生偏差，影响民族教育的全局。（2）体制说。这种说法认为，学校教育中的双语教学是教学体制问题。我国在《中华人民共和国宪法》《中华人民共和国民族区域自治法》《中华人民共和国义务教育法》中都明确规定，民族学校应该有计划地开展民族语言和汉语的双语教育，以达到少数民族学生民、汉两种语言兼通的目的。（3）方法说。这种说法认为，双语教学纯属教学方法问题。（4）体制与方法说。这种说法认为双语教育既是教学方法问题，又是教学体制问题。（5）目的说。这种说法认为，双语教育的目的在于通过专门系统的教学活动，使少数民族学生既能掌握和运用本民族语言，又能在此基础上掌握汉语知识和具备运用汉语进行交流与学习的能力，尤其是具备运用汉语进行思维和表达思维成果的能力。（6）课程说。这种说法认为，双语教育是语言学科的教学，而不是以两种语言作为语言学科以外的其他学校课程的教学媒介语的意思。

滕星在此基础上将双语教育的概念分为七种，有过程说、体制说、方法说、体制与方法说、目的说、课程说、系统说。①

2.“双语教育”与“双语教学”

针对以上研究中出现的“双语教育”与“双语教学”两个概念，戴庆厦、滕星等认为，双语教育的概念大于双语教学，而且包含双语教学，它们之间是上位与下位概念之关系。很多场合，双语教学的使用含义与双语教育的含义一致。该研究中所使用的“双语教学”概念实际上采用的是“双语教育”的一般概念。②

苏德也对“双语教育”和“双语教学”概念分别进行了阐述：双语教育特指在一个多民族国家中以少数民族学生为教育对象，使用其本民族语言和国家通用语两种语言的教育体制；双语教学是用两种语言为媒

① 滕星：《中国少数民族双语教育研究的对象、特点、内容与方法》，《民族教育研究》，1996年第2期。

② 戴庆厦，滕星，关辛秋：《中国少数民族双语教育概论》，沈阳：辽宁民族出版社，1997年，第7页。

介的教学形式，双语教学是双语教育的组成部分。该研究中的“双语教育”属于制度或体制范畴，而“双语教学”属于手段范畴。[①]

钟启泉对“双语教学”有独到见解。他在《“双语教学”之我见》[②]一文中主要阐述对“汉英双语教学”的观点，但也涉猎“少数民族语言—汉语”的双语教育和双语教学。该文认为，我国实施的双语教育是民族政策的内涵之一，其目的在于，使少数民族儿童能够在掌握本民族语言的基础上更好地掌握汉语，使少数民族儿童更好地融入中华民族大家庭之中，促进民族理解与民族文化的互动，从而更好地体现民族平等，维护和发展少数民族文化；“双语教学”则不单纯是教学方法的问题。他主张“双语教学”应当基于“科学研究”，而不是基于“行政指令”，并提出其主要观点：“实施双语教学的一个基本前提是，不能以牺牲母语教育为代价。”

《教育大辞典》[③]对我国双语教学做出了非常详细的解释。双语教学是民族双语教育的主要形式，指使用两种或两种以上的语言作为授课语言或辅助授课语言的教学方式。双语教学有三层内涵：其一，双语教学是通过学科教学来实现双重目标，第一重目标是学科教学目标，即掌握学科的基本知识、技能，也是其主要目标，第二重目标是语言学习目标，即在以两种语言为媒介的学科教学中，为学生营造良好的双语氛围，以提高学生的两种语言的听说读写能力。其二，在双语教学中，两种授课语言的地位是并重的，尽管在实际教学中两种或三种语言使用的比例可以因实际情况做适当调整，但两者不可偏废。其三，语文教学是学习两种语言的课程，不能采用双语教学方式。中国少数民族双语教学通常是指母语为第一语言与汉语为第二语言（还可包括第三语言的外语）的组合，旨在帮助学生习得双语能力、理解多元文化、培养国家认同和全球意识。

---

① 苏德：《多维视野下的双语教学发展观——内蒙古地区蒙古族中小学个案》，中央民族大学博士学位论文，2005年，第35-37页。

② 钟启泉：《“双语教学”之我见》，《全球教育展望》，2003年第2期，第6页。

③ 苏德主编：《教育大辞典（民族教育卷）》，上海：上海教育出版社，2020年。

3.“双语教育”与“三语教育”

自我国民族学校英语课程必修化以来，“民 — 汉 — 英”三种语言的教育究竟属于“双语教育”还是“三语教育”范畴，学界一直有争议，没有达到共识。

本书认为，我国民族教育中实施的“民 — 汉 — 英”双语教育应该属于广义的双语教育范畴。苏德在《多维视野下的双语教学发展观 —— 内蒙古地区蒙古族中小学个案》[①]中提出：我国民族学校实施的“民 — 汉 — 英”双语教育在教育学的范畴中所指的是一种质的内涵，并非量的内涵。双语教育是针对个人或集团的母语或第一语言而提出来的，并非指学习了多少种语言就可称多少种语言的教育。除了母语或第一语言之外，不管学习多少种语言均属于第二语言范畴或双语教育范畴，所谓的“三语教育”就是双语教育的一种形式。我国少数民族双语教育存在着多种不同类型，即使是同一类型也存在不同的类别，这在世界上其他国家教育中是不多见的。正是这种多种多样的双语教育类型构成了中国这个多民族国家的民族教育特色。内蒙古地区实行的“蒙 — 汉 — 英”双语教育，不仅是中国少数民族双语教育中的特殊类型，同时也是内蒙古地区民族学校教学活动的重要形式。

虽然在语言习得研究中，第一语言习得与第二语言习得早已划清界限，但第三语言甚至更多语言的习得一直被认为是第二语言习得的延伸。近年来，在第三语言乃至更多语言习得的研究中出现了不同的观点。如L.Aronin在“Theoretical Perspectives of Trilingual Education”[②]中指出，多语现象研究的兴起得益于第二语言习得研究的发展，但随着多语现象理论基础的不断夯实和实证研究的不断丰富，多语现象研究已日渐成为一个独立的领域，有着不同于二语习得研究的内在属性。

而在当前的研究中，三语教育这个概念还不具有学术性，不具有学

① 苏德:《多维视野下的双语教学发展观 —— 内蒙古地区蒙古族中小学个案》，中央民族大学博士学位论文，2005年，第38页。

② Larissa . Aronin,*Theoretical Perspectives of Trilingual Education* [J]. International Journal of the Sociology of Language,2005（1）.

术发表意义。笔者认为，如果用“蒙—汉—英”字面意思的“三语教育”替代“双语教育”，不仅会混淆双语教育是第二语言教育的本质，也容易造成教学工作者和大众对双语教育的误解，不利于国家双语教育政策的制定与执行。

（三）教师专业发展

尽管“教师专业发展”概念传入我国教育专业领域不过是近20年的事情，但不论在理论研究层面还是实践研究层面都呈现出活跃多元的态势。从理论层面上看，“专业”“教师专业化”“教师专业发展”“教师专业学习”“教师专业成长”“教师专业生活”等该领域重要概念均以不同视角、不同层面被理解和阐释，各概念之间的关系也较为复杂。从实践层面上看，近20年正是我国社会文化复杂多变的时期，各区域、各类、各级学校的教师正在面临史无前例的巨大挑战。2001年具有划时代意义的基础教育课程改革的实施把“教师专业发展”议题与教育改革实践紧密联系起来，农村、边远地区和少数民族地区的教师专业发展更是备受关注。“教师专业发展”已经成为当前教育改革和教师教育改革的主流话语。

笔者在对国内有关“教师专业发展”概念的多元理解进行梳理的基础上提出本书观点。

1. 专业

对“专业”这一概念的理解是分析“教师专业发展”内涵的基础。这里主要围绕教学是否成为专业、教师能否成为专业者、教育群体是否成为专业人士等问题进行探讨。在解答“什么是专业”这一问题前，我们首先对教师专业化的三种模式进行分析。随着“教师专业化”概念的提出，教学专业的理论分析经历了特质模式和权力模式的转换，并推进至历史发展模式的视角。历史发展模式视角下，研究者们关注到教育工作者的内在属性与特殊性，从而推动教师职业走向专业化道路。

（1）教师专业化的特质模式（trait model）

随着社会、经济的发展，一些被视为“专业”的群体，如医生、律师等展现出他们在经济资源获取、社会声望以及政治地位方面的优越性，原因是他们具有围内知识[①]（esoteric knowledge）和基于知识垄断的专业自主权。围内知识的特点在于它的复杂性以及由特有的词汇、传达方式与操作程序构成的封闭系统。专业人士的专业自主权体现在审核职业者的资格与能力、判断其专业水平与操守等方面[②]。同时，专业人士的工作由于无法被没有掌握围内知识的普通人所监督，专业者在行使专业自主权时需要公正客观地服务于社会大众。因此，特质模式的两个核心内容是围内知识和服务理想。

在教师职业的专业化进程中，研究者们认为，以“专业化”标尺来衡量教育，教学并不算是“专业”，其围内知识与专业自主权均不足。因此在以知识为核心的特质模式框架中教学并不能成为“专业”，教师也不能成为“专业者”。当然，该模式也受到很多质疑，一些研究认为，该模式把“特质”当成促成专业的原因，混淆了原因与结果的关系。

（2）教师专业化的权力模式[③]（power model）

权力模式认为专业化是各利益群体权力争夺的社会过程。其表现为对市场的控制权或垄断、与服务对象的关系中的控制权、对服务内容和性质的自主决定权、对协作的行业的支配地位和资源分配的优势。该模式以“区分”作为专业化的关键，在培训、职业准入资格、特定的行业标准等方面与其他职业有所区别，从而确保社会中的特权。

在研究者对权力模式框架下教学是否成为专业的探讨中我们发现，教师不能成为“专业者”。首先，教师不具有对服务市场的控制权，教师并不是知识的垄断者，而是知识的传授者。其次，教学内容是由国家来决定的，教师对此不具备控制权。再次，教师在与协作团体（教育行政部门）的关系中处于被支配者地位。教育在国家经济发展和意识形态社会化过程中不可或缺的作用使其服务于国家权力，这是教师群体很难成为“专业人士”的原因。

---

① 围内知识可理解为专业知识，是指系统的、普遍的、可传播的，具有一定学术地位的理论体系。

② 王晓莉:《教师专业发展的内涵与历史发展》,《教育发展研究》，2011年第9期，第39页。

③ 王晓莉:《教师专业发展的内涵与历史发展》,《教育发展研究》，2011年第9期，第39页。

（3）教师专业化的历史发展模式[①]

该模式批判上述两个模式为专业设定其本质并以特定的专业属性促成各职业的专业化的看法，并提出专业是在特定的历史背景、社会结构、政治经济制度和文化环境中形成和发展的。该模式认为，各种职业的独特性与历史、社会、政治、经济等外在环境的差异导致各种职业的专业化过程不同，普遍的专业化路径的说法不能成立。这一模式并不是对上述两个模式的否定，而是进一步说明上述两个模式的观点如何在历史发展模式中呈现。

在历史发展模式框架下，研究者们关注教育工作的内在属性与特殊性。教师专业发展课题也需要对当前的历史背景、社会结构、政治经济制度和文化环境进行充分分析和详细梳理。历史发展模式重视教师群体内部发展及群体所处的外在环境以及两者的互动关系。教师在与国家、市场、其他群体的互动过程中表现出与其他职业不同的专业特点，“教师专业发展”概念也是在寻找教师职业自身的专业化路径中产生的，需放在历史制度脉络中去考察。

2. 教师专业发展

（1）从教师专业化到教师专业发展的过渡

国内关于教师专业发展的文献中，有一些研究把“教师专业化”与“教师专业发展”等同化。这种观点源自构词结构视角的分析。一种观点侧重教师群体的视角，将其从构词结构上分析成“教师专业・发展”和“教师专业・化”；还有一种观点认为“教师专业发展”和“教师专业化”除上述构词分析以外，还可以分析成“教师・专业发展”和“教师・专业化”，两者都包含教师群体专业化和教师个体专业化两个过程。[②]然而，更多的研究认为，“教师专业发展”与“教师专业化”具有不同的内涵。这些研究认为：教师专业化发展是指教师职业专业化的过程；教师专业发展则是指教师个体由新手逐渐成长为专家型教师的过程。宋广文认为，教师专业化强调教师群体以及外在维度，而教师专业发展强调教师个体

① 王晓莉：《教师专业发展的内涵与历史发展》，《教育发展研究》，2011年第9期，第39页。

② 宋广文，魏淑华：《论教师专业发展》，《教育研究》，2005年第7期，第71页。

内在专业特性的提升。他强调，从集体和个体两个维度去思考任何专业化问题都是十分必要的。①

不管从理论层面还是从实践层面上看，以教师专业发展为主题的课题最初都是在教师专业化的框架内衍生和发展的，也就是说，教师专业发展是人们在促成教学为一个专业的过程中批判地反思所得来的结果。②1980年《世界教育年报》以教师专业发展为主题，提出教师专业化的两个目标：其一，视教师为社会上职业层序以至社会分层中的一个阶层，争取专业地位与权力以及力求集体向上流动为目标；其二，教师以教室为工作场所，以提供教学服务为主要工作，因此教师必须以提高教学水平和个人知识技能为主要发展目标。为了明确区分教师专业化的上述两个目标，发展教师专业能力的目标取向被称为“教师专业发展”。然而，它们的界限并不分明，教师专业发展并不排斥最终以提升教师的社会地位、提高教师职业群体对经济资源和政治权力的获得为结果，两者的发展可谓是相得益彰。③因此教师专业发展研究是在教师专业化的背景中产生和发展，并经历了从教师专业化到教师专业发展的发展过程。

（2）教师专业发展的界定

由于人们对教师的专业性要求不尽相同，“教师专业发展”概念是在较为宽泛的意义上使用的。“教师发展”“教师专业化发展”“教师专业发展”“教师专业学习”“教师专业成长”“教师专业生活”等从不同视角、不同层面提出的概念，在理论层面上丰富了教师专业发展的内涵，但由于概念界定模糊，各概念之间的关系变得较为复杂。本书在对国内纷繁多样的教师专业发展概念进行一定程度的梳理的基础上，结合教师专业发展的实践，尝试从以下三种视角解读教师专业发展的内涵。

① 在批判“教师的社会工具价值观”基础上提出的“教师专业发展”概念。一般来讲，教师专业发展的研究或政策的制定都是自上而下的。在此框架下的教师专业发展往往从学生的发展、教育质量的提升和

① 宋广文，魏淑华：《论教师专业发展》，《教育研究》，2005年第7期，第71页。

② 王晓莉：《教师专业发展的内涵与历史发展》，《教育发展研究》，2011年第9期，第41页。

③ 王晓莉：《教师专业发展的内涵与历史发展》，《教育发展研究》，2011年第9期，第41页。

社会发展所强调的教师发展角度出发，对教师的社会工具价值过于看重。在实际的教学工作中，多数教师把人生的价值和理想等同于教育的成就，他们早出晚归，把一切奉献给教学，只为培养出好学生、优秀人才。然而，在辛劳的工作中，有些教师却很少体会到教师职业所带来的快乐感或幸福感，甚至有些老师会产生职业倦怠或麻木心理。如此，教师职业的内在矛盾加剧时，批判“教师对于社会的工具价值”的声音出现，以尊重“人的价值”或“教师生命的价值”为基础的教师专业发展观形成。

叶澜等认为：“长期以来，人们强调的始终是教师对于社会的工具价值，完全忽视甚至抹杀了教师自身的需求，而教师专业发展则有助于唤起教师职业的内在尊严和欢乐。”[①]陈向明认为：“教师的‘专业学习’不仅与所处的时代和情境密切相关，而且还与其自身认同和日常生活之间有着复杂的关联。教师是‘人’，是完整的、有血有肉的人。如果为教师们提供的学习只关注他们的教学能力和教学行为，就会隐形地排斥教师其他方面的价值，如他们的价值观、信念、身份认同、情感和个人生活。教师只有自己感受到被尊重和被理解，他们才有可能尊重和理解学生。”[②]胡定荣认为：“教师的专业发展不是用各种知识技能去填充教师的大脑和增加教师的工作负担和痛苦，而是帮助教师追求教师职业的幸福。因此，教师专业发展的目标应从追求专业知识增长转向促进教师专业自觉。”[③]宋广文针对忽视教师自我的被动的教师专业发展提出了“教师本位的教师专业发展观”，其突出的是教师在教师专业发展过程中的主体价值，强调教师既要实现人生价值，又要实现人格价值。[④]

② 在反思“不足模式”基础上提出的“教师专业发展”或“教师专业学习”概念。这种观点批判“不足”取向的教师专业发展观。它是在

---

① 叶澜，白益民，王枬等：《教师角色与教师发展新探》，北京：教育科学出版社，2001年，第4页。

② 陈向明：《从教师“专业发展”到教师“专业学习”》，《教育发展研究》，2013年第8期，第4页。

③ 胡定荣：《教师专业发展：“觉悟”与“正道”》，《课程·教材·教法》，2014年第3期，第100页。

④ 宋广文，魏淑华：《论教师专业发展》，《教育研究》，2005年第7期，第72页。

假设教师知识、技能和素质不足的基础上提出的。随着社会经济的不断发展，我国在以培训为主的中小学教师专业发展上投入了大量的人力、物力。近年来，对少数民族地区或西部偏远地区教师专业发展的资金投入、精力投入也越来越多。然而，教师的专业发展内在动力却还没有被激发起来，教师的质量与社会各界的期待还存在一定的差距。对于这个问题，实践层面上的分析很多，可以说是仁者见仁、智者见智。

陈向明等以对“发展”这一概念的分析作为切入点，认为“发展”表达的是一种“缺陷模式”。在这个框架里，教师被认为是没有自我导向学习的意愿和能力的，需要外来专家以他们认为合法的、合理的知识来指导。在对“教师专业发展”概念批判反思的基础上，陈向明提出应该用“教师专业学习”替代“教师专业发展”的思路，强调教师的学习必须是主动和自我导向的。①

林智中、张爽认为，教师培训是建立在对教师的知识、能力、素质欠缺的假设之上的。因此，政策制定者所提出的教师专业发展课程也是建立在这种“不足 — 培训 — 掌握”模式的基础上。这种模式主要对教师知识的“过时”或实践中的“无效”予以改进，并以行政指令制约教师专业发展以及教师教育的方向。然而，实践证明，“不足模式”的培训课程往往是失败的。②研究者们反思“不足模式”，事实上是期待教师能够以积极主动的、贴近教师日常实际的方式，特别是以真实的、个人化的学习体验来促进教师的成长。

③“整体性发展”思维框架下的“教师专业发展”概念。进入新的历史时期，我国对教师素质的关注达到了前所未有的程度，在从注重教师的“量”到“质”的转变过程中，教师专业发展理论已经出现了新的态势。在对教师专业发展理论的探索中，研究者发现理论与实践的诸多博弈。比如，从理论上如果说教师职业是专业的话，每个教师都应该成

① 陈向明，张玉荣：《教师专业发展和学习为何要走向“校本”》，《清华大学教育研究》，2014年第1期，第39页。

② 林智中，张爽：《香港教师专业发展策略：从不足模式走向互动模式》，《教师教育研究》，2008年第3期。

为专家型教师。但在现实中，不管教师们多么努力，如教学有方、教学效果好、受学生爱戴和欢迎，能够成为专家型教师的人毕竟占少数。为什么教师专业发展的高期待换来的往往是教师专业发展的低效果？在对诸如此类的问题的反思中，研究者们发现，专家型教师的成长主要是在学校的教学实践中完成的，他们的成功来源于他们自身长期的探索、反思与提炼。因此，一些研究提出："不论对教师的工作特征进行分析，还是为教师专业发展提供改进建议，都不应该完全从学术界的理论视角出发，而是应该将教师亲历的经验作为重要的出发点。"①"整体性发展"思维框架下的教师专业发展观就是在理论与实践的关系的重新审思中逐渐形成的。这种整体性主要表现在教师知识的整体性、教师教学观的整体性、教师对教学的理解的整体性、教师素养的整体性、教师专业发展途径的整体性、教师的工作与生活的整体性等方面。

陈向明认为，目前的教师教育模式把教师的学习生硬地割裂为理论的与实践的、学科性与示范性、教育与教学、正式与非正式的、个体的与集体的等等。而实践研究表明，一线教师新颖、丰富的本土知识及实践知识很难通过局部灌输与训练的方式习得。此外，她还强调教师对教学的理解是整体性的，因为教师把自己的信念、爱甚至生命交付到与孩子同在的场域中，从而得到巨大满足。教师的教学观也是整体性的，教师在"知行合一"的工作姿态中，作为一个整体的人在思维和行动着。②

教师的素养除教师的知识之外还包括教师的专业态度、专业意识、实用技巧等诸多方面。教师培训作为教师专业发展的主要途径，经常对以上各部分进行分门别类的训练，导致教师的"知"与"行"、"思维"与"经验"分离。

教师的专业发展是教师生活与工作的整体呈现，并且要从教师的日常体验出发理解他们。教师的学习与生活是合二为一的。教师所从事的

① 陈向明:《理论在教师专业发展中的作用》,《北京大学教育评论》，2008年第1期，第45页。

② 陈向明，张玉荣:《教师专业发展和学习为何要走向"校本"》,《清华大学教育研究》，2014年第1期，第37–40页。

工作是“感情劳动”，教师除了教书育人、传道授业解惑以外还需要有自己的生活。他们的信念、价值观、身份认同、情感和个人生活都是教师专业发展整体中不可分割的一部分。因此，教师专业发展需要关注教师的工作与生活之间的平衡，特别要关注教师个人的情感感受。①

通过对教师专业发展历史发展进程的梳理、分析与归纳，我们不难发现，教师专业发展议题的产生有其历史背景。教师的教学从最初的不被视为“专业”，到“准专业”或“半专业化”，再到“教师专业发展”的提出，无疑是希望通过“专业发展”这种表述来加强教师职业的“专业性”，使教师获得如同医生、工程师、律师等职业一般较高的学术、社会和经济地位，从而能够吸引优秀人才加入教师队伍，使他们喜欢从事教师职业，奉献于教育事业。

### （四）双语教师专业发展

双语教师专业发展是在教师专业发展概念的基础上提出的。双语教师专业发展应该在教师专业发展这个普遍性、共性概念基础上突出和关照双语教育的特殊性与特色。在共性方面，教师专业发展应该是教师与知识、教师工作与生活、教师工作与培训的整体性发展，教师在专业发展过程中应该是主动的、能动的、自主的、主体的、主导的和持续的。从特性方面看，我国少数民族绝大部分地处边远地区，其特殊的地理位置和文化氛围往往对该地区教师专业发展产生重要影响。双语教师特殊的教育对象、目的、内容、任务等决定并制约着自身的专业发展。因此，教师专业发展本质上是一种社会文化活动，不同的文化环境和工作环境会促使专业人员差异化发展，不同的时代对教师专业发展的要求也有所不同。

与普通教师的专业发展相比，牧区双语教师专业发展有其特殊性。他们的工作环境大多边远、交通不便，因此培训机会较少，并且独特的少数民族语言文化的保护、传承和发展要求又赋予双语教师职业发展特殊的意义和要求。因此，牧区双语教师职业发展至少可以理解为能够扎

---

① 陈向明:《从教师“专业发展”到教师“专业学习”》,《教育发展研究》，2013年第8期，第4页。

根于现实的工作环境中，并且能够在现实的环境中敬业奉献、不断自主提高专业水平，能够使教学适合少数民族学生。

总体而言，随着我国少数民族教育的不断发展，随着牧区双语教育的不断发展，双语教师与双语教师职业发展研究也经历了由被忽视到逐渐关注，由关注数量到关注质量，由关注双语教师群体的职业化到关注双语教师个体的职业发展，由关注双语教师职业发展的外部环境因素和对双语教师社会地位、职业地位的认可到关注双语教师内在专业素质提高的过程。

本研究对我国双语教师专业发展相关文献进行整理后发现，我国目前大多数农村、边远地区和少数民族地区教师专业发展状况受自然环境、社会发展水平、知识发展水平等因素限制，仍处于非专业化或半专业化的状态。这也要求我们更加尊重双语教育的特殊性与复杂性，聆听双语教师专业发展中的真情实感，正视双语教师专业发展中的困惑和问题，探索基于民族文化传统的同时具有时代精神的双语教师专业发展之路。

## 四、研究方法

研究方法的选择取决于研究目的。本研究采用质的研究与量的研究相结合的办法，以实地调查为主，以历史研究法为辅。具体研究方法如下。

### （一）实地调查法

#### 1.观察法

本研究主要对几所个案学校双语课堂进行观察，同时对双语教师所处的社会文化环境、校园文化环境以及教师工作、生活的场域进行了详细的观察。

#### 2.问卷调查法

通过发放问卷的方式全面考察双语教师专业发展现状，侧重调查双语教师专业发展的内容与途径。本研究针对3所个案学校双语教师共发放150份问卷，根据有效问卷回收情况，本研究的问卷分析主要以E校和M校数据为主，X校数据作为参考。

3. 访谈法

应用访谈提纲了解不同人群对双语教师专业发展的观点和看法。双语教师是主要访谈对象。除此之外，访谈的对象还包括学校领导、当地教育主管部门领导以及培训主管部门领导。

4. 实物分析法

通过收集实物来丰富研究手段和分析视角。本研究收集的实物可分为两种：一种是从个案学校内部获取的资料。如课堂记录、学校教学计划、教学总结，教师教案、教学反思、学术论文、培训报告，学生作业、成绩单等；还有一种是从各级教育主管部门获取的文件材料，其中包括公开文件和内部资料。

（二）文献法

本研究主要搜集了国内外研究者在民族教育、双语教育、教师专业发展研究方面的成果。在归纳总结该领域的研究发展趋势、吸收并借鉴既有研究成果和经验的基础上，开展了全面、深入、细致的研究。文献主要来自公开出版发行的图书、知网等互联网资料以及调研地区和个案学校提供的公开或者内部的文件、数据、文本资料等。

# 第一章　蒙古族教育的演变和双语教师职业的形成与发展

美国社会学家奥格本将社会变迁归结为文化变迁，认为正是文化的变迁才带动了社会的进化。中国正处于快速的文化变迁时期，在此背景下讨论双语教育问题时，文化变迁将是重要的视角。

少数民族丰富多彩的民族文化是双语教育的背景，也是双语教育的内容之一。本研究在考察内蒙古双语教师专业发展现状、探索双语教师专业发展之路时没有将其从蒙古族文化历史中人为分割出来，而是从历史学视角出发，将蒙古族的双语教育及双语教师职业的形成与专业发展融入其赖以生存的历史发展和文化变迁的背景中，在历史与现实结合的思路中，通过探讨双语教育的成就与存在问题，探索培养符合时代特征的双语教师所需的条件。

## 一、蒙古族古代教育概况与教师角色

与世界上多数国家一样，中国是一个多民族国家。从国家与民族关系上看，中国具有其自身历史发展的独异之处。在中国历史上先后有五个少数民族即鲜卑、契丹、女真、蒙古、满族入主中原分别建立了北魏、辽、金、元、清五个政权，统治时间共占秦汉以来中国历史的三分之一。这一点对我国各民族的文化变迁和教育演变都产生了巨大影响。蒙古族是中国的少数民族之一，曾对中国和世界历史有过重大影响。蒙古族教育在其历史发展的进程中依据时间布局被划分为古代、近代和现代三个历史时期。

## （一）蒙古族古代口承教育的内容与形式及教师角色

### 1.蒙古族古代口承教育的内容与形式

蒙古民族文化有着悠久的历史。根据蒙古族的历史发展轨迹，蒙古族古代历史从公元8世纪下半叶成吉思汗二十二世祖孛尔帖赤那由蒙古高原东部额尔古纳河西迁到13世纪初成吉思汗统一蒙古高原，建立蒙古汗国即也客·忙勒·兀鲁思（Yeh Mongol Ulos），将蒙古地区出自不同族源的诸多部落结合成具有共同地域、经济生活、语言和共同心理素质的民族共同体。在氏族部落时代，游牧文化逐步占据主导地位，家庭成为当时牧业生活中最基本单位。在蒙古族牧业家庭中，男女分工比较明确。男的主要从事以畜群为中心的“外勤”，女的主要从事以家庭为中心的“内勤”。蒙古族氏族部落牧民对自己后代的教育就是在这样的经济文化背景下产生的。这就是蒙古族最初的教育形式——家庭教育，主要以口承的方式言传于下一代。家庭教育的内容大体可分为生产与劳动教育、狩猎与军事训练教育和思想道德教育。

古代蒙古人的教育起源于生活实践。据史书记载，古代蒙古族儿童从小跟着长辈参加劳动。比如：放牧；挤奶、制作奶食品；鞭制皮毛，制作生活用品；搭盖毡帐。此外，还做狩猎游戏和赛马游戏；练习骑马、驯马和遛马；使用弓箭、枪支跟随长辈进行狩猎等。《马可·波罗游记》中提到鞑靼人从小就喜欢弓箭的游戏，因此弓矢是他们最熟悉的武器。蒙古人在进行围猎活动时，会携其妻子、儿女，带着食物出发。大规模的围猎，好似出兵，纪律十分严明。如此，古代蒙古人的狩猎活动，不仅是一种经济活动、教育活动，还属于军事训练。

除此之外，古代蒙古家庭十分注重道德教育，而且要求也十分严格。《蒙古秘史》中对蒙古氏族尤其是成吉思汗的孛儿只斤诸氏族的系谱有详细叙述。氏族起源的教育使新的一代了解本族的历史、传说和英雄事迹，使他们熟谙、了解氏族的生活、社会结构和习惯，开始形成氏族的道德观念。通过培养对氏族、部落和家庭的自豪感、责任感、光荣感，以便其忠于氏族和部落，继而发扬为集体奋斗与奉献的精神。团结友爱也是道德规范和规则的重要内容之一。这种教育，除年长者言传身教外，还采取结为“安答”的方式。倡导家庭和社会团结友爱、互相帮助的教育理念，使古代蒙古社会形成了自己独特的无私无畏的团结习尚，使良好思想品质一代又一代传承下来。①

2. 蒙古族古代家庭口承教育中的教师角色

（1）母亲的教师角色

在古代蒙古游牧社会中，妇女作为蒙古族家庭的女主人，起着重要作用。她们操持家务、教育儿女、照料牲畜，她们不仅是生产者，也是教育者。在战争时期，她们则随军操持军粮、牲畜等事。出征时妻子常与统帅同行，遇事王汗和诸王常与随军尊贵的哈敦（汗妃、王妃）商榷，因此，古代蒙古人特别尊重妇女的社会地位和作用，对于妇女的称呼也有严格的要求。蒙古族妇女在家庭教育中担当重要角色，母亲在家庭教育中发挥主导作用是由蒙古社会的生产方式所决定的。蒙古族男子主要在外从事畜牧和狩猎活动，而妇女则在家里抚养孩子、操持家务，因此，家庭教育由母亲来完成。

蒙古族母亲在家庭教育中非常注重品德教育，她们以身作则，通过自身的言行去影响教育其子女。在蒙古族民间广为流传的《阿兰豁阿母亲折箭训子的故事》可以说明古代蒙古族母亲严格的家庭教育。《蒙古秘史》第十九节写到此段，故事大意为：春季中有一天，阿兰豁阿煮了腊羊肉叫五子坐在一排，给每人一支箭杆让他们折断。每个人都毫不费劲地折断了手中的箭杆。之后她把五只箭捆绑在一起让孩子们去折，结果谁都没能折断它们。这是成吉思汗二十一世祖朵奔蔑尔干遗孀阿兰豁阿发现诸子不和后，教育他们团结互助的著名事例。②

成吉思汗母亲诃额仑则是另一位伟大的蒙古族母亲。《诃额仑教训铁木真的故事》被载入史册并广为流传。铁木真儿时做错事，母亲诃额仑便引证“祖言古语”对他进行教导。铁木真长大之后，时刻牢记母亲的

① 萧大亨：《北虏风俗》，呼和浩特：内蒙古人民出版社（蒙文版），1979年，第19–22页。

② 陈·巴特尔：《文化变迁中的蒙古民族高等教育的演变》，呼和浩特：内蒙古教育出版社，2004年，第45页。

训言和祖传古训，在他多年的军事、政治生涯中，严于律己，宽以待人，顾全大局，团结进取，统一了蒙古各部，创造了当时震动世界的奇迹。

蒙古族母亲在实际生产和日常生活中也对子女进行教导。蒙古族妇女是擅长骑马的，因此经常带着孩子去放牧，小孩慢慢适应了马背上的生活，自然而然，长大后便成为杰出的骑手。可以说，正是由于蒙古族妇女对孩子的悉心教导和在家庭教育方面的付出，才造就了蒙古族人民高尚的道德品质、坚强意志以及高超的生产和生活技能。

（2）长辈的教师角色

古代蒙古人在生产活动和与自然灾害做斗争时，在放牧、狩猎与驯养牛马的活动中时刻注意教育和培养自己的后代。他们通过长辈的解说、训诲和启发引导等方式来培养其后代勤劳勇敢、无私无畏的良好品质，掌握生产中的基本知识和各项技能。长辈还经常给孩子讲一些祖先的英雄故事和摔跤手、赛马手、猎人的事迹，以教育后代引以为荣。蒙古族民众的这种传统教育方式，是与他们的游牧生活相适应的。蒙古族人民认为，只有在实践经验丰富的长者的培养教导下，孩子才能获得如善于思考、坚韧不拔、勇于克服困难这些良好的品质。

### （二）蒙古族古代宫廷教育的内容与形式及教师角色

#### 1.蒙古族古代宫廷教育的内容与形式

对于以游牧为生的蒙古民族来说，文字符号的产生是其文化史上具有重要意义的事件。文字的创制为教育的正规化发展创造了最为基本的条件。[①]关于蒙古族开始使用文字的经过，在《元史》卷一二四《塔塔统阿传》中有如下记载：1204年成吉思汗征服了他统一蒙古各部的最后一个对手乃蛮部，1206 年建立了蒙古汗国。由于国家管理工作需要有条理的文书，成吉思汗命精通畏兀儿文字的乃蛮部掌印官塔塔统阿以古畏兀儿文字符号书写蒙古语，也就是使用畏兀儿字母记录蒙古语，创造了蒙古族自己的文字。这种文字被后人称作“回鹘式蒙古文”或“传统蒙古文”。

① 周竞红：《简论历史上族际关系对蒙古族教育发展的影响》，《民族教育研究》，1999年第3期，第12页。

文字的创立揭开了蒙古民族正规化教育的序幕。宫廷教育与文字的创制相伴而生，以文字教育为主要形式。这种以文字为基础的正规性教育主要限于宫廷、皇族内部，针对太子、诸王及其子弟进行教育，以培养当时蒙古国家所需高级统治人才为目的。因此蒙古民族教育的正规化发展发端于贵族教育。[①]这种教育主要有帝王教育和皇子教育两种教育方式。

（1）经筵讲官主持的蒙元帝王教育

经筵是元朝统治者特设的御前讲席，他们主要负责皇帝的学习及教育。而奎章阁具体负责经筵官的选拔、任用和管理等工作。经筵官们承担的特殊任务为：一是向皇帝授课。通过给皇帝陈述祖宗遗训及经史格言以揭示治国之道，以养君德；二是以典籍古训为鉴结合实际向皇帝进言。[②]

（2）皇太子的端本堂教育

元朝宫廷教育的另一个重要组成部分——皇太子的端本堂教育，也叫东宫教育，是早期蒙古族学校教育的雏形之一。[③]端本堂为皇太子学宫，邀请高水平的师儒向皇太子们教授各类学科知识，设有太子太师、少师、太傅、少傅等十几种学官。此外，个别师儒还为皇太子编写课外读物，以开阔他们的视野。

2.蒙古族古代宫廷教育中的教师角色

（1）塔塔统阿等畏兀儿人的教师角色

据史料记载，自文字产生后，蒙古族贵族为了服务自身的统治，从成吉思汗时起就选派诸王子跟随塔塔统阿学习以回鹘字母拼写的蒙古语，而且要求他们写畏兀儿文，但主要还是命太子诸王以畏兀儿字书写国言。[④]除此之外，《元史》中还有塔塔统阿以外的畏兀儿人教授蒙古族皇

① 陈·巴特尔:《文化变迁中的蒙古民族高等教育的演变》，呼和浩特：内蒙古教育出版社，2004年，第58页。

② 冀文秀:《元朝蒙古族教育的异彩华章》,《阴山学刊》，2010年第8期，第87页。

③ 吴明海:《中国少数民族教育史教程》，北京：中央民族大学出版社，2006年，第88页。

④ 周竞红:《简论历史上族际关系对蒙古族教育发展的影响》,《民族教育研究》，1999年第3期，第12页。

族贵戚的相关记载。畏兀儿人朵罗术曾负责教授忽必烈阅读和书写蒙古文；畏兀儿人阿怜帖木儿归附成吉思汗后，诸皇子曾受学于他；成吉思汗长子术赤也曾派畏兀儿人阔儿吉思来蒙古地区教授儿童。[①]

（2）汉族儒士的教师角色

耶律楚材，契丹人，是辽东丹王耶律突欲的第八世孙。1214年，做了金国的左右司员。成吉思汗占领燕京后召见了他。1219年，他随成吉思汗西征。窝阔台即位后耶律楚材日益受到重视，1231年任中书令。耶律楚材臣事成吉思汗、窝阔台的30多年正是蒙古文化转型的关键时期。西征中亚东欧、南进入主中原，在扩大版图的过程中他们广泛接受和吸收了东西方各民族文化，尤其是突厥文化与中原文化。耶律楚材在窝阔汗的支持下，通过招名儒、讲经典、设学校、办官学，积极推进蒙古汗国的文化教育建设，其间汉族儒学对蒙古民族文化产生深远影响。据《元史》记载，在南下征伐时，他保护和重用儒士，并首先将儒士引入蒙古社会。[②]与此同时，宫廷教育的知识内容也开始发生转向，即从“命教太子诸王以畏兀儿字书国言”向“召名儒以九经教皇太子，率大臣子孙研解经义”转变；教育对象也由太子和诸王及子弟扩展到大臣子孙；教师也由畏兀儿人居多向以汉地名儒为主过渡。

## （三）蒙古族古代官学教育的内容与形式及教师角色

### 1.蒙古族古代官学教育的内容与形式

元朝建立后，各民族之间交往频繁，元朝实行的一些经济、政治政策，也为这种交往提供了便利的条件。蒙古族教育的发展受汉族教育体制和设施完善的影响。由于忽必烈十分重视教育，所以蒙古族教育得到了快速的发展。元朝陆续设立了中央官学、地方官学、书院、学堂、庙学、私学等各类学校，教育机构的数量也很多，人才培养方面出现了多

① 转引自陈·巴特尔:《文化变迁中的蒙古民族高等教育的演变》，呼和浩特：内蒙古教育出版社，2004年，第54页。

② 转引自陈·巴特尔:《文化变迁中的蒙古民族高等教育的演变》，呼和浩特：内蒙古教育出版，2004年，第58页。

样化特点。[①]

太极书院（1240年）既是蒙古政权所建立的第一所书院，又首开元代理学和书院相结合之例，在北方第一次传播理学，南宋理学在北方得以传播。太极书院的创办不仅开创了元朝官办书院的先河，还培养了精通儒家传统和宋代理学的第一批学者。[②]

自京师开办蒙古国子学（1271）起，全国上下建立起了传教蒙古字教育的学校机构，以蒙古语译写的《通鉴节要》为教材学习蒙古新字（八思巴文字），间习算术，并命令各路、府官员的子弟必须入学，民间子弟也可以入学。

1269年忽必烈颁行新制蒙古文字后，积极推广蒙古新字，招收诸路府官员子弟及民间子弟，以四书五经、《通鉴节要》的蒙译本作为教科书，传授蒙古语和算学。学习合格者担任译史、通事、令史、蒙古文字书写等职务。

八旗官学创设于顺治元年，由当时国子监祭酒李若琳提议在京师设立，教学由国子监六堂教官分别教习，考试在国子监内进行。八旗官学的生员按八旗建制"分佐领选送"，每佐领下取官学生1名。雍正五年定制设额，每旗设定100名，其中满人60名，蒙古军、汉军各20名。教学内容以汉文和满文经典为主。清代，学校已成为科举考试的补习准备机关，"为学"的目的在于"为官"。考试科目以文科为主，并有武科、翻译科。蒙古族考生仅限于八旗子弟。[③]

清代时建立的翻译学堂以培养专门的翻译人才为主，学生大部分有一定的文化基础。圆明园翻译官学是与八旗蒙古有关的专门训练满汉翻译人才的学校，招收对象为驻守圆明园的八旗满蒙护军子弟及内务府三旗子弟。

---

① 冀文秀：《元朝蒙古族教育的异彩华章》，《阴山学刊》，2010年第8期，第86页。

② 陈·巴特尔：《元代书院官学化的历史文化解释》，《新疆大学学报（哲学·人文社会科学版）》，2005年第5期，第106页。

③ 陈·巴特尔：《文化变迁中的蒙古民族高等教育的演变》，呼和浩特：内蒙古教育出版社，2004年，第162-165页。

2. 蒙古族古代官学教育中的教师角色

（1）世界教师

尚文禁武、重用各族各类人才是元世祖忽必烈文化教育政策的核心内容。忽必烈即位后开始改变传统的武治，逐步采用汉法治理中原地区，寻求并重用有一技之长者。他不分民族广揽人才，不拘一格任用人才，一时高人云集，不同民族或不同国家的众多英才都为朝廷所用：佛、道兼知的军政大员、水利专家刘秉忠；契丹族学者、政治家、教育家耶律楚材；吐蕃人士、国师八思巴；理学家、教育家许衡、吴澄；天文学家波斯人扎马鲁丁；研究蒙古语语法的畏兀儿国师搠思吉斡节儿；数学家李冶；天文学家郭守敬；文学家虞集、姚燧等等。①这对元朝各民族间文化教育的交融、发展以及东西方文化的交流、融合产生了深远的影响，为元朝培养了数不尽的各类人才。这种文化现象的出现从深层次上讲与蒙古民族传统游牧文化的多元性与开放性有关。

（2）学官

国子学属中央官学，“官府在学”的色彩较为浓厚，它既是管理机构，又是教育机构。教师和管理人员各有官衔，有不同的等级和职责。国子学秩从七品。学官依次为博士、助教、学正、学录、典给。国子监的最高学官为国子祭酒，初创时以许衡为祭酒。祭酒官从三品；置司业二员，正五品，分管学之教令，由德高望重的人担任。学官的品级不同，享受的俸禄也各不相同。对国子监教官的要求很严格，以培养合格生员的数量来衡定其业绩，并作为升迁的标准。

（3）蒙汉兼通的蒙古学官

在南下中原的过程中，蒙古人在保持自己文化特征的基础上吸收了其他民族尤其是中原地区儒家文化的有益成分。为推广蒙古新字八思巴文字而设立的蒙古国子学和蒙古国子监就是以蒙古语为蒙古人、色目人和汉人传授高深学问以及培养人才的地方。当时，蒙古字学的规模庞大，仅蒙古字学教授就达921名，培养了众多蒙汉兼通的蒙古族人才，了解

① 冀文秀：《元朝蒙古族教育的异彩华章》，《阴山学刊》，2010年第8期，第86页。

熟悉汉文化的蒙古人变得越来越多，他们在汉语、汉文化方面都有很高的修养。与此同时，通过科举考试，蒙古人也有了第一批自己培养、选拔的状元。事实上，这一时期，蒙古教育体系与汉族教育体系逐渐趋于统一。

## 二、蒙古族近代教育的演变与“蒙汉双语教师”溯源

### （一）蒙古族近代寺院教育的内容与形式及教师角色

#### 1.蒙古族近代寺院教育的内容与形式

古代蒙古民族信奉天命论和萨满教。萨满教信仰为蒙古民族寺院教育的产生奠定了认识论的基础。[①]

所谓的寺院教育，指在寺院进行宗教教育。蒙古汗国时期，蒙古地区佛教寺院开始兴起。随着佛教的不断发展，自1247年在蒙古帝国的文化与商业中心哈剌和林建造第一座佛教寺院太平兴国寺之后，佛教寺院在蒙古各地发展起来。16世纪末开始，藏传佛教成为蒙古社会主要宗教形式，它的迅速传播和发展也给教育体系带来了很大影响。元、明末及清代传入蒙古地区的藏传佛教，它们各自的教育体系和师承方式方法，因教派的不同而有所不同。这些寺院不但成为蒙古族人宗教集会和经济贸易的场所，而且成为佛教文化教育的中心。至清朝中期，内蒙古地区的寺庙约有1800多座，喇嘛人数为15万左右，清朝末期约有10万，喇嘛人数占当时蒙古族男性总数的百分比达40%–50%。

寺院教育大致从6–7岁开始，首先在地方或附近寺院进行简单的识字教育，学会背诵简明易懂的经文。1–2年后，通过考试，合格者进入较大的寺院，继续系统学习《五论》（约4–8年），成绩优异者可以到名寺或西藏等地的大寺院接受高等教育。[②]寺院每年都有专门的严格的考试。

① 陈·巴特尔:《文化变迁中的蒙古民族高等教育的演变》，呼和浩特：内蒙古教育出版社，2004年，第49页。

② 宝玉柱:《清代蒙古族寺院教育及其语言教育》,《中央民族大学学报（哲学社会科学版）》，2001年第5期，第138页。

在寺院高等教育阶段，除讲授密宗理论外，还涉及建筑、医学、天文学、美术、音乐等教育内容。

2. 蒙古族近代寺院教育中的教师角色

“扎仓”为佛寺机构，指藏传佛教的僧众学习经典、佛事之学校。扎仓内有“康村”“密村”，相当于现代学校之系、班。有人把扎仓称作“分院”或“学部”，根据所修的门类道别可分为显宗学院、密宗学院、医药学院、时轮学院和菩道学院。大喇嘛、高僧是整个寺院中学识最高的人。他们负责学僧的平日学习工作，培养学僧取得各种学位。一般小寺院的学僧在扎仓只能学习初级课程，若想取得学位，只能到大寺院去进修深造，通过考试取得学位。学经制度严格，自然对教师的要求也很严格。上师一般在早晨4点起床，参加晨会诵经；上午在扎仓讲授课程；下午在经堂里辅导学员复习经文；晚上直到11点检查完学员们学习状况方可休息。寺院上师的讲授方式比较多元，除了普通的授课、辅导外，辩论也是非常重要的教学形式。辩论的目的在于促进学僧深入理解经典教义，辨明经典哲理，同时锻炼雄辩口才和表达能力。

寺院成为学习文化知识的地方后，形成了“宗教即教育，寺院即学校，佛经即教材”的局面。寺院是蒙古地区的文化库藏，涉及领域从政治、经济、历史、哲学一直到医学、天文、地理等。藏传佛教对蒙古民族的性格、价值观念、文学艺术、生产生活和教育的影响至今还在。①

## （二）蒙古族近代学堂教育的内容与形式及教师角色

1. 蒙古族近代学堂教育的内容与形式

鸦片战争的爆发，给长期处于封闭状态和固有模式中的蒙古族社会带来巨大变革。蒙古族也因此迈开了早期现代化的第一步。蒙古族文化与西方文化、汉族文化的互相交融在新的历史条件下展开，蒙古地区的农业和汉族人口比重增加，新式的学堂在此背景下产生。

蒙古族开明的封建王公喀喇沁右翼札萨克贡桑诺尔布（以下简称贡王）是力图在中国传统文化、本民族传统文化和西方资本主义文化的多

① 杰当·西饶江措：《藏族旧教育史略（上）》，《民族教育研究》，1990年第10期，第3–4页。

元文化基础上改造、重建本民族文化的第一人。他也是蒙古民族新式教育的创始人和近代女子学校的奠基人。此后，蒙古其他地区陆续开设了各级各类学堂，蒙古地区首个师范学堂也在此期间创建。

崇正学堂建于1902年。贡王看着自己的旗民子弟能够入学堂接受教育，激动不已。与此同时，贡王还采取若干优惠政策鼓励学龄儿童入学。崇正学堂以蒙汉双语授课，一周学习时间为5天半，教学科目有蒙古语、汉语、日语、满语、地理、历史、算术、体育、绘画等，有些科目还使用自编教材。

1903年日本著名女教育家下田歌子向贡王推荐了女教师河原操子，创办了近代第一所蒙古族女子学堂——毓正女学堂。该学堂除教授蒙古语、汉语、日语、地理、历史、算术、体育、绘画等基础课程以外，针对女生专门开设了生理、卫生、编织、家政等课程。①

2. 蒙古族近代学堂教育中的教师角色

（1）蒙古地区蒙汉双语教师的出现

针对蒙藏回地区学堂教育问题，清政府在宣统三年（1911）发布了《蒙藏回地方兴学章程》，章程规定了蒙藏回等边境地区兴办学堂的总则、机关、经费、学科程度等内容。在蒙藏回初等小学堂，前一两年主要用蒙藏回语文教授；第三、第四年增加汉语文；到了高等小学堂就以蒙藏回语文与汉语文相对照，以此渐加，使得高等小学堂毕业生能直接接受汉语授课。②

崇正学堂在蒙古地区开创了蒙汉双语教育的先河。贡王出身王族，自幼接受良好教育，本身就是蒙汉兼通的双语人才。他亲自担任学堂校长并在蒙古社会经济落后、办学经费紧缺的情况下高薪聘请蒙古族及江南汉族秀才，培养出一大批新型双语型人才，为邻近蒙旗学校教育的发展提供了师资。喀喇沁王府还自编《初小读本》，该读本于清末年间出

---

① 斯琴巴图:《贡桑诺尔布》，呼和浩特：内蒙古科学技术出版社，2009年，第87–122页。

② 宝玉柱:《清代蒙古族学堂教育及其语言教育》,《中央民族大学学报（哲学社会科学版）》，2002年第5期，第113页。

版。他以蒙古文撰写修身、地理（喀喇沁地理）、历史、唱歌等四个方面的内容，使学生不仅能学到近代科学基础知识，也能掌握蒙古语文。崇正学堂经过100多年的发展，现改名为喀喇沁王宫蒙古族中学，服务于新时期的蒙古族双语教育。①

蒙古地区的学堂教育主要有以下特点：学堂设立在离内地较近的农业为主的地区，边远牧区没有出现新式学堂；学堂教学内容为科学知识，授课语言以汉语为主，针对蒙古族学生采取蒙汉双语和少量外语教学模式。然而，当时的双语教育与现在“少数民族语言授课全部课程，加授汉语”的一类双语教育模式不同，更接近于“汉语教授全部课程，加授少数民族语言”的二类双语模式。

（2）日籍教师

贡王创办毓正女学堂深受日本教育的影响和启发。赴日考察期间，贡王接触到当时日本先进的政治、经济、教育理念，尤其是日本各类女子学校的发展使他认识到女子教育对整个民族发展的重要性。他认为，“子女最易模仿其母亲之性格言行，母亲如能受到教育，对其子女可进行入学前的教育”，“民族之振兴，有赖于民众之文化提高，而民众文化之提高，则有赖于母教之水平，本王兴办女子学堂之本意，厚望即在于此”②。为使女学堂达到预想的目的，他在日本著名女教育家下田歌子的推荐下特聘日本的河原操子女士为教师。1905年年底，还借河原操子回国之便，选派3名女生与河原操子一同赴日本，学习新思想、新知识。这些留学生成为近代留学日本的先锋人物，为国家和民族的昌盛做出了自己的贡献。

① 转引自《清末民初内蒙古蒙古族学校教育》，胡春梅：《民族教育发展研究》，呼和浩特：内蒙古教育出版社，2003年，第12页。

② 转引自李淑霞：《贡桑诺尔布与赤峰地区民族教育事业》，《昭乌达蒙族师范专科学校学报（汉文哲学社会科学版）》，2001年第3期，第60–62页。

## 三、蒙古族现代教育的初步形成与“马背教师”

1.马背教育的内容与形式

20世纪70年代中期，是农村学校教育普及最为广泛的年代，农村集体的办学方式，把教育办在老百姓家门口，学生人数和教师人数都是历史上最高的。[①]这一阶段也是乡村教师人数最多的时期，教师一般由生产大队或建设兵团推荐产生，大批上山下乡和回乡知识青年，成为乡村教师重要来源。

马背学校是内蒙古自治区蒙古族现代正规化学校教育的前身，是民族教育的一种特殊形式，始于20世纪40年代末，结束于20世纪70年代中期。

1968年年底，毛泽东同志发出“知识青年到农村去接受贫下中农的再教育很有必要”的号召，全国掀起了知识青年上山下乡运动的热潮。1968年—1978年，全国上山下乡的知识青年共达1623万人，习近平总书记也是当年知识青年大军中的一员。

为响应中央的号召，内蒙古牧区一大批蒙古族初中或高中毕业生，因为接受过学校教育，掌握一定程度的文化知识，作为知识青年被分派到边远牧区担任教学工作，并与当地牧民一同从事牧业生产劳动。由于那时的牧区还没有集中办学，学生上课受到一定的限制。教师要骑马走家串户教学，这种特殊的教学方法不仅得到地方政府的重视，并且很快推广开来，像青海、新疆等民族地区也推广过这种骑马送教的民族教育形式。

牧民逐水草而居，学校随牧民而移，所以马背小学以为牧民子女上学创造条件为宗旨。教学以巡回为主，夏季在牧民比较集中的地方扎起集体（生产队）的蒙古包，设为临时校舍。对于居住分散的牧民子女，教师骑马到牧民家中给学生上课，或组成小组，托人代管并进行辅导，老师定期巡回面授。教师要根据牧民居住情况定巡回教学时间，一般

① 郑新蓉:《共和国五代乡村教师代际特征研究》,《贵州师范大学学报（社会科学版）》,2016年第3期，第123页。

7–8天即可巡回一次。到了春、秋、冬三季，牧民居住比较分散，这时教师全靠骑马教学。他们每到一个教学点便吹响螺号，附近的学生就会集中起来上课，通常授课时间为3–4小时。社会各界广泛关注马背小学这一特殊的民族教学形式，1965年《人民日报》《光明日报》等报刊曾对马背小学进行宣传报道。一些报刊用英、德、法、日、俄等多国语言做了介绍。马背小学一时成为草原牧区的教学方向。如内蒙古镶黄旗生产大队的马背小学就是在当时的历史条件下诞生的。那时镶黄旗的牧民已经实现了定居生活，他们以浩特（村）为最基层的牧业生产单位，由生产队安排五六户甚至十来户牧民集中定居，集体经营牧业生产。那时生产大队的集体经济基础还很薄弱，盖不起校舍，办不起学校，加之生产力落后，很难把7岁至十四五岁的孩子集中起来教学，一年四季的牧业生产也基本离不开孩子们的帮忙。因此，上课是在有学生的牧户家里轮流安排的，教师骑马到浩特后就召集那里的学生从一年级到五年级依次上算术、蒙古语文课程。

2.从马背教学到定点教学的过渡

1955年后，政府开始策划牧民定居，侧重发展全日制小学。到1960年，马背小学几乎消失。然而，牧民定居计划未能如期实现，学生仍然随着牧民进行游牧生活，导致学龄儿童入学率下降。根据此情况政府在20世纪60年代中期又恢复马背学校。如《母亲的“马背教师”生涯》一文中对牧区最初的定点学校建成有以下描述：“1972年9月开始，在大队书记带领下，老师和牧民们花了近一个月时间，在大队队部原有的两排土坯房基础上又增建了较大的木质房。学校有了宽敞的教室、男女学生宿舍和食堂。这应该就是牧区定点学校的开始，教学工作也从此走向正规化。但这里需要说明的是，这时牧区虽然有了定点教学，但由于牧民居住过于分散，把所有的学生集中到大队队部所在地上课的可能性还是很小。此外，繁忙的牧区劳动生产季节和漫长严寒的冬天也很难实现集中授课。因此，在一年大多数时间，老师们还会像从前那样巡回授课。”①

定点教学期间，在作息时间的安排上，一般是上午授课三个小时，下午授课两个小时，每节课时为45分钟。四名教师轮流上课，主要是教授蒙古语文和数学课，偶尔也会有汉语文课，教授拼音和简单的词汇；另外还开设了劳动、体育和图画课，劳动课是不可缺少的教学内容之一，其余大部分时间是让学生自由活动。学校除了暑假和寒假以外，在春天接羔季节也会给学生放短假，这期间老师们会像从前那样巡回授课，学生不仅不中断文化课学习，还能掌握许多生产劳动技能，也可以培养学生对劳动的热爱和吃苦耐劳的精神。秋天，老师与牧民会一同打草，学生帮忙捆草。劳动间隙老师们还会组织一些有趣的游戏。集体劳作中大家虽然辛苦，但同学们在玩耍中也就忘记疲惫，老师和学生的关系也更加亲密。劳动培养了学生的集体意识，增强了组织纪律性，并培养人们互帮互助的优良品格，这些都是在课堂教学中不容易学到的知识。当时的牧区学校提倡的正是让学生在劳作中学习、在学习中劳作。当时的教室是土坯房，每年都要修缮，这个工作也由老师和同学们一起完成。学生在劳动中学会了如何协作，如何生活，如何奋斗。

马背教学形式为边远牧区儿童提供了就近上学受教育的机会，也减轻了当时贫穷牧民的负担，体现了教育公平，对早期扫盲教育和牧区教育事业的发展起到了极其重要的推动作用。1978年后，牧区教育向“四为主”（集中、住宿、公办、全日制）发展，马背小学逐渐被公办的、寄宿的、全日制学校所取代。

3.马背教育中的教师角色

《母亲的“马背教师”生涯》一文作者如此描述母亲作为“马背教师”的这段职业生涯：“母亲一直以‘马背上的教师’称号为很高的荣耀，她也特别感谢党和政府对牧区教育的重视，教师骑马送教实现了边远牧区儿童学习文化知识的梦想。”②

---

① 塔娜：《母亲的“马背教师”生涯》，《中国民族教育》，2016年第2期，第68页。

② 塔娜：《母亲的“马背教师”生涯》，《中国民族教育》，2016年第2期，第68页。

今天，蒙古族教育已经取得了很多的成就，在民族教育中名列前茅，很多牧区已经实现了集中办学、寄宿制管理。但是，在社会快速发展与巨变下，民族教师的培养与评价体系、民族教育的寄宿制管理与民族文化传承、师生关系与知识的有效传递等方面，面临着与马背教育时代截然不同的挑战。比如，在集中优势力量办学的布局调整政策指导下，一些地区在没有增加教育资源配置的情况下，为了在短时间内实现高“撤并率”，学生人数猛然增加，教师教学工作负担加重，教室和宿舍紧张，班级扩大、师资缺乏。一些边远牧区学校的教师被聘用到城镇学校，但因为达不到更严格的资质要求，不得不转岗从事后勤、宿舍管理员等非教学的工作。来自牧区孩子的生产生活经验在课堂上和教材里得不到激发，与书本知识无法实现有效的链接，与城市里成长起来的教师达不到有效的沟通，教学效果和师生关系都受到一定的限制。如何让当代民族教师一如“马背教师”那样守护草原和培养儿童，需要新的教育理念和制度建设。

马背教师产生于特定的时代背景中，为民族教育的发展提供了鲜活的教学案例和教学体验。那时虽然不像现在这样对学生开展正规的教学，但在育人方面可以说是成功的。教师们并没有掌握系统的教育学理论知识，但重视教育中的本土知识和基本技能。他们以对后代负责的强烈的教育情怀，为内蒙古民族教育做出了巨大贡献，为内蒙古现代化学校教育奠定了基础。

# 第二章 内蒙古双语教育的历史沿革

新中国成立以来内蒙古各历史时期双语教育政策与实践的梳理与分析构成了本研究史证的主要内容。本研究避免简单地勾勒过程，而是始终坚持历史与现实结合的思路，目的之一是通过对历史和现状的描述，说明内蒙古双语教育在不同历史阶段所取得的成就。随着双语教育的不断发展和教学效率的不断提高，双语教育本身的研究也逐步走向系统化，这也为进一步培养符合标准的新一代教师提供了条件。目的之二是通过对历史和现状的描述，总结内蒙古双语教育在不同历史阶段存在的问题。当教育的问题被认为关系到公民的素质乃至国家的命运时，提升教师的素质、增强教师责任感也就成为题中之义[①]。

正是基于不同时期的不同价值取向的理性导引，民族教育才得以在“既定目标”的导航下不断进阶。[②]

## 一、新中国成立初期内蒙古双语教育政策与实践

### （一）新中国成立初期内蒙古双语教育政策背景

1947年5月1日，内蒙古自治区成立，从此揭开了内蒙古社会主义改造和建设的序幕。中国共产党把民族区域自治作为解决国内民族问题的基本政策，深得蒙古族人民的拥护。内蒙古的民族教育被纳入整个国家民族教育的轨道中。

---

① 王晓莉:《教师专业发展的内涵与历史发展》,《教育发展研究》，2011年第9期，第41页。

② 袁梅，苏德，江涛:《新时代民族教育的应然价值观照》,《教育研究》，2019年第10期，第102页。

1947年《内蒙古自治区政府施政纲领》中明确规定要推广蒙古文报刊和书籍、研究蒙古族历史、普及蒙古语文教材等。[①]次年，内蒙古自治区人民委员会文教部组织力量，仅用一年多的时间就编纂完成内蒙古民族学校初级小学各学年第一学期使用的各科教科书，并于1948年12月正式出版发行。这是自治区成立以后第一套自编的蒙古语教材。1951年颁布的《内蒙古自治区小学校教育暂定实施方法》中指示："蒙古族小学原则上要使用蒙古语教科书，初级小学一般不学习两种文字。"

1953年召开的内蒙古自治区第一届牧区小学教育会议中总结新中国成立以来牧区小学缺乏统一领导、师资素质低、教育内容一般化、教材脱离牧区实际、师生健康状况差等一系列问题后，提出了今后牧区小学教育发展的目标。授课语言方面，要求牧区教育用蒙古语授课，用蒙古文教材讲授；各地区结合自己的具体情况及时调整蒙古语授课中小学的发展布局和数目。1957年内蒙古自治区教育厅制定颁布的《关于蒙古族中、小学和师范学校语文教学目的、任务、要求、计划和课程设置的规定（草案）》首次对蒙古语授课班和汉语授课蒙古族学生班的蒙古语文和汉语文课程进行了不同的部署。教育过程中使用民族语言成为内蒙古自治区建立初期的民族教育重点，国家予以高度重视。当时不管在蒙古族中小学，还是蒙汉合校的蒙古文班级都采用蒙古语授课。不仅如此，国家还再三指示农耕地区中小学以汉语授课的蒙古族儿童、学生学习蒙古语。[②]

在小学阶段教授汉语的方针是在1953年召开的内蒙古自治区第一届牧区小学教育会议上正式提出的。具体内容为："有条件的高级小学从一年级开始加授汉语课程。"同年，对蒙古族中学及蒙汉合校蒙古语授课班的蒙古语、汉语课时比例做了具体规定：初中蒙古语、汉语课时比例为7∶4；高中阶段该比例为5∶4。1954年1月召开的第一期全区民族教育会议提出："蒙古族小学从五年级开始，不论农耕地区或牧业区，一律开设汉语课程。"这样，汉语课程渐渐普及起来，但大部分牧业地区由于汉

---

① 郝维民主编：《内蒙古自治区史》，呼和浩特：内蒙古大学出版社，1991年，第23页。

② 岡本雅亨，『中国の少数民族教育と言語政策』，社会評論社，1999，第274页。

语师资短缺等原因无法开设汉语课程。

1962年召开的内蒙古自治区民族语文暨民族教育会议纠正了“大跃进”时期“左倾”错误思想，调整了民族教育的多项规定，并在此基础上制定了《内蒙古自治区全日制蒙古族中小学教育工作条例（初稿）》《内蒙古自治区牧区办学试行方案（初稿）》《内蒙古自治区蒙古族中小学蒙汉语文教学和授课用语方案（初稿）》等。这样，以蒙古语教学为主的双语教育得以恢复并发展。但几年后，由于“文革”再一次被迫终止。

### （二）新中国成立初期内蒙古双语教育实践状况

蒙汉双语教育的学生数量在一个时期内呈现出递增或是递减的趋势，这取决于许多因素的共同影响，在这诸多的因素中就包括本地区教育政策对双语教育的支持。如果在某一时期内双语者的数量呈现出递增的趋势，在一定程度上说明这一时期该地区所采取的双语教育政策较成功；反之，说明双语教育政策未能达到预期的效果。

表2–1　新中国成立初期内蒙古蒙古族中小学数量①

| 年份 | 全区小学总数（所） | 蒙古族小学数量（所）/所占百分比（%） | 全区中学总数（所） | 蒙古族中学数量（所）/所占百分比（%） |
|---|---|---|---|---|
| 1949 | 6539 | 572 | 31 | 2 |
| | | 8.7 | | 6.5 |
| 1952 | 9615 | 992 | 24 | 2 |
| | | 10.3 | | 8.3 |
| 1955 | 9151 | 1041 | 53 | 9 |
| | | 13.5 | | 17 |

① 内蒙古自治区教育厅民族教育处编:《内蒙古民族教育工作手册》（第一辑），呼和浩特：内蒙古教育出版社，2011年，第367–383页。这里的中学指初级中学。表2–2、表2–4、表2–5、表2–6、表2–7、表3–1、表3–2、表3–4来源相同。

续表

| 年份 | 全区小学总数（所） | 蒙古族小学数量（所） | 全区中学总数（所） | 蒙古族中学数量（所） |
|---|---|---|---|---|
| | | 所占百分比（%） | | 所占百分比（%） |
| 1961 | 15686 | 2025 | 248 | 34 |
| | | 12.9 | | 13.7 |
| 1965 | 34477 | 2978 | 332 | 35 |
| | | 8.6 | | 10.5 |

注：表格空白处为数据不详或无法查阅到数据，以下表格情况相同。

总览中国民族教育第一阶段的发展情况，通过分析蒙古族中小学发展的轨迹，可以看出蒙古族中小学数量和学生数都有明显增长，与此同时，学校的规模、布局、条件等方面也有所提升（见表2–2）。

表 2–2　内蒙古自治区成立初期区内蒙古族中小学学生人数

| 年份 | 全区小学生总数（人） | 蒙古族小学生总数（人） | 蒙古语授课小学生人数（人） | 中学生总数（人） | 蒙古族中学生总数（人） | 蒙古语授课中学生人数（人） |
|---|---|---|---|---|---|---|
| | | | 蒙古语授课小学生人数占蒙古族小学生人数比例（%） | | | 蒙古语授课中学生人数占蒙古族中学生人数比例（%） |
| 1949 | 353295 | 46821 | 36414 | 7025 | | |
| | | | 77.8 | | | |
| 1952 | 684473 | | 76861 | 12999 | | 2450 |
| 1956 | 888640 | 108414 | 84300 | 57582 | 9894 | 5212 |
| | | | 77.8 | | | 52.7 |
| 1961 | 1472953 | 152106 | 121994 | 130263 | 17269 | 11060 |
| | | | 80.2 | | | 64 |

续表

| 年份 | 全区小学生总数（人） | 蒙古族小学生总数（人） | 蒙古语授课小学生人数（人） / 蒙古语授课小学生人数占蒙古族小学生人数比例（%） | 中学生总数（人） | 蒙古族中学生总数（人） | 蒙古语授课中学生人数（人） / 蒙古语授课中学生人数占蒙古族中学生人数比例（%） |
|---|---|---|---|---|---|---|
| 1965 | 2097743 | 220331 | 168546 | 178070 | 20261 | 14137 |
| | | | 76.5 | | | 69.8 |

蒙古语教育是内蒙古民族教育的核心。蒙古族学生分布在蒙古语授课的学校和汉语授课的普通学校。从这一时期的数据看，蒙古族学生主要集中在蒙古族学校（蒙古语授课学校）。1949—1965年间蒙古族学生在蒙古族小学就读的比例在76.5%–80.2%之间。换言之，在蒙古族学校就读的蒙古族学生占全区蒙古族学生的四分之三以上。这段时期，蒙古族学生在蒙古族中学就读的比例则在52.7%–69.8%之间。除1952年与之前的数据不详以外，1956—1965年之间的数据反映出，随着中学教育的迅速普及，越来越多的蒙古族学生开始接受中学教育，1965年时蒙古族学生在蒙古族中学就读的比例已达到69.8%，接近三分之二。这一时期成为民族教育的全面奠基时期。

随着国民经济的好转，加之自治区各民族人口的逐渐增长，尤其在“人畜两旺”政策下，蒙古族牧民逐渐定居放牧（到1962年全区定居牧户6.7万多户，占总牧户的79%以上），人口迅速增长，蒙古民族教育也进入了新的发展阶段。地域分布上形成自治区、盟、旗、苏木或大队（乡）、嘎查（村）各级学校，中学基本分布于盟旗政府所在城镇或人口较多的苏木，小学则普及至嘎查级别。

在教材方面，1953年内蒙古自治区人民政府成立了编译委员会，1954年开始对民族中学各科教材进行编译，到1956年涵盖从小学到高中的全套课本的编辑出版任务已经完成[①]。从此，内蒙古文教部编纂民族学校教材的事务由编译委员会承担，民族学校的教材主要以编译为主。

该时期，民族学校的普及与学生数的稳步增加说明了民族教育整体发展状况呈现上升趋势。

### （三）新中国成立初期内蒙古双语教育特征

新中国成立初期的内蒙古双语教育十分强调民族语言学习，加大了蒙古语文的学习力度，以民族语文为提高少数民族群众文化水平、发展民族地区经济的重要途径。时任内蒙古自治区人民政府主席的乌兰夫指出："进一步发展内蒙古地区，必须提高广大人民群众的文化水平，而要提高内蒙古蒙古族人民群众的文化，就必须加强学习民族语文。"[②]

新中国成立之初，国家民族政策和教育政策为加强民族语文的学习提供了良好的氛围。特别是《宪法》《民族区域自治法》等重要政策法律的出台，保障了民族语言文字的使用与发展。在这些政策引导下，内蒙古结合地方特点和民族特色制定了发展民族语言的系列政策，提高了牧区学校的教学质量。1953年召开全区第一届牧区小学教育工作会议，会议制定的《内蒙古自治区民族教育五年计划纲要》提出，"第一个五年期间要适当提高牧区小学的发展速度"，"对蒙古族及其他少数民族的中学教育，必须予以大力发展"[③]。但在汉语教育方面，没有针对性较强的语言政策。1955年的《关于内蒙古中小学和四年制初级师范学校各年各科授课时数与蒙汉文教学要求问题给内蒙古自治区教育厅的批复》指出："蒙古族小学过早教授汉文，即在初小进行两种语文学习，困难较多，不适合学生年龄的特征，也会造成教材和教学上的不少混乱，直接影响了教学质量的提高……牧区小学也可不另定学习汉语的标准，但须更加注意从教材和师资方面解决教学上的困难，使要求达到的标准逐渐统一起来。"所以说，这一时期的内蒙古双语教育还没得到实际发展与普及，但

① 耿金声，催斌子：《中国少数民族教育史（当代卷）》，长春：吉林教育出版社，1995年，第73页。

② 乌兰夫：《乌兰夫文选（上）》，北京：中央文献出版社，2013年，第222页。

③ 转引自胡春梅：《民族教育发展研究》，呼和浩特：内蒙古教育出版社，2003年，第29页。

在学校规模与教学质量上有了很大的提升。截至1965年，内蒙古自治区蒙古族小学有2978所，在校生220331人；民族中学67所（其中蒙古族中学35所，蒙汉合校32所），在校生20261人。

## 二、改革开放时期内蒙古双语教育政策与实践

### （一）改革开放时期内蒙古双语教育政策背景

1978年中国共产党十一届三中全会后，被“文革”中断的民族教育政策得以恢复，有关使用本民族语言教学的双语教育相关规定也被载入1982年的《宪法》和1984年《民族区域自治法》。双语教育随之复苏并迎来了新的发展时期。这一时期，我国民族语言政策上发生的一个重要转变，即赋予双语教育法律地位。

#### 1.确立双语教育法律地位，指导民族教育发展方向

“文革”后双语教育的复苏首先体现在端正对民族语文与汉语关系的认识上。国家出台的相关法律法规中提出，在通用民族语言的地区，以民族语言为主，兼学汉语，逐步达到“民汉兼通”。这是平衡汉语与民族语文关系的正确处理方式。1980年的《关于加强民族教育工作的意见》中规定：“凡有本民族语言文字的民族，应使用本民族的语文教学，学好本民族语文，同时兼学汉语文。”1982年，教育部印发《全日制学校民族中小学双语文教学大纲（试行草案）》指出：“汉语实际上是各民族之间通用的语言文字，学好汉语文是少数民族人民的共同愿望，也是发展繁荣民族经济文化的需要。学生既要学好本民族的语言文字，又要学习汉语文。”

我国1984年颁布的《民族区域自治法》中规定：符合条件的少数民族学校，应当采用本民族文字的课本，并用本民族语言教学；通过在小学高年级或初中开设汉语文课程的方式推广全国通用语。1995年颁布的《中华人民共和国教育法》中也规定：学校及其他教育机构应当推广使用全国通用的语言文字进行教学，而在少数民族学生为主的学校及其他教育机构可以使用本民族或者当地民族的语言文字进行教学。这两项法案都明确规定要在民族学校进行双语教学。1991年《国务院关

于进一步贯彻实施〈民族区域自治法〉若干问题的通知》又一次强调使用少数民族语言文字授课的地区必须搞好双语教学并推广全国通用的普通话。①

内蒙古自治区根据中央精神发布了一系列文件指导民族教育工作的恢复与改革。1978年发布《内蒙古自治区教育局关于当前民族教育工作和继续试行〈全日制蒙古族及其他少数民族中小学暂行工作补充条例（试行草案）〉的通知》，其中对民族学校教学语言的使用规定为："蒙古族中小学是发展蒙古语文的重要阵地，学生首先要学好蒙古语文。在学好蒙古语文的基础上，还要学好汉语。中小学阶段蒙古语文授课的学校以蒙古语语文为主。"1980年内蒙古自治区教育局向自治区人民政府上报《关于恢复和发展民族教育的几点意见的报告》，其中指出："对懂蒙古语的儿童，要用蒙古语文授课；对不懂蒙古语的蒙古族儿童，要用汉语文授课的同时，加授蒙古语文。对散居地区的蒙古族儿童，要尽量满足他们学习蒙古文蒙古语的要求，尽可能地设蒙古语学校或蒙古语班。"

"文革"后自治区内各城市蒙古族学校恢复了蒙古语教学。除此之外，如土默特左旗、土默特、右旗、托克托县等放弃蒙古语教育的地区也都恢复了双语教育。

2. 民族学校推广并强化国家通用语教学

1987年国家教委《关于九省区教育体制改革进展的情况的通报》中再一次强调："学好汉语文是少数民族人民的共同愿望，也是繁荣发展民族经济文化的需要。"1991年国家民委《关于进一步做好少数民族语言文字工作的报告》中提出："在通用本民族语言文字的地区，要在适当年级增设汉语文课程，实行双语文教学，推广全国通用的普通话。"1992年3月，经国务院批准，《义务教育法实施细则》正式推出，对使用少数民族语言文字教学的学校要求从小学高年级或中学开始开设汉语文课程，也可根据实际状况适当提前开设。事实上，内蒙古大部分蒙古族学校从

① 王铁志：《新时期民族政策的理论与实践》，北京：民族出版社，2001年，第262-263页。

20世纪80年代初期开始已经在小学三年级阶段开设了汉语文课程（见表2–3）。

表2–3　内蒙古自治区蒙古族学校1981年语言科目课程表①

| 教育阶段及学年 / 科目及课时数 | 小学 | | | | | 初中 | | | 高中 | |
|---|---|---|---|---|---|---|---|---|---|---|
| | 1 | 2 | 3 | 4 | 5 | 1 | 2 | 3 | 1 | 2 |
| 蒙古语 | 13 | 13 | 10 | 10 | 7 | 6 | 6 | 5 | 5 | 4 |
| 汉语 | 0 | 0 | 5 | 5 | 5 | 5 | 4 | 4 | 4 | 4 |
| 周总课时数 | 26 | 26 | 26 | 26 | 26 | 28 | 29 | 27 | 29 | 29 |

3. 民族教育政策体现对民族教育自身价值诉求的理性关照

1980年10月，教育部、国家民委下发《关于加强民族教育工作的意见》要求在国家统一的教育方针指导下、教育规划、学校管理体制、办学形式、学制、教材建设、教学内容、人员编制、教师任用和招聘、经费的管理和使用等，都应由自治地方根据实际情况决定，各民族自治地方要加快民族教育立法工作。根据民族教育工作形势发展的需要，内蒙古教育局发布了《关于当前民族教育工作和继续试行〈全日制蒙古族及其他少数民族中小学暂行工作补充条例（试行草案）〉的通知》，其中第十六条中专门指出："学校教育工作必须注意民族学生，特别是牧区学生的思想性格、兴趣爱好、学习生活等方面的特点，不能一般化。要加强牧区儿童特点的调查研究工作，要不断改进课外活动的指导和生活管理工作，要加强家庭访问和接待家长来访工作。"

在民族语文教材的编写方面，自1976年起每隔1–3年召开一次内蒙古、宁夏、甘肃、新疆、青海、吉林、黑龙江、辽宁等八省区蒙古语文协作或教材建设会议。从1979年开始内蒙古自治区成为负责八省区蒙古

① 乌兰图克，齐桂芝主编：《内蒙古自治区民族教育文集》（1966–1990），呼和浩特：内蒙古大学出版社，1990年，第126页。

语教材供给的地区。1986年成立全国蒙古文教材审查委员会，对蒙古语教材编译质量进行监督审查。

《关于当前民族教育工作和继续试行〈全日制蒙古族及其他少数民族中小学暂行工作补充条例〉（试行草案）的通知》对民族学校使用教材方面做出民族文字教材内容注意民族特点和地区特点等规定。1987国家教委发布的《关于九省区教育体制改革进展情况的通报》强调，少数民族地区的中小学民族文字教材内容要在统一基本教学要求的前提下，充分体现当地民族的特点；编写具有民族地区特色的辅助教材；教学要符合少数民族儿童认识水平、生理和心理的发展水平。[①]据统计，至1989年，全区范围内出版了300多种蒙古语教材和200多种课外读物。1990年，出版高等学校基础课程蒙古文材料150种，解决了部分专业基础课和专业课教材问题。[②]

### （二）改革开放时期内蒙古双语教育实践状况

表2-4 改革开放时期内蒙古自治区蒙古族小学及小学生数量

| 年份 | 全区小学总数（所） | 蒙古族小学数量（所） | 蒙古族小学生总数（人） | 蒙古语授课小学生人数（人） |
|---|---|---|---|---|
| | | 蒙古族小学生人数占全区小学生人数的百分比（%） | | 蒙古语授课小学生人数占蒙古族小学生人数的百分比（%） |
| 1982 | 19027 | 2732 | 369475 | 256106 |
| | | 14.4 | | 69.3 |
| 1983 | 17289 | 2732 | 362441 | 242672 |
| | | 15.8 | | 67 |

① 金志远：《60年中国内地民族基础教育课程改革的本土经验》，《内蒙古师范大学学报（哲学社会科学版）》，2009年第11期，第11页。

② 顾明远主编：《教育大词典》第4卷，上海：上海教育出版社，1992年，第55页。

续表

| 年份 | 全区小学总数（所） | 蒙古族小学数量（所）<br>蒙古族小学生人数占全区小学生人数的百分比（%） | 蒙古族小学生总数（人） | 蒙古语授课小学生人数（人）<br>蒙古语授课小学生人数占蒙古族小学生人数的百分比（%） |
|---|---|---|---|---|
| 1984 | 15866 | 2509<br>15.8 | 368403 | 249291<br>67.7 |
| 1985 | 15600 | 2415<br>15.5 | 365336 | 249309<br>68.2 |
| 1986 | 15601 | 2406<br>15.4 | 366058 | 246175<br>67.3 |
| 1987 | 15074 | 2425<br>16 | 370074 | 239645<br>64.8 |
| 1988 | 15010 | 2404<br>16 | 369316 | 232621<br>63 |
| 1989 | 15044 | 2399<br>16 | 380622 | 227384<br>59.7 |
| 1990 | 14634 | 2267<br>15.5 | 394934 | 225385<br>57.1 |
| 1991 | 14505 | 2478<br>17 | 424410 | 235832<br>55.6 |

表 2-5 改革开放时期内蒙古自治区蒙古族初级中学及中学生数量

| 年份 | 全区初级中学总数（所） | 蒙古族初级中学数量(所)及占比(%) | 蒙古族初中生人数（人） | 蒙古语授课初中生人数（人）及占比（%） |
|---|---|---|---|---|
| 1982 | 1711 | 189<br>11.5 | 117787 | 63395<br>53.8 |
| 1983 | 1636 | 182<br>11.1 | 118700 | 61741<br>52 |
| 1984 | 160 | 192<br>11.9 | 127581 | 68282<br>53.5 |
| 1985 | 1602 | 186<br>11.6 | 135468 | 74715<br>55.2 |
| 1986 | 1618 | 190<br>11.7 | 142564 | 80160<br>56.2 |
| 1987 | 1626 | 184<br>11.3 | 147195 | 83014<br>56.4 |
| 1988 | 1623 | | 145214 | 82984<br>57.1 |
| 1989 | 1627 | 184<br>11.3 | 140830 | 82506<br>58.6 |
| 1990 | 1643 | 190<br>11.6 | 142584 | 78692<br>55.2 |
| 1991 | 1622 | 177<br>10.9 | 145840 | 69241<br>47.5 |

就该时期的蒙古族小学教育情况而言，蒙古族小学的数量在全区中小学总数逐年减少的大背景下，由1982年的2732所减少到1991年的2478所。牧区学校数量的减少与1981年后撤销办学条件差的队（嘎查）办小学、采取就近合并的布局调整政策有关。蒙古语授课蒙古族小学在校生数在1982—1991年期间减少20274人，与此相反，全区蒙古族小学生的数量却有明显的增长。数据显示，1991年全区蒙古族小学生数量比1982年增加54935人；蒙古语授课的蒙古族小学生人数由占全区蒙古族小学生人数的69.3%（1983年）下降到了55.6%（1991年）。也就是说，截至1991年，全区蒙古族小学生中有55.6%的学生接受蒙古语授课。蒙古族学校蒙古语授课学生人数减少的原因是多方面的，有政策、社会环境等制度性原因，也有个人、家庭等非制度性原因。从民族教育政策的角度分析，这一时期虽然恢复并发展民族教育，但民族教育倾斜政策仍然不到位，少数民族学校的办学条件、双语师资力量等方面不及汉语授课学校，尤其是民族学校实施双语教育过程中依然难以突破教材编译、教授用语等方方面面的现实障碍与问题，导致蒙古族学校生源大量流失。大城市中的蒙古族家长出于子女将来升学就业等考虑，将子女送往汉语授课学校，使得蒙古族学校的学生人数出现锐减的情况。但蒙古族小学数量占全区小学数量之比重却增加了2.6%。

蒙古族中学教育的情况与蒙古族小学有所不同。从学校数量来看，蒙古族初中学校数量由1982年的189所减少到1992年的177所，无明显数量变化。但1991年蒙古语授课蒙古族初中生人数比1982年时增加了5846人。由于“文革”期间蒙古族中小学遭到破坏，在校生人数无从考证，没办法进行纵向数据比较。但从“文革”前的蒙古族小学生择校比例来看，截至1965年，有76.5%的蒙古族小学生选择蒙古语授课蒙古族小学，这为改革开放后民族教育的继续发展打下了坚实的基础。

整体而言，国家在这一时期对民族教育加大了资金投入力度，学校的设施、条件也得到改善，民族小学普及率更是达到较高水平。1984年，内蒙古自治区为解决基础教育质量良莠不齐的问题，采取了“两主一公”的办学模式，即建立以寄宿为主和助学金为主的公办民族中小学。1986

年，牧区和偏远地区共恢复新建寄宿为主、助学金为主的公办小学667所，全区寄宿小学生达到65365人，中学生达到93614人，牧区学龄儿童入学率提高到92.8%，巩固率达到93.4%，普及率达到94.1%。蒙古族儿童入学率达到95%。

### （三）改革开放时期内蒙古双语教育特征

通过对上面双语教育政策的梳理我们发现，这一时期我国双语教育政策的侧重点在于发展少数民族汉语教育。汉语是我国国家通用语，推广和强调国家通用语的双语教育是“强调共性”的双语教育。通过对政策的详细梳理与分析，我们可以总结出这段时期制定推广和强调汉语的双语教育政策的目的为:（1）发展民族地区经济，促进各民族共同繁荣发展;（2）全面提高少数民族的整体科学文化素养;（3）培养少数民族双语人才。在没有分析政策内容的基础上，将这一时期的双语政策歪曲地理解为少数民族汉化教育或同化教育是片面的、不符合事实的。我国的双语教育除了可以使少数民族学生学习本民族语言文字、传承、弘扬民族优秀传统文化以外，更重要的是可以有效地提高其“双语”水平，使少数民族学生自身的科学文化素养不断适应各种社会变化，满足各项社会工作的具体要求。

## 三、新时期内蒙古双语教育政策与实践

### （一）新时期我国双语教育的社会背景

进入21世纪，世界迎来多级格局的新时代，和平与发展成为21世纪的两大主题。在世界和平的大环境下，发展问题势必而且事实上已经更加突出。“发展”作为时代特征，不仅是指发达国家的发展，更重要的还是发展中国家乃至全世界的经济、科技、社会、文化的发展。随着国际形势的变化和科技革命的进展，经济发展问题越来越重要。世界各国间的相互依存关系由于经济和科技的发展而更加紧密，国际化概念就此产生。是否能顺应国际形势的急速发展变化，决定了一个国家的兴衰强弱。在世界重心转向经济的同时，20世纪90年代以来以电子信息技术为核

心的新技术革命把世界带向又一个历史发展高峰时期。所以各国把20世纪90年代视为关键时期，中国也是如此。1995年，中国正式提出加入世贸组织的申请。2001年12月11日我国正式加入世界贸易组织（WTO），成为其第143个成员。

以改革开放政策为导向的经济转型势必为中国带来深刻的社会转型。西部大开发（1999年）就是我国改革开放战略在东部沿海区取得极大成功后，为了促进我国区域经济协调发展、缩小东西部地区发展差距而推出的重大战略部署。

根据《西部蓝皮书：中国西部经济发展报告（2009）》，1998—2008年是新中国成立以来整个西部地区GDP增长最快的10年，年均增长率11.42%，高于全国9.64%的年均水平。西部地区基础设施建设取得重大突破，农村牧区生产生活条件得到明显改善，农牧民收入大幅提升，人民生活水平不断改善。刘生龙等在《西部大开发成效与中国区域经济收敛》[①]一文中运用“差分内差分”方法评估西部大开发对促进西部地区经济增长和缩小区域差距所发挥的作用。该文指出：2000年后全国各地区人力资本都出现快速增长态势，但中东部地区的增长速度远远超过西部地区。这说明西部大开发并没有给西部地区带来更高的人力资本积累速度，西部大开发促进西部地区经济增长主要是依靠大量的实物资本，特别是基础设施投资来实现的。教育、科技及人力资本和政策法规人文等软环境没有因为西部大开发而得到显著改善。[②]中国经济学家徐逢贤教授在对东西部30个县进行历时7年的实地考察后得出一系列令人关注的数据：东部与西部平均每一百人中拥有科技人员的比例为18：2；乡镇领导学历在大专以上的比例为64：20；平均受教育时间东部达10年零8个

① 刘生龙，王亚华，胡鞍钢：《西部大开发成效与中国区域经济收敛》，《经济研究》，2009年第9期，第94-99页。

② 刘生龙，王亚华，胡鞍钢：《西部大开发成效与中国区域经济收敛》，《经济研究》，2009年第9期，第94-99页。

月，西部只有3年零6个月[①]。因此，以少数民族教育为特色的西部地区教育，在全球化和信息化及中国经济与社会转型的背景下将迎来更大的挑战。

2001年获得诺贝尔经济学奖的约瑟夫·斯蒂格利茨（Joseph Eugene Stiglitz）曾说，21世纪将会有两件大事影响人类的进程：一是新技术革命，二是中国的城镇化。中国的城镇化之所以能够引起世界瞩目并对人类进程产生影响，根本原因在于它的快速度与大规模。从1949年到1978年，中国的城镇化率只从10.6%升到17.9%；然而从1978年到2011年，我国的城镇化率却从17.92%迅速提升到51.27%，城镇人口从1.72亿人增加到6.9亿人。麦肯锡全球研究院的研究数据显示，到2025 年，大约有10亿中国人将入居城市，届时中国将会出现大约221座百万以上人口的大城市，其中包括23座 500万人口以上的大城市。我国专家预测，到2030年，大概有3亿多农村居民移居城市，同时，农村人口将减少1/3以上，城镇化水平将达到70%。城镇化进程中，农村留守儿童问题加剧，目前全国18岁以下农村留守儿童有6102.55万人，占农村儿童总数的37.7%，占全国儿童总数的21.9%。[②]

中国城镇化表现出与发达国家截然不同的特征，可称为“半城镇化”和“被城镇化”。[③]如“布局调整”（2003年）作为城镇化进程中的一项重要的教育政策，旨在为教育公平、促进教育平衡发展提供契机，但也导致某些教育困境。

① 向勇，牟方文：《西部开发教育先行》，《西南民族学院学报（哲学社会科学版）》，2001年第11期，第222页。

② 转引自胡俊生，李期：《中国特色的“半城镇化”及其对农村教育的影响》，《延安大学学报（社会科学版）》，2014年第8期，第33–35页。

③ 李强：《主动城镇化与被动城镇化》，《西北师范大学学报（社会科学版）》，2013年第6期，第7–14页。

### （二）新时期我国双语教育的政策背景

1.“以人为本”“普及”“公平”和“优质”成为21世纪教育政策主题

20世纪90年代的教育呈现出为经济服务的显著特征。邓小平在1992年的重要讲话和党的十四大的召开使我国改革开放和社会主义现代化建设进入新的历史发展阶段。1993年中共中央、国务院发布的《中国教育改革和发展纲要》（以下简称《纲要》）标志着教育改革浪潮的到来。“教育要面向现代化、面向世界、面向未来”成为21世纪教育指导方针。《纲要》发布后，1994年召开了改革开放以来第二次全国教育工作会议。会议讨论了《国务院关于〈中国教育改革和发展纲要〉的实施意见》《中华人民共和国教育法（草案）》等文件。这一时期要解决的一个中心问题是在国际格局深刻变化和我国经济体制根本转变的条件下，如何提高教育质量，如何提高国民素质和人才素质。《纲要》中提出的教育方针为：“教育必须为社会主义现代化建设服务，必须与生产劳动相结合，培养德、智、体全面发展的建设者和接班人。”1995年，全国人大通过的《中华人民共和国教育法》将其表述为：“教育必须为社会主义现代化建设服务，必须与生产劳动相结合，培养德、智、体全面发展的建设者和接班人。”

在2005年下发的《中共中央国务院关于进一步加强民族工作加快少数民族和民族地区经济社会发展的决定》中，把加快少数民族和民族地区经济社会发展、促进各民族共同繁荣发展作为21世纪民族工作的主要任务，将民族教育作为促进民族地区经济、社会发展的重要手段和途径之一，将民族教育视为促进民族地区政治、经济、文化、社会和谐发展的基础性工程，强调民族教育在民族地区经济、社会发展中的基础性和先导性以及全局性作用。

2003年，中央提出“以人为本”的科学发展观，把教育视为重要的民生问题，把教育公平作为教育公共管理政策的基础，提出了“办好人民满意的教育”的新目标。国家采取一系列措施增加教育机会，促进教育公平。2006年6月，在新修订的《义务教育法》中确立了义务教育经费政府分担的机制以及促进义务教育均衡发展的方针。2008年起，在全国义务教育学校实施绩效工资制度，提高教师待遇。2010年是中国教育发展改革历程的筹划布局之年，各项国家政策和文件密集出台。《国家中长期人才发展规划纲要（2010—2020年）》《国家中长期教育改革和发展规划纲要（2010—2020年）》相继颁布。同年10月举行的中共中央十七届五中全会确定了“十二五”期间加快经济增长方式转变的任务。各地纷纷制定本省（区、市）的教育规划，申请国家教改试点项目，地方教育制度创新呈活跃之势。

“普及”“公平”和“优质”这三个词表明新阶段我们对教育提出了更高的要求①。如果说直到20世纪末所谈及的“普及”为九年制义务教育的普及，《纲要》提出的21世纪的教育“普及”则涵盖范围更广、程度更高，是涵盖了学前教育和高中阶段教育的全面普及。《纲要》中明确指出要把促进公平作为国家基本教育政策；努力缩小区域、城乡和校际教育差距；照顾弱势群体，积极促进教育公平。促进教育公平的重点是促进义务教育均衡发展和扶持困难群体。根本策略是合理配置教育资源，向农村地区、边远贫困地区和民族地区倾斜。

“优质”可理解为好的教育质量。1999颁布的《中共中央国务院关于深化教育改革全面推进素质教育的决定》就提出要深化教育改革，全面推进素质教育。这是我国教育在重数量问题基本解决的基础上，向重质量转移的一个标志。在此政策背景下，《基础教育课程改革纲要（试行）》经国务院批准于2001年开始实施，内蒙古民族学校也从2002年开始全面实施新一轮的基础教育课程改革。

2. 国家层面的民族教育指导性政策出台，少数民族教育逐渐走向法制化

1992年，《国家教委、国家民委关于加强民族教育工作若干问题的意见》是该时期对我国民族教育及相关政策具有重要意义的指导性文件，文件对民族教育的方针任务和指导原则做了明确规定。2001年2月，为

① 张宏伟，王占军：《“国家中长期教育改革和发展规划纲要”识读》，《现代教育管理》，2010年第12期，第30页。

顺应新的形势要求，第九届全国人民代表大会常务委员会第二十次会议对《民族区域自治法》进行了修订[①]。1993—1998年，全国人大先后制定了《中华人民共和国教师法》（1993年）、《中华人民共和国教育法》（1995年）、《中华人民共和国职业教育法》（1996年）、《中华人民共和国高等教育法》（1998年）。特别是1995年第八届全国人民代表大会第三次会议审议通过的《中华人民共和国教育法》，作为一部为我国教育事业法制化发展提供依据的教育基本法，对我国民族教育发展的方针政策、重大举措和基本原则做了明确规定。

随着西部大开发战略的实施以及我国加入WTO，尤其是随着教育领域改革的进一步深化，我国民族教育发展也面临巨大的挑战。2002年7月，我国政府颁发了《国务院关于深化改革加快发展民族教育的决定》，这是新中国首次由国务院颁发的民族教育领域的综合性法规。文件强调了民族教育在少数民族科学文化素质的提高、民族地区经济社会的全面发展以及民族团结和国家统一中发挥的重要作用，并为顺应21世纪新时期的要求对我国民族教育的方针政策、任务宗旨做出了明确规定，鲜明地提出了"民族教育跨越式发展"的思想。2006年修订后的《义务教育法》多处涉及民族教育，在民族平等权利、教育资源的合理配置、民族教育的优惠政策、经费保障等方面均有体现。2010年颁布的《国家中长期教育改革和发展规划纲要（2010—2020年）》首次在中共中央印发的教育文件中以专章的形式对民族教育进行论述。在其第七项中提出："重视和支持民族教育事业，全面提高少数民族和民族地区教育发展水平，全面推进双语教育。"[②]

### （三）新时期内蒙古双语教育的政策背景

#### 1. 大力推进双语教育，"特色与质量"同步发展

双语教学由语言教学扩展到各学科教学，对双语教师的质量评估

① 陈立鹏:《中国少数民族教育立法新论》，北京：中央民族大学出版社，2007年，第53-57页。

② 达万吉:《民族中小学双语教师质量研究——理论探索与田野呈现》，中央民族大学教育学院博士学位论文，2013年，第39页。

不仅关注双语教师的语言能力，也开始关注双语教师的专业知识及整体素质

2002年《国务院关于深化改革加快发展民族教育的决定》中着重强调了民族中小学“双语”教学体系，指出要正确处理少数民族语授课和汉语教学的关系，部署民族中小学“双语”教学工作，符合条件的可开设一门外语课。要保障“双语”教学教材建设在当地教育发展规划中的重要地位。依据新的《全日制民族中小学汉语文教学大纲》，编写适用于少数民族学生的汉语教材，着力为民族学校逐步从小学一年级开设汉语课程创造条件。国家要重点扶持“双语”教学的研究、教材的编写出版等。

2012年,《国家中长期教育改革和发展规划纲要（2010 — 2020年）》特别提出要大力推进双语教学。具体内容为:“全面开设汉语文课程，全面推广国家通用语言文字。尊重和保障少数民族使用本民族语言文字接受教育的权利。重视加强学前双语教育。国家对双语教学的师资培养培训、教学研究、教材开发和出版给予支持。”《内蒙古自治区民族教育条例》规定:“各级各类民族学校应当使用本民族语言文字或者本民族通用的语言文字进行教学，重点发展民族学校的双语教学工作。”与之前相比，从性质和指向上来看，双语教育显然更加规范化，这与我国双语教育、双语教育学科不断趋向成熟不无关系。

但与此同时，双语教师问题也显现出来，被社会和学术界公认为双语教育发展的“瓶颈”所在。其主要问题聚焦于：双语教育推广与双语教师数量之间的矛盾、双语教育发展与双语教师质量之间的矛盾等。

双语教师政策是党和国家为实现双语教育的发展，对双语教育活动进行有效管理而制定的。这些政策对双语教师的教育教学工作、教师素质、在职培训等诸多方面提出了规定和要求，其内容既注意与国内政治、文化和教育现实需要紧密结合，同时也满足了我国双语教育发展的需要，遵循了双语教师队伍自身的发展规律。

双语教师政策取向的变化突出体现于由最初的“稳定、合格”开始逐渐向“高素质”转型。随着党和政府对双语教育的高度重视，双语教

师政策对双语教师的要求更加严格，同时也更加注重对双语教师的培养培训工作。

2. 加授外语的新双语教育模式（三语教育）的实施与普及

在此全球背景下，1992年的《九年义务教育大纲》提出全国初中、高中必须开设一门外语作为必修课，英语成为绝大多数学校选择的外语语种。1992年中学开设英语必修课之前，民族学校基本没有实施过真正意义上的外语教育，汉语既是第二语言，又被视为外语课程。1992年8月，内蒙古自治区教育厅签发了《关于内蒙古师范大学附属中学试办高中蒙古语授课英语班请示的批准》的文件，最初以教学班的形式开展并规定开设蒙古语授课实验班，把英语课列入实验班的教学计划，蒙古语文作为选修课。其后，1996年至2006年，全区各地陆续开设实验班，将“实验班”名称改为“三语实验班”，规模继续扩大。[①]在实验班试点的实施经验和调查研究的基础上，1999年内蒙古自治区印发了《关于在全区民族中学开设外语课有关问题的通知》，确定三语教育改革为整个民族基础教育改革的重要内容，需要抓紧抓好。2000年开始，英语作为必修课正式被纳入民族初级中学课程中，规定每周四学时。[②]自此，新中国成立以来在内蒙古自治区民族学校实施的“民族语—汉语”双语教育模式伴随英语的普及，正式转变为“民族语—汉语—英语”三语教育模式，三语教学在全区范围内得到普及与实施。

2002年国务院颁布《关于国务院加快民族教育改革深化与发展的决定》，提出“民族中小学的双语教育要大力推广，条件允许的地区应该开展一门外语课程”。2003年《内蒙古自治区义务教育阶段蒙古民族中、小学新课程计划（试行）》出台，英语作为必修课正式被纳入民族小学校课程中。随着英语教育不断被推广，开设英语课程的时间也不断提前，由初中提前到小学高年级，之后又提前到小学低年级。

① 乌云娜:《蒙古语授课学生的英语教学研究》，呼和浩特：内蒙古教育出版社，2009年，第12–14页。

② 内蒙古自治区教育厅民族教育处编:《内蒙古民族教育工作手册（第一辑）》，内蒙古教育出版社，2011年，第238页。

3. 双语教育中的汉语课程与教学重要性凸显

21世纪新形势下双语教学面临的新问题日益凸显。2002年出台的《国务院关于深化改革加快发展民族教育的决定》对“双语教学”的目标、要求、措施、课程体系，包括政府在发展双语教学中的职责等方面都做出了更具针对性的规定。2002年，第五次全国民族教育工作会议提出：“民族教育的改革发展需要坚持分类指导、分区规划、分步实施、积极推进的方针。有条件的民族地区还可试行三语教学。”2002 年10月还发出《教育部关于在有关省区试行中国少数民族汉语水平等级考试的通知》。[①] 我国还以新课程改革实施为背景，于2006年制定了《全日制民族中小学汉语课程标准（试行）》。它明确了汉语课程的重要性，立足于全面提高少数民族学生的基本汉语素质，充分展现少数民族汉语教学的特点。针对以上规定，内蒙古自治区人民政府在《关于进一步加强民族教育工作的意见》(2007年10月）中提出自治区关于双语教育的具体部署：“全面加强双语教学工作。以蒙古语授课为主的义务教育阶段的学生，要把蒙古语言文字的学习作为重点，同时学习汉语和外语；高中阶段学生要以学好蒙古语言文字作为前提，重点加强汉语和外语。”

2010年《国家中长期教育改革和发展规划纲要（2010 — 2020年）》中也充分肯定了大力推广双语教学的重要性。尊重和维护少数民族在接受教育中使用本民族语言的权利，以此为前提，全面开设汉语文课程，深入推广国家通用语言文字，加强学前双语教育。

梳理有关国家通用语言教学的法律法规，不难发现，自1984年《民族区域自治法》首次提出“学校要推广全国通用的普通话”以来，国家通用语言教学在学校教育中被不断强化。其在法律法规公文中的表述多次发生变化，体现为“推广普通话”→“推广使用普通话”→“大力推广普通话”→“全面推广国家通用语言文字”。

除此之外，为顺应新的形势及语言环境的变化，2010年发布的《国家中长期教育改革和发展规划纲要（2010 — 2020年）》对双语教学的内

---

① 陈立鹏：《改革开放30年来我国民族教育政策回顾与评析》,《民族研究》，2008年第5期，第28-30页。

涵做了新的表述，即由过去一直强调的“在充分尊重少数民族语言文字教学的基础上推进汉语文教学”转变为“大力推进双语教学”全面开设汉语文课程，全面推广国家通用语言文字，尊重和保障少数民族使用本民族语言文字接受教育的权利。内蒙古自治区的蒙汉双语教育政策也从“蒙古族中小学生首先要学好蒙古语文。在学好蒙古语文的基础上，还要学好汉语”转变到“学好本民族语文，同时兼学汉语”，再转变到“在学好蒙古语言文字的基础上，重点加强汉语和外语”。同时，蒙古族学校的汉语学习起始学年也在逐渐提前。

1951年《内蒙古自治区小学校教育暂定实施方法》指出，“蒙古族小学原则上要使用蒙古语教科书，初级小学一般不学习两种文字”。1984年《民族区域自治法》中规定：招收少数民族学生为主的学校，有条件的应当采用少数民族文字的课本，并用少数民族语言讲课；小学高年级或中学开设汉语文课程。2000年，内蒙古教育厅《关于全区蒙古语授课“五四”学制小学、中学和普通高中课程教学计划的调整意见（试行）》中规定：在蒙古语授课小学中，汉语文课的开设时间由之前的三年级改为二年级。2002年的《国务院关于深化改革加快发展民族教育的决定》中规定：“要积极创造条件，在使用民族语授课的民族中小学逐步从小学一年级开设汉语课程。”因此，汉语学习起始学年的演变过程可总结为：初中→小学高年级→小学三年级→小学二年级→小学一年级。

这种变化与改革开放后全国及内蒙古地区经济社会的快速发展相适应。

4.地方课程与校本课程开始出现，多元文化知识以不同形式走进学校课堂

这一段时间除原有的国家课程以外，又出现地方课程与校本课程。对此，《九年义务教育全日制小学、初级中学课程计划（试行）》（1992年）中有所提及，在新一轮基础教育课程改革中也有所体现。1996年国家教委颁布的《全日制普通高级中学教学计划（试行）》第一次将“课程管理”部分单列，明确提出：“普通高中课程由中央、地方、学校三级管理。”义务教育中学也相应地建立了中央、地方与学校管理的课程管理

体系。

20世纪90年代初多元文化教育理念被引进中国，一些学者开始用多元文化理论思考我国少数民族教育的发展与改革问题。例如，有学者认为少数民族学生学业成就相对低下的原因可能是把相同的课程和统一的教材提供给不同文化背景的学生，课程传输的也是共同的知识和核心的观念，还有人认为，民族学校的课程内容没有充分考虑民族地区特有的文化脉络和少数民族学生的心理特点，导致课程内容与少数民族学生的现实生活相背离，使他们感觉课程内容失去本民族文化的亲近感、认同感及自豪感。

但从历史视野看，我国早就有了多元文化教育的实践，元世祖忽必烈很注重多民族文化交流与融合，特别是在对待儒家文化上。就我国现代社会文化背景的构成而言，不仅存在不同民族、不同地区之间的不同文化传统和特殊性，即使在同一民族内部也存在语言与文化的多样性。1992年的《全国民族教育发展与改革指导纲要（试行）》中就提出："提倡不同民族学生合校或合校分班上课。要提倡汉族青年学习少数民族的语言文字、文学艺术、历史与医学等，以利于相互学习、相互帮助，增进友谊和团结。"

鼓励多样性教材的开发是我国打破统一教材的传统模式、多元文化走进学校教育的具体表现。2001年的《国务院关于基础教育改革与发展的决定》提出，要形成适应时代发展要求的新的基础教育课程体系及国家基本要求指导下的教材多样化格局。针对民族教育领域中的多元文化课程理念，2010年的《纲要》中有如下表述："民族教育的改革与发展要在发展规划、改革步骤、办学形式、教学用语、课程设置、学制安排等方面因民族、因地制宜；要坚持观念更新、体制更新和机制创新，不断扩大民族间和地区间的开放和交流，大胆吸收和借鉴不同民族、不同地区和人类社会的优秀文明成果，使我国民族教育既保持自身特色，又具有鲜明的时代特色。"

关于民族学校应该引入什么样的多元文化课程内容，学者持有不同观点。这些观点有的过于偏狭，有的过于激进。但绝大部分学者认同多元文化课程必须把民族文化置于中华文化的背景中，不能仅凸显“差异”而否定“一体”，要在二者之间寻求适当的平衡，民族地区多元文化课程应当以“多元一体”为目标。当然，将教育中激进的多元文化论同提倡共存的多元文化论区别开来，却并非易事。[①]

### （四）新时期内蒙古双语教育实践状况

#### 1.新时期内蒙古蒙古族学校与蒙古语授课学生情况

从学校数量看，这一时期，蒙古族小学数量持续减少，减少幅度大且速度快，蒙古族学校生源减少现象依然比较突出。[②]1992年时2455所蒙古族学小学在2010年时减少到229所，18年间共减少了2226所，87%的小学校被合并或撤销。尤其是1998—2008年间，小学数量一直以大幅度迅速并持续减少，这种情况直到2009年开始有所缓和。蒙古族初级中学数量也从1992年的185所减少到了2010年的77所，18年间58%的蒙古族中学被合并或撤销。这一现象不仅出现在蒙古族学校，全区汉族学校以及其他少数民族学校的数量在这一时期也明显减少。然而，这一时期值得注意的另一组数据变化为：蒙古族小学数量占全区小学数量的比例持续减少。换言之，在全区范围内民族教育的权重系数呈现降低趋势。虽然自治区在21世纪结合“义教工程”“危改工程”“农村牧区撤乡并镇”“生态建设和围封转移战略”等政策，对布局分散、规模小、效益低的学校实施了布局调整，但民族教育在全区教育中的权重系数不可降低。2010年时蒙古族小学数量占全区小学总数9%的这一比重，远远低于蒙古族人口数量占全区人口总数的百分比（18.08%）。

---

① [美]赫伯恩·玛丽:《民主社会中多元文化和社会凝聚力问题：美国的经验是一种模式还是一个范例》,《教育展望》，1993年第1期，第14–19页。

② 苏德:《中国民族教育发展报告（2015—2018）》，社会科学文献出版社，2019年，第32页。

表 2-6　内蒙古自治区蒙古族小学及小学生数量

| 年份 | 全区小学总数（所） | 蒙古族小学数量（所） | 蒙古族小学生人数占全区小学生人数百分比（%） | 蒙古族小学生人数（人） | 蒙古语授课小学生人数（人） | 蒙古语授课小学生人数占蒙古族小学生人数百分比（%） |
|---|---|---|---|---|---|---|
| 1992 | 14326 | 2455 | 17.1 | 425977 | 234656 | 55.1 |
| 1993 | 14092 | 2359 | 16.7 | 444809 | 237338 | 53.4 |
| 1994 | 13831 | 2431 | 17.6 | 437181 | 251298 | 57.5 |
| 1995 | 13645 | 2381 | 17.4 | 448245 | 241675 | 53.9 |
| 1996 | 13133 | 2235 | 17 | 428531 | 222677 | 52 |
| 1997 | 12227 | 2052 | 16.8 | 425807 | 199421 | 46.8 |
| 1998 | 11614 | 1916 | 16.5 | | | |
| 1999 | 10849 | 1638 | 15.1 | 383337 | 179961 | 46.9 |
| 2000 | 10147 | 1430 | 14.1 | 36080 9 | 165967 | 46 |
| 2001 | 9312 | 1149 | 12.3 | 368168 | 157545 | 42.8 |

续表

| 年份 | 全区小学总数（所） | 蒙古族小学数量（所）<br>蒙古族小学生人数占全区小学生人数百分比（%） | 蒙古族小学生人数（人） | 蒙古语授课小学生人数（人）<br>蒙古语授课小学生人数占蒙古族小学生人数百分比（%） |
|---|---|---|---|---|
| 2002 | 8472 | 960<br>11 | 359961 | 161721<br>44.9 |
| 2003 | 7763 | 823<br>10.6 | 350759 | 145910<br>41.6 |
| 2004 | 6874 | 701<br>10.2 | 331910 | 137881<br>41.5 |
| 2005 | 5850 | 572<br>9.8 | 328894 | 116877<br>35.5 |
| 2006 | 4884 | 443<br>9.1 | 325541 | 111766<br>34.3 |
| 2007 | 4177 | 381<br>9.1 | 321562 | 107520<br>33.5 |
| 2008 | 3605 | 269<br>7.5 | 325134 | 110855<br>34 |
| 2009 | 3139 | 242<br>7.7 | 325918 | 101793<br>31.2 |
| 2010 | 2767 | 229<br>8.3 | 317923 | 102167<br>32.1 |

表 2-7　内蒙古蒙古族初级中学及中学生数量

| 年份 | 全区初级中学总数（所） | 蒙古族初级中学数量（所） | 蒙古族小学生人数占全区小学生人数百分比（%） | 蒙古族在校初中生人数（人） | 蒙古语授课初中生人数（人） | 蒙古语授课初中生人数占蒙古族初中生人数百分比（%） |
|---|---|---|---|---|---|---|
| 1992 | 1583 | 185 | 11.7 | 149805 | 81699 | 54.5 |
| 1993 | 1536 | 173 | 11.3 | 144596 | 73838 | 51.1 |
| 1994 | 1534 | 172 | 11.2 | 150623 | 74590 | 49.5 |
| 1995 | 1499 | 166 | 11.1 | 158076 | 77642 | 49.1 |
| 1996 | 1483 | 170 | 11.5 | 170935 | 80731 | 47.2 |
| 1997 | 1452 | 166 | 11.4 | 182201 | 82630 | 45.4 |
| 1998 | 1397 | 168 | 12 | 189508 | 88809 | 46.9 |
| 1999 | 1366 | 157 | 11.5 | 193709 | 87930 | 45.4 |
| 2000 | 1330 | 155 | 11.7 | 192450 | 85329 | 44.3 |

续表

| 年份 | 全区初级中学总数（所） | 蒙古族初级中学数量（所）<br>蒙古族小学生人数占全区小学生人数百分比（%） | 蒙古族在校初中生人数（人） | 蒙古语授课初中生人数（人）<br>蒙古语授课初中生人数占蒙古族初中生人数百分比（%） |
|---|---|---|---|---|
| 2001 | 1432 | 158<br>11 | 229271 | 80769<br>35.2 |
| 2002 | 1381 | 143<br>10 | 242881 | 93748<br>38.6 |
| 2003 | 1362 | 145<br>10.6 | 238725 | 85742<br>35.9 |
| 2004 | 1348 | 139<br>10.3 | 230171 | 81123<br>35.2 |
| 2005 | 1224 | 132<br>10.8 | 218780 | 95081<br>43.5 |
| 2006 | 1125 | 125<br>11.1 | 208878 | 70554<br>33.8 |
| 2007 | 1040 | 115<br>11 | 202185 | 68738<br>34 |
| 2008 | 967 | 106<br>11 | 182544 | 59728<br>32.7 |
| 2009 | 890 | 89<br>10 | 173570 | 51978<br>30 |
| 2010 | 834 | 77<br>9 | 167898 | 45432<br>27 |

乌兰图克早在1997年就在《民族教育研究》上发表过《内蒙古自治区民族教育最突出的问题，其产生原因及对策》一文，文中关注1980年以来全区的蒙古族学校数量和蒙古语授课在校生人数减少，尤其是蒙古语授课在校生人数锐减的问题。此后也有很多学者关注该问题并提出过政策建议。

从这一阶段（1992—2010年）的蒙古语授课在校小学生人数看，蒙古语授课小学生占全区蒙古族小学生的比例，从1992年的55.1%下降到2010年的32.1%；纵向比较看，从第一历史阶段到第二历史阶段再到现阶段，一直呈现持续下降趋势。蒙古语授课初中生人数占全区蒙古族初中生人数的比例在第二历史阶段下降速度缓慢，但在这一时期却出现锐减现象，从1992年的54.5%持续下降到2010年的27%。

2. “优先重点”发展民族教育方针得到落实，义务教育保障机制改革正在有效推进

“优先重点”指教育事业发展规划优先考虑民族教育，优先保障对民族教育的财政资金投入，重点满足民族教育的公共资源配置。该时期，内蒙古民族基础教育与“西部大开发”及自治区建设“民族文化大区”战略积极配合，进一步加大了对民族教育的投入力度。从1993年开始，为了优先发展少数民族基础教育，内蒙古采取了对蒙古语授课高中生升入高等院校后减免20%的学费等新的政策措施。特别是2006年启动“民族教育发展工程”项目后，拨出民族教育基本建设经费1150万元、民族教育专项补助经费200万元、蒙古语授课高中生升入区内高校减免学费专用补助经费1000多万元等专门经费，2007年起又每年安排主要用于教学设备购置和双语教师培训的民族教育专项补助经费2000万元。目前全区各盟市和多数旗县（市区）均安排了从50万元到300万元不等的民族教育专项经费。全区各级财政每年投入的民族教育专项补助资金达到1亿多元。2011年起，自治区启动实施了“民族教育发展水平提升工程”和“民族教育人才培养模式改革试点”。锡林郭勒盟、鄂尔多斯市、呼和浩特市、包头市、巴彦淖尔市、乌兰察布市、阿拉善盟等盟市还不同程度地实行了蒙古语授课高中生免学费、补助生活费、发放奖学金等优惠

政策。

3.顺利完成“两基”攻坚任务，全面推进“两免一补”“两主一公”等办学模式，切实研究并解决民族教育事业发展中面临的特殊困难和突出问题

《内蒙古自治区基础教育60年》一书的数据显示，截至2006年，全区101个旗县（市区）已经全部实现“两基”达标，“普九”人口覆盖率达到100%。其中少数民族聚居区和民族学校的“普九”水平得到明显提高。

以寄宿制为主和助学金为主的公办体制，即“两主一公”早在1984年就以法律形式写入《民族区域自治法》。针对自治区内各地经济发展不均衡、财政收入差别较大的现状，自治区政府自2012年开始，首先对蒙古语授课义务教育学校寄宿生实行生活补助政策：小学生每人每天5元，全年1350元；初中生每人每天6元，全年1620元；高中生每人每天7元，全年1890元。全区受惠学生18万多人，自治区财政年投入约为2.8亿元。①

2004年9月起，内蒙古自治区开始实施免学费、免教科书费和补助宿舍费的“两免一补”政策。有75个旗县农牧区义务教育阶段学生被纳入“两免一补”，共计130.7万人，总数占到了全区农牧区义务教育阶段学生总数的80%。根据实际情况，自治区决定，除教科书由国家承担外，区级财政承担杂费支出，盟市、旗县两级财政共同承担住宿补助费。各盟市、旗县应承担的寄宿生住宿费比例一经确定，自治区政府便与各盟市签订经费落实责任书。对于个别财政比较困难、学生人数较多的旗县，区级财政给予适当补助。为确保资金专款专用，实行资金分项、分级管理制度。国家免费教科书资金纳入自治区国库统一使用。免杂费的专项资金，不再经过盟市，直接拨到旗县，然后到达学校账户。寄宿生住宿补助费不发给学生本人，由学校免收住宿费。2011年起，对蒙古语授课普通高中学生也实行免学费和免费提供教科书政策。

① 内蒙古自治区教育厅:《2012年民族教育大事记（自治区部分）》，http：//www.nmgov.edu.cn

除此之外，自治区还制定了促进蒙汉兼通大学毕业生就业的优惠政策；每年免费培训蒙汉双语教学中小学各个学科教师3000多人和校（园）长600多名；每年编译出版220多种蒙汉双语大中小学教材；完成了蒙古文版本教学资源的开发建设任务，总容量为295.73GB，总时长为1064小时，在少数民族地区实现了少数民族语言文字教学的多学科、高标准优质教育资源共享①。

4.“特色学校建设”工作全面推动，校本课程、民族文字教材、教学资源开发建设呈现活跃态势

民族民间文化进校园属于地方创新性政策。各盟市相关行政单位就此成立了对应的组织机构和试验点，对民族民间文化课程的设置、评估、师资、资金等做出了具体的部署，并拨付试验点一定的专项基金。内蒙古自治区1000多所民族中小学根据自身的地域和民族特点，开展了具有民族风情的校园文化建设活动：把蒙古族的民间舞蹈，如盅碗舞、安代舞、筷子舞等融入课间操活动，把蒙古族及其他少数民族的生活用品、民族服饰品的制作列为手工课内容，把学习蒙古族的民歌、舞蹈、绘画、乐器等列为艺术课内容，把蒙古族的“男儿三艺”列为体育课内容，把历史上各民族杰出人物的事迹及哲理名言制成宣传画、雕塑张贴或矗立在校园内。这即增加了少数民族学生的自豪感，又丰富了爱国主义、民族团结的内容②，对提高当地学生的入学率和巩固率、促进学校的特色化建设和传承少数民族文化有积极的推动作用。但也有研究表明，一些学校引进的文化仅仅局限于民族歌曲、舞蹈等显性因素，而忽略了民族文化的精神内涵。

“十一五”期间，自治区每年翻译审查出版大中小学蒙古文教材和教辅用书有220多种。

2012年中国少数民族教育学会双语教育专业委员会的成立标志着内蒙古双语教育理论研究进入更加广泛深入的发展阶段。中国少数民族教

① 内蒙古自治区民族教育发展情况汇报，2014.2.14

② 内蒙古教育厅基础教育处:《内蒙古自治区基础教育60年》，呼和浩特：内蒙古教育出版社，2007年，第22页。

育学会双语教育专业委员会主要开展学术活动，研究双语教育理论和实践问题，旨在为促进少数民族和少数民族地区教育的改革和发展、构建和谐社会、建立中国特色社会主义民族教育体系服务。

# 第三章　内蒙古双语教师专业发展进程

在教育的广泛场域中，教师是一个永恒的话题。任何国家和民族的教师职业的形成与发展，都经历了一个从经验化到专业化的历史发展过程。虽然“教师专业发展”概念的提出是当代新近发生的历史事件，但对于教师的素质及其教师职业标准的认识和期许却是自古即有。任何一个时代的教师任用资格都取决于所属时代的历史背景、社会结构、政治经济制度和文化环境并反映所处社会和时代的要求。本章首先梳理内蒙古双语教师专业发展的历史背景，试图勾勒出宏观层面上的教师群体与所属时代和社会的互动关系。其次，从微观层面阐释双语教师职业要求的历史发展变化，从而把握内蒙古民族教育的内在特性。

## 一、新中国成立初期内蒙古双语教师专业发展进程

### （一）新中国成立初期内蒙古双语师资发展状况

表3-1的教师数量纵向比较显示，蒙古族学校双语教师数量明显增加。如在已有数据基础上稍加分析可以看到，小学双语教师数量在1964年时同比1952年增长48%；中学双语教师数量1965年时同比1952年增长13%，比1949年增长37%；然而1958—1960年，受“左”倾思想影响，处于良好发展势态的双语师资队伍因多数民族学校被撤并而大幅度减少。本研究在相关材料中也未能找到该时期数据。1961年后，随着“调整、巩固、充实、提高”方针的贯彻，民族教育事业逐渐恢复。

表 3-1　新中国成立初期内蒙古自治区双语教师数量

| 年份 | 全区小学教师数量（人） | 蒙古语授课小学双语教师数量（人） | 全区中学教师数量（人） | 蒙古语授课中学双语教师数量（人） |
|---|---|---|---|---|
| 1949 | 10200 | | 329 | 31 |
| 1952 | 19534 | 3363 | 615 | 109 |
| 1953 | 20809 | 3387 | 816 | |
| 1957 | 23845 | 3246 | 2866 | 356 |
| 1958 | 31707 | | 3476 | 436 |
| 1959 | 37003 | | 4079 | 500 |
| 1962 | 49185 | 5551 | 6676 | 672 |
| 1963 | 51576 | 6365 | 7462 | 752 |
| 1964 | 57900 | 7000 | 8001 | |
| 1965 | | | 8919 | 846 |

从师资队伍质量或专业发展角度看，内蒙古整体师资队伍学历低，其中东部与西部地区的师资队伍在数量和质量上有明显差异。就内蒙古自治区第一届牧区小学教育会议（1952年）统计数字来看，以牧业为主的西部小学教师数量和学历较低。在教师数量方面，锡林郭勒盟、察哈尔盟、呼伦贝尔市30个牧业旗50所小学187个班才有238名小学教师。在学历方面，察哈尔盟牧区52名小学教师当中，初小文化程度者占50%，初中文化程度者仅有2名。1955年内蒙古教育厅总结指出：“目前蒙古族小学教师中70%–80%不到初师程度，其中很大一部分达不到高小程度。另外，小学民族师资从数量上看虽然不少，但能以民族语文进行教学的师资仍缺很多，现在还有23000多名蒙古族小学生，因没有师资而不能以民族语言进行学习。中等以上学校的蒙古族师资数量少、教学质量低的现象更为严重。如不改变，将不可避免地影响民族教育事业的

发展和提高。”①

到该阶段末的1965年时，民族教师学历结构如下：小学教师师范毕业以上的只有19%。初师程度的占46%，还有35%是高小毕业或初中毕业程度。初中教师本科毕业的占9%，专科毕业或接近专科的占50%，师范或高中毕业的33%，还有初师程度的8%。高中教师本科毕业的20%，专科程度的68%，还有12%是师范毕业程度。少数民族教师的共同特点是:“新教师多，教龄短，经验少，不少教师课文讲不清楚。民族教师数量不足，教学质量不高的局面还没有从根本上改变，教师的数量和教学水平赶不上教育事业发展的需要。初步估计目前仅内蒙古西部地区就缺蒙古族小学教师三四百名，中学教师数量也不足，特别是缺蒙汉兼通的教师。”②

### （二）新中国成立初期内蒙古双语教师培养政策及培训状况

#### 1. 双语教师培养政策描述

1951年《培养少数民族师资的试行方案》（以下简称《方案》）中明确规定:“培养、提高少数民族师资是发展少数民族教育的重要工作之一，有关的各级人民政府教育行政部门必须重视。”就少数民族中小学师资培养、提高方面来说,《方案》专门提出了具体规划。以此，中央把民族教师队伍建设作为民族教育发展的重点。

教育部在1952年颁布试行的《师范学校暂行规程》中明确了师范学校培养任务，即“根据新民主主义教育方针，以理论与实际一致的方法，培养中等文化水平和教育专业知识、技能，全心全意为人民教育事业服务的初等教育和幼儿教育的师资”③。1956年，教育部颁布了《师范学校规程》，对师范生从德、智、体几方面提出了基本要求。

---

① 《内蒙古自治区1953年民族教育的基本情况》;《内蒙古自治区民族教育文件汇编》第一辑（汉文版），第68页。

② 内蒙古自治区教育厅（65）教普字第79号:《关于我区民族教育基本情况和问题的汇报》，内 蒙古档案馆，302-1-428，1965年6月30日。

③ 转引自耿金声，偓斌子 :《中国少数民族教育史（当代卷）》，长春：吉林教育出版社，1995年，第92页。

1963年，教育部颁布的《三年制中等师范学校教学计划（草案）》提出：招收师范生的年龄限定在16–25岁间的初中毕业生，修业3年。对学生的要求为：使学生具有爱国主义精神和爱教育爱儿童的高尚品质；使学生具有相当于高级中学的文化水平，理解党的教育方针，具有教育科学的基础知识和从事小学教育工作的能力；使学生具有健康的体质，养成良好的生活习惯。该时期，国家没有对民族中等师范学校制定具体规定，但民族地区可结合当地民族特点来贯彻执行国家统一规定。

在民族中等师范学校授课语言方面没有硬性规定，可根据学生掌握双语程度进行民族语言授课、蒙汉两种语言授课或汉语授课。各级民族中等师范学校与师资培训班以培养少数民族学生为主，也可招收部分汉族学生，但汉族学生必须学习有关的少数民族语文，其待遇应与少数民族学生相同。①

2. 在职双语教师培训状况

1951年《培养少数民族师资的试行方案》中对教师培训的规定为："民族地区设各种短期师资培训班使其适应初等教育、工农业余教育的迫切要求，招收知识分子培训三个月至一年充当小学教师和工农业余学校教师，并采取轮训和加强在职学习等方法，提高现任教师质量。"

1956年第二次全国民族教育会议《关于民族教育工作的报告》（以下简称《报告》）指出：应特别重视培养和提高本民族教师的工作。《报告》就少数民族中小学师资的培养方面提道：今后应该注意长期培养工作，明确民族学校教师的来源，主要依靠专设的培养民族师资的学校或班。小学师资的培养和提高由省（自治区）制订出全省（区）的全面规划，确定民族师范的服务面，切实做到面向民族小学并逐步满足其发展需要。为解决民族中、小学所需的师资问题，各省（区）可在民族师范或中学附设师范速成班，招收高、初中毕业生和部分高小毕业生以及社会知识分子，加以一年至两年的师范专业训练和文化学习，使之分别充任中等学校和小学的教师；调派一定数量的汉族师范或高师学生，学习一定时

① 耿金声，催斌子：《中国少数民族教育史（当代卷）》，长春：吉林教育出版社，1995年，第96页。

期的民族语文，分别补充民族中、小学教师的不足。

1955年，教育部发布《关于内地支援边疆地区小学师资问题的通知》，国家组织内地有关省（市）和高校采取代（委）培、派专家（教授）定期讲学、接收进修教师等多种方式，为民族地区培养输送师资人员。

在在职教师的职业素质提高方面，1955年7–11月，教育部先后颁布《关于加强小学在职教师业余文化补习的指导》和《关于加强中等学校在职教师业余进修的指示》。其中针对少数民族或边缘地区提道："对小学比较分散的地区，还可以设置专职辅导员，巡回进行辅导和督促检查，并有意识地收集和推广有关学习方面的经验。教师质量过低的地区，特别应注意采用假期或短期离职训练的办法。根据教什么学什么、缺什么补什么的精神以学好一科为目的，分批分科短期集中学习，解决其一定时期内教学上的困难。然后反复轮训，逐步提高。"

培训内容方面，除一般课程外，这一时期还尤为注重教师政治学习。首先要贯彻党和政府在学校教师中的总的布局，联系当前重大政治事件和社会活动，特别要重视有关民族政策的学习，并注意具体解决他们思想中存在的问题和生活上的困难，使教师自身获得提高并把政治认识体现在教学业务上。

该时期，内蒙古自治区主要采取三种方式解决双语教师培训问题：一是吸收大批社会知识分子，给予短期培训，充任教师；二是继续任用留用人员；三是大力发展师范教育。内蒙古自治区原有中等师范学校和新建中等师范学校以及原内蒙古师范学院、通辽师范学院、包头师范专科学校、昭乌达蒙古族师范专科学校等师范院校所培养的民族中小学双语教师，加之支援边疆建设的内地教师，构成了内蒙古自治区成立以后社会主义民族中小学双语师资队伍。截至1965年，内蒙古少数民族中小学教师达12015人，其中少数民族双语教师近8000人。

3. 中等民族师范学校的建立

新中国成立初期，内蒙古自治区双语师资远不能满足民族教育发展需求。1951年，第一次全国民族教育会议通过《培养少数民族师资的试行方案》（以下简称《方案》）。这是新中国成立以来第一个针对少数民族师资发展提出的方案。《方案》要求省级以上人民政府教育行政部门应在少数民族人口集中、教育欠发达地区筹设民族师范学院或师范专科学校。为此，1952年教育部制定《师范学校暂行规程（草案）》，并推行了师范学校、初级师范学校、幼儿师范学校、师范速成班建设计划等。同年，内蒙古自治区文教部根据中央精神制定了《内蒙古自治区师范教育暂行实施办法（草案）》，在师范学校的任务、原则、学制、课程、服务、设置与领导等方面做出了具体规定。[①]

1955年呼和浩特市第二师范学校成立，后改为蒙古师范学校。到1961年，内蒙古自治区共有1所蒙古族中等师范学校、3所蒙汉合校中等师范学校，蒙古族学生总数为842人。截至1965年，全区共有4所蒙古族中等师范学校，占全区中等师范学校总数的一半[②]。

4.高等民族师范学校的建立

内蒙古自治区人民政府通过《关于设置师范学院的决定》后不久，自治区文教部在1952年4月颁布了《内蒙古师范学院设置计划（草案）》，决定把附设在大学内的教育系全部合并为师范学院，并结合中学教育计划调整高等师范学校学科设置。同年5月，内蒙古师范学院成立（1982年改为内蒙古师范大学），这是新中国成立后在少数民族自治地方建立的最早的一所高等师范院校。

### （三）新中国成立初期内蒙古双语教师的时代特征

“又红又专”是该时期蒙汉双语教师的时代使命。“赛音巴格喜”（好老师）的称呼不仅肯定了教师教学能力，也肯定教师极高的思想政治觉悟。一位“赛音巴格喜”应忠诚党的教育事业，执行党的民族教育方针，这样的教师会得到群众的尊重和赞扬，成为广大教育工作者的榜样。因此，政治学习和政治认识体现在教师的教学业务上面。

但由于该时期提出培养“蒙汉兼通”双语教师的要求过高、过急，不符合当时双语教育实际，导致极“左”思想错误，影响了民族教育的

① 耿金声，催斌子：《中国少数民族教育史（当代卷）》，长春：吉林教育出版社，1995年，第89页。

② 《内蒙古自治区民族教育文件汇编》第2辑（蒙文版），第45–46页。

持续稳定发展。纠正错误思想后，以发展民族文化为目的的、用少数民族语言进行教学的、具有民族特色的少数民族教育得以恢复，基于民族语言与民族知识认同的蒙汉双语教学与双语教师培养模式再度恢复。

“速成”与“充任”是这一时期双语教师队伍形成的主要形式。就双语教师队伍建设而言，未做明确长期规划。为解决当时民族中、小学所需的师资问题，各省（区）在民族师范或中学附设师范速成班，招收高、初中毕业生和部分高小毕业生以及社会知识分子，加以一年至两年的师范专业训练和文化学习，使之分别充任中等学校和小学的教师。

“文革”时期，全国教育事业陷入低谷，民族教育事业也停滞甚至倒退。受到“民族问题的本质为阶级问题”思想的影响，民族工作机关、民族学校、民族语言刊物等也停止工作、学习与出版，民族学校停办，民族教育干部和少数民族教师遭到打击。据统计，全国高等学校少数民族专人教师由1965年的3311人变为1975年的2655人，减少人数为总人数的20%之多。[①]此阶段被称为民族教育的停滞不前时期。

## 二、改革开放时期内蒙古双语教师专业发展进程

### （一）改革开放时期教师政治和社会地位的确认

1977年，十届三中全会恢复了邓小平中共中央副主席职务。此后，他在主管科教工作中多次呼吁尊重教师并强调恢复教师的政治与社会地位。1977年邓小平在《关于科学和教育工作的几点意见》中和1978年全国科学大会、全国教育工作会议都强调要尊重教师，要提高人民教师的政治地位和社会地位，并郑重宣布我国知识分子中的绝大多数“已经是工人阶级的一部分”。1978年，邓小平代表党中央在全国教育工作会议上讲话并指出：“第一，提高教育质量，提高科学文化的教育水平，更好地为社会主义建设服务。第二，学校要大力加强革命秩序和纪律，造就具有社会主义觉悟的新一代人。第三，教育事业必须与国民经济发展的

---

① 耿金声，催斌子：《中国少数民族教育史》（当代卷），长春：吉林教育出版社，1995年，第174页。

要求相适应。第四，尊重教师的劳动，提高教师质量；提高人民教师的政治和社会地位。”

1980年,《关于普及小学教育若干问题的决定》(以下简称《决定》)强调教师担负着传授科学文化知识、培养社会主义新人的光荣任务，理应受到全社会的尊敬，并要求提高教师社会地位，建设一支稳定、合格的教师队伍。《决定》尤其强调了中小学教师工资收入普遍低的问题，提出要切实改革中小学教师工资制度，适当提高教师工资待遇。1983年,《关于加强和改革农村学校教育若干问题的通知》规定:“各级党政领导必须认真落实知识分子政策，以极大的热情关心教师，提高教师的政治地位、社会地位和工资待遇，注意改善其工作条件和生活条件，在社会形成尊重教师的良好风尚。”①1984年发布的《关于筹措农村学校办学经费的通知》指出，针对农村学校办学条件差、教师待遇低、办学经费不足等问题，要采取有效措施，逐步改善中小学教师生存状况，使教师成为最受人羡慕的职业之一。在1985年召开的改革开放以后第一次全国教育会议上，邓小平在讲话中再次强调:“我们要提高人民教师的政治地位和社会地位，不但学生应该尊重教师，整个社会都应该尊重教师。”《中共中央关于教育体制改革的决定》规定:“必须建立一支有足够数量的、合格而稳定的师资队伍，提高中小幼儿教师的社会地位和生活待遇，鼓励他们终身从事教育事业。”

该阶段，以小学师资建设为主的师资培养培训是我国整个教育事业的重点。1985年《中共中央关于教育体制改革的决定》规定:“把发展教师教育和培训在职教师作为发展教育事业的战略措施。”1986年《义务教育法》规定:“国家采取措施加强和发展师范教育，加速培养、培训师资，有计划地实现小学教师具有中等师范学校毕业以上水平，初级中等学校的教师具有高等师范专科学校毕业以上水平。国家建立教师资格考核制度，对合格教师颁发教师资格证。师范院校毕业生必须按照规定从事教育工作。国家鼓励教师长期从事教育事业。”

---

① 何东昌:《中华人民共和国重要教育文献》，海口：海南出版社，1998年。

1984年，内蒙古自治区教育厅《关于贯彻落实全区牧区工作会议纪要的意见》(以下简称《意见》)亦对牧区教师的地位予以确认并规定了改善教师生活的细则。同年制定的《关于改善中小学教师生活待遇的暂行规定》提出:“分级负责，每年拨出一定经费解决中小学教师的住房问题。”稳定措施中还包括给教师图书资料费标准、房屋补助费标准、牧区教师生活补助费标准等。除此之外,《意见》中还专门强调认真解决牧区中小学教师子女的就业问题和家庭生活问题。

### (二)改革开放时期内蒙古双语师资发展状况

表3-2　内蒙古自治区改革开放时期双语教师数量与双语教师合格率

| 年份 | 蒙古语授课小学双语教师数量(人) | 蒙古语授课小学双语教师学历合格率(%) | 蒙古语授课初中双语教师数量(人) | 蒙古语授课初中双语教师学历合格率(%) |
|---|---|---|---|---|
| 1982 | 17164 | | 4652 | |
| 1983 | 17074 | | 4283 | 20.3 |
| 1984 | 16867 | | 4252 | |
| 1985 | 17738 | 57.2 | 4561 | 21.6 |
| 1986 | 19608 | 56.9 | 5354 | 22.1 |
| 1987 | 19526 | 62 | 5730 | 27.6 |
| 1988 | 19744 | 65.3 | 6074 | 32.5 |
| 1989 | 19876 | 67 | 6080 | 37 |
| 1990 | 20567 | 68.8 | 6543 | 39 |
| 1991 | 21014 | 75 | 6889 | 44.2 |

该时期师资队伍建设成效显著。小学双语教师人数由1964年的7000人增加到1991年的21014人，增长3倍，初中双语教师人数由1965年(含初中和高中)的846人增加到1991年的6889人，增长8倍。教师学历合格率也逐渐上升，小学双语教师学历合格率增长速度较快，1992年

时已达到75%。相对而言，初中双语教师学历合格率上升速度比较缓慢，1991年时仅达到44.2%，学历合格率还不到一半。通过对表3-2中数据分析，我们可得知，这段时期工作重点是小学双语师资队伍建设。

### （三）改革开放时期内蒙古双语教师培养与培训状况

#### 1. 双语教师培养政策描述

1978年，内蒙古教育厅《全日制蒙古族及其他少数民族中小学暂行工作补充条例（试行草案）》对蒙古族双语教师培养的目标、内容、方式方法等规定为："根据党的民族政策要积极培养民族教师。教师应该热心民族教育工作，认真钻研民族教育、教学业务，努力成为民族教育工作的专家，为发展繁荣民族教育事业多做奉献"；"蒙古族教师要努力学习蒙古文，已掌握蒙古文的要努力学习汉语文。已经掌握汉语文的，要努力学习蒙古语文。各自向自己不够的方面努力，不断提高蒙汉兼通的程度。在民族中小学工作的汉族教师，根据工作需要学会蒙古语蒙古文或其他少数民族语言"；"民族中小学教师的进修，采取以轮训、选送升学深造为主，函授、假期进修、自学为辅的办法"；"根据民族学校的特点，适当放宽全日制民族中小学的编制，教师的工作应该力求稳定"。

1980年教育部、国家民委在《关于加强民族教育工作的意见》（以下简称《意见》）中强调要办好民族师范学校，并提出必须采取多种形式培训在职民族教师，使他们的业务水平得到提高。《意见》规定："少数民族地区的中小学教师中，民办教师占60%-70%。这是目前少数民族中小学教育落后的重要原因之一。应在3-5年内，逐步安排劳动指标，把经过考核合格的民办教师转为公办教师，使公办教师数量达到70%以上。"以内蒙古锡林郭勒盟镶黄旗为例，截至1984年，该旗共有76名民办教师转为公办教师，还有58名民办教师上了师范院校，辞退了154名民办教师，再加上陆续分配来的大、中专毕业生，公办教师占到全旗教师总数的90%。

1981年全国第三次民族教育工作会议召开，会上强调发展民族师范教育并提出培养当地教师、招收当地少数民族学生为主的方针，并强调稳定民族教师队伍，防止外流。

2. 大力发展以小学教师地方化为目的的民族中等师范教育

1978年，教育部《关于加强和发展师范教育的意见》规定：“大力发展和办好师范教育，建设一支又红又专的教师队伍，是发展教育事业、提高教育质量的基本建设和百年大计。”1980年，教育部召开全国师范教育工作会议，并下发《关于办好中等师范教育的意见》《中等师范学校规程（试行）》《中等师范学校教学计划（试行）》《幼儿师范学校教学计划（试行）》等一系列重要文件。《关于办好中等师范教育的意见》中确定了民族师范学校培养目标：“办好民族师范学校是培养民族小学教师，发展少数民族地区的小学教育事业，提高少数民族科学文化水平，加速边疆少数民族地区现代化建设的一项重要措施。”同时对各省区办好民族师范学校的要求是：“在人口比较多的州、盟和地区要办好一两所民族师范学校。已经办起来的民族师范学校，要认真做好整顿、巩固工作，努力提高教育质量。逐步做到少数民族小学由合格的民族教师任教。”《中等师范学校教学计划（试行）》对应开课程、课时比例和实习时间等做出了具体规划，除注重基础知识教学和基础技能训练外，还特别注重政治思想教育。1980年6月，由内蒙古自治区人民政府批转内蒙古教育局《关于恢复和发展民族教育的几点意见的报告》也提出：“稳定发展民族教育……集中力量办好民族师范学校，培养大批合格师资。”1985年《中共中央关于教育体制改革的措施》颁布，更加提高了各界对办好民族师范学校的重要性、紧迫性的认识。1987年后，根据原国家教委师范司《中师课程和教学计划改革》的指导思想，内蒙古自治区结合民族小学教育实际，在民族师范学校的课程设置、教学内容、教学实践等方面做出一些改革。截至1984年，全区共有19所中等师范学校。

3. 以牧区旗县小学双语教师职后培训为主体的双语教师培训体系形成

为大力发展牧区科学文化教育事业，解决牧区教师的稳定和培训问题，根据1984年《全区牧区工作会议纪要》精神，内蒙古该时期在牧区旗县开办了一些教师进修学校作为提高牧区教育质量的根本措施。牧区教师进修学校的培训对象为本旗县小学教师和行政管理人员，要求在

1987年完成所有旗县牧区小学校教师的培训任务。

牧区双语教师培训还依靠各地区民族师范学校。自1984年，内蒙古各盟市民族师范学校每年都根据旗县牧区人口比例、牧区小学教师实际水平划定录取分数线，招收牧区双语教师，培训2年，达到中师毕业程度。此项工作要求在全区29个牧区和半农半牧地区严格执行。除此之外，自治区和盟市教育学院也被要求有计划地招收牧区双语中学教师进行培训工作。根据自治区当时教育的实际状况，培训对象规定为中学初中教师，由内蒙古教育学院重点培训牧区高中双语教师。

这一时期的教师培训形式和方式已多元化。除了采取轮训、选送升学深造、假期进修等方式培训以外，函授教育也开始得到推广。在内蒙古有条件的高等师范学校、教育学院和中等师范学校都附设了中等师范函授部。

自治区对于边疆、边远牧区教师培训采取了特殊方式。以呼盟新巴尔虎右旗为例，建设了电视教学试点，用电视差转台覆盖全旗，电视台定期播放教育节目，用于培训教师；作为普及小学教育的辅助手段，逐步在风力发电机较为普及的牧区推广。

### （四）改革开放时期双语教师的时代特征

新的历史发展时期，双语师资队伍已初具规模。包括双语教师在内的教师队伍成为工人阶级的一部分，政治地位与社会地位被确认。

在1989年于广西召开的第五次中国教育学会少数民族教育研究会上，乌兰图克在题为《牧区教育必须为振兴本地经济服务》的报告中总结牧区教育工作时谈道："就牧区教师情况而言，由于牧区生活条件差，教师待遇低，队伍不稳定，连本地培养出来的大专学生也不想回家乡。如乌兰察布盟四子王旗1981—1985年间考入大专院校者506人，而同期分派到该旗的大专毕业生只有36人。"全区该时期每年向区外高等院校输送4000名左右学生，而每年从区外分配回来的只有600—800人，仅仅是所输送的大专学生的18%–20%。针对这种情况，稳定教师队伍、使他们愿意留在牧区工作成为这一时期民族教育的主要任务。

全国第三次民族教育工作会议提出："大力加强和发展民族师范

教育，1990年前抓普及小学5年教育。这是一条根本大计，因为今年（1985）的小学一年级学生就是下个世纪初牧区建设的主力军。”为实现该目标，提高民族小学双语教师素质成为这一时期教师培训的重点。

以双语教师进修学校和教育学院为主要渠道的在职教师职后培训体系，将教师职后培训作为重要的一环纳入师范教育的整个大体系中，但此时的职后培训与职前培训在体制上属于分离模式，在内容与方法上也没有相互衔接。

## 三、新时期内蒙古双语教师专业发展进程

### （一）中小学双语教师培养主体的转变

“师范教育”的名称被“教师教育”取代，教师教育体系开始调整与转型，中等师范教育逐渐撤出，承担中小学双语教师的培养任务的单位从中等师范学校转向师范学院与综合性大学。

《中共中央国务院关于深化教育改革全面推进素质教育的决定》指出：要以“教师教育”取代“师范教育”一词。相比“师范教育”的概念而言，“教师教育”将教师的职业发展视为一个有机的整体，整合了教师职前培训、入职教育和在职培训工作。①

在1996年召开的第五次全国师范教育工作会议提出，应将师范教育列在教育发展的首位，办好师范教育是政府行为。我国的师范教育已经从以数量规模发展为主要特征进入到以提高教育教学质量、优化结构、提高办学效益为核心的改革发展的新阶段。1996年年底，国家教委印发的《关于师范教育改革和发展的若干意见》首次提出建立以师范院校为主、非师范院校参与、培养和培训的师范教育教育体系，并通过培训和改革等手段调整课程结构和内容，使教学内容、方法和体系更具现代化，提高师范教师专业水平，以适应21世纪社会和教育事业的发展。

1999年6月召开的全国教育工作会议通过了《中共中央国务院关于

① 马啸风:《中国师范教育史》，北京：首都师范大学出版社，第70页。

深化教育改革全面推进素质教育的决定》(以下简称《决定》)。《决定》提出一系列针对全面深化教育改革和全面推进素质教育的重大措施，其中包括师范学校的层次和布局的调整，并鼓励综合性高等学校和非师范类学校参与培养、培训中小学教师的工作等。

对于师范教育体系中规模最大的中等师范学校，一部分条件较好的中师并入高师，成立初等教育学院，培养本科层次的小学教师，一部分中师根据需要联合、合并、充实、提高，直接组建为培养小学教师的专科学校，一部分与教师培训机构合并，另一部分可改制为中等学校。内蒙古锡林郭勒盟教育学院建于1978年，2000年与建于1959年的锡林郭勒盟师范学校和建于1980年的锡林郭勒盟蒙古师范学校合并，2003—2009年间与该地区其他几所中专院校相继并入一所全日制综合类高职院校，即锡林郭勒职业学院。

2000年，内蒙古师范大学的成人教育学院与内蒙古教育学院成人教育部合并后，成立了内蒙古师范大学继续教育学院。该学院设有46个专业，形成了本、专科不同层次，成人脱产、函授、夜大等不同形式的办学体系。从2004年开始，对本科生实行师范类专业“双学位教师教育人才培养模式”，即“学科专业教育”加“教育专业教育”的教师培养模式，学生毕业后获得相应专业的学士学位和教育学学士学位。

### (二)双语教师教育开始步入专业化轨道

1993年第八届全国人大常委会第四次会议通过了《中华人民共和国教师法》，以法律的形式明确规定国家实施教师资格制度，明确了取得各级各类学校教师资格的条件及要求。1995年颁布了《教师资格条例》，其中规定：凡在教育行政部门依法批准举办的各级各类学校和其他教育机构中，从事教育教学工作的专职教师，以及系统讲授学校教学计划规定的一门以上课程的兼职教师，必须具有依法取得的教师资格。取得教师资格的公民可以在本级及以下等级的各类学校和其他教育机构任教。我国的教师资格制度分两个阶段建立并实施：第一阶段是教师资格过度；第二阶段是面向社会认定教师资格。实施教师资格证书制度把教师资格、教师职业聘任、教师职务评聘、教师地位和待遇等用法律的形式固定下来，对提高教师地位、加强教师队伍的法制化、规范化管理，进而推动师范教育的发展具有极为重要的意义。教师资格制度于2000年开始正式实施。实施教师资格制度是教师职业专业化的重要体现。通过开展面向社会认定教师资格的工作，实现教师补充来源多元化，形成教师储备队伍。① 自教师资格证书制度实施以来，内蒙古基础教育阶段双语教师学历合格率逐年提高，2010年小学双语教师学历合格率达到99.94%，初中双语教师学历合格率达到98.93%。②

但目前我国教师资格层次主要集中在本科学历层面。在独立师范院校中，师范学院、高等师范专科学校占绝大多数比例。值得注意的是，在综合性院校中，省属综合性大学和省属综合性学院占多数比例。遗憾的是，部属综合性大学没有在教师培养院校的行列。从世界水平来看，如果没有国家一流的综合性大学参与教师培养，仍不能说这个国家是一个教育强国。③

1986年出台的《义务教育法》规定了小学教师、初级中等学校教师从业资格，有计划地推动小学教师达到中等师范学校毕业以上水平，初级中等学校的教师达到高等师范专科学校毕业以上水平。1997年国家教委印发《关于师范教育改革和发展的若干意见》，鉴于中小学教师学历达标比例大幅上升，提出“九五”期间，师范教育基本稳定为中等师范教育、高等师范专科教育、高等师范本科教育三个层次。适度发展本科，按需发展专科，调整、加强中师。1999年《面向21世纪教育振兴行动计划》对中小学专任教师学历做了明确要求：在2010年前后，有条件的地区要争取实现小学和初级中等学校的专任教师学历提升到专科和本科层次，并要求经济发达地区高中专任教师和校长中获硕士学位者应达到一定比例。这使国家原有的三级师范教育体制中专、大专、本科逐步向大

① 马啸风：《中国师范教育史》，北京：首都师范大学出版社，2003年，第198–199页。

② 内蒙古教育厅基础教育处：《内蒙古自治区基础教育60年》，呼和浩特：内蒙古教育出版社，2007年。

③ 朱旭东：《教师资格制度相关问题研究》，《河南大学学报（社会科学版）》第4期，第125页。

专、本科、研究生新三级师范教育体制转变。

2002年内蒙古自治区为贯彻教育部《教师资格条例实施办法》，提出《内蒙古自治区贯彻教育部教师资格条例实施办法》，其中包括教师资格制度的意义、认定范围、分类、适用、申请条件、管理、法律效用及职责等具体内容。2009年《内蒙古自治区组织实施农村牧区教师培训计划》开始实施，其中包括农村牧区骨干教师培训、教师远程培训、学历培训以及教师培训对口帮扶与支教等具体措施。在学历培训计划中提出："支持农村牧区中青年教师通过多种形式参加提高学历的相关培训，并计划到2012年时，具有专科及以上学历的小学教师人数达到70%，具有本科及以上学历的初中教师人数达到50%。支持农村牧区有培养前途的中青年教师报考教育硕士。"表3–3数据表明，截至2013年，内蒙古蒙古语授课基础教育阶段专任教师学历均已达到预期目标。从图3–1中可看出，2003—2013年间内蒙古基础教育阶段双语教师学历达标比例大幅上升，小学双语教师学历达标比例从2003年的38.61%提高到2013年的90.07%，初中双语教师学历达标比例从2003年的21.54%提高到2013年的74.6%。除此之外，近年来普通话等级证书、汉语水平等级证书也成为双语教师资格审定与聘任的重要凭据。

表3–3　2012—2013蒙古语授课专任教师学历合格率（%）①

| 学校类型 | 2012年 | 2013年 | 增减幅度 |
|---|---|---|---|
| 小学 | 99.98 | 99.90 | 0.08 |
| 其中：专科毕业及以上教师比例 | 90.07 | 88.28 | 1.79 |
| 普通初中 | 99.25 | 99.77 | –0.52 |
| 其中：本科毕业及以上教师比例 | 74.96 | 70.80 | 4.16 |
| 普通高中 | 95.70 | 95.32 | 0.38 |
| 其中：研究生毕业教师比例 | | | – |
| 职业高中 | 91.25 | 90.81 | 0.44 |
| 其中：研究生毕业教师比例 | | | – |

①《2011–2012年初全区教育事业统计简报》，内蒙古教育厅网，http：//www.nmgov.edu.cn

续表

| 学校类型 | 2012 年 | 2013 年 | 增减幅度 |
|---|---|---|---|
| 幼儿园、学前班 | 99.27 | 99.39 | -0.12 |
| 其中：专科毕业及以上教师比例 | 78.60 | 79.12 | -0.52 |

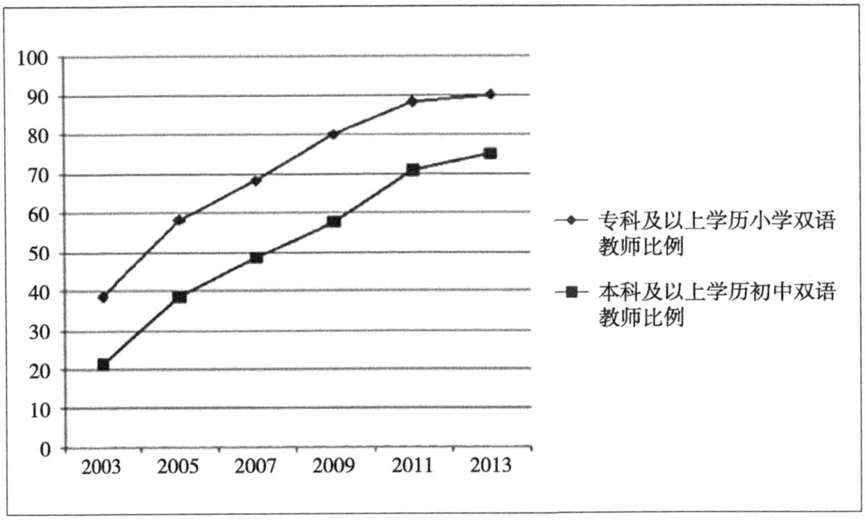


图 3-1　2003—2013 年间内蒙古自治区专科及以上学历小学双语教师比例和本科及以上学历初中双语教师比例（%）①

## （三）新时期内蒙古双语师资队伍发展状况

表 3-4　新时期内蒙古自治区双语教师数量与合格率

| 年份 | 蒙古语授课小学双语教师数量（人） | 蒙古语授课小学教师学历合格率（%） | 蒙古语授课初中双语教师数量（人） | 蒙古语授课初中双语教师学历合格率（%） |
|---|---|---|---|---|
| 1992 | 21358 | 77.8 | 7111 | 48.8 |
| 1993 | 20690 | 78.4 | 6755 | 54.7 |
| 1994 | 20462 | 82 | 6653 | 60.4 |

① 参考内蒙古教育厅网http：//www.nmgov.edu.cn《203-2013年全区教育事业统计简报》制作。

续表

| 年份 | 蒙古语授课小学双语教师数量（人） | 蒙古语授课小学教师学历合格率（%） | 蒙古语授课初中双语教师数量（人） | 蒙古语授课初中双语教师学历合格率（%） |
|---|---|---|---|---|
| 1995 | 20605 | 84.27 | 6835 | 62.17 |
| 1996 | 20394 | 85.85 | 6984 | 65.9 |
| 1997 | 20070 | | 7133 | |
| 1998 | 19062 | | 7304 | |
| 1999 | 18345 | 92.82 | 7149 | 79.63 |
| 2000 | 16908 | 95.05 | 7023 | 83.19 |
| 2001 | 19393 | 94.48 | 8585 | 85.5 |
| 2002 | 20182 | 96.9 | 9810 | 83.9 |
| 2003 | 17897 | 97.4 | 8243 | 90.8 |
| 2004 | 15555 | 98.43 | 7662 | 87.25 |
| 2005 | 15220 | 98.23 | 7653 | 91.77 |
| 2006 | 14348 | 99.5 | 7173 | 95.79 |
| 2007 | 14014 | 99.65 | 7081 | 96.31 |
| 2008 | 13313 | 99.72 | 6705 | 97.21 |
| 2009 | 13529 | 99.93 | 6717 | 98.21 |
| 2010 | 13228 | 99.94 | 6494 | 98.93 |
| 2011 | | 99.86 | | 99.15 |
| 2012 | | 99.90 | | 99.77 |
| 2013 | | 99.98 | | 99.25 |

这一时期双语教师数量在小学阶段呈现持续减少状态。这一阶段起始年1992年全区小学双语教师数达到历史最高的21358人，之后逐年减少，但减少幅度不大；自2002年开始，双语教师数量出现锐减现象。初中阶段的教师数量没有稳定趋势，但在2002年时达到历史最高的9810人，之后逐年减少。从师生比例数字分析来看，2002年时蒙古语授课小

学校的师生比例为1∶8.01；2010年时这一比例为1∶7.72。蒙古语授课初中2002年的师生比例为1∶9.5；2010年时这一比例为1∶7。教师的学历合格率大幅度提高，尤其在初中阶段更为显著。

2001年《基础教育改革与发展的决定》提出："因地制宜调整农村义务教育学校布局"，其实施原则为"小学就近入学、初中相对集中，优化教育资源配置"。表3-3数据分析说明，2002年开始实施的布局调整政策成为内蒙古民族学校以及师生数量锐减的主要原因。布局调整政策虽然使偏远牧区学生享受到了一定的师资、教学资源，但大部分学校在没有增加教育资源配置的情况下，为了"撤并率"在短时间内完成合校，学生人数增加导致教学管理问题，教学工作负担加重，教育资源压力扩大，教室和宿舍紧张、班级扩大、师资缺乏。另一方面，边远牧区学校的教师有一些被重新聘用到城镇学校，有一些因为达不到新的教学资质要求，不得不转岗从事后勤、宿舍管理员等工作。可见，一方面是撤并后的城镇学校合格教师短缺，另一方面被撤并的牧区学校教师下岗转岗。双语教师队伍的建设与发展在布局调整政策中受到较大影响。

### （四）新时期内蒙古双语教师教育状况

#### 1.双语教师教育从学历补偿性职后培训转向以终身教育为理念的教师专业发展

随着教师专业发展理论在我国兴起，人们认识到教师职前教育和在职教育衔接统一的必要性。教师进修学院培训师资的单一局面逐渐被打破，职前与职后教育迈向一体化进程。其主要标志是1990年12月召开的全国中小学教师继续教育工作座谈会。会议特别对"教师继续教育"概念进行了明确的界定，指出"教师继续教育是指对已达到国家规定学历的教师进行以提高政治思想素质和教育教学能力为主要目标的培训，主要包括新教师见习培训、骨干教师培训和对部分骨干教师提高学历层次的培训"[①]。在1996年召开的第五次全国师范教育工作会议提出，"九五"期间，师资培训工作在完成部分教师学历补偿教育任务的同时，及时转

① 迟双明主编:《学校教师继续教育全书》，北京：中国人民大学出版社，1998年，第58页。

向面向全体教师的继续教育。在此期间，为了进一步提高对中小学教师继续教育的重视度，教育部师范司制定了《中小学教师继续教育的规定（草案）》《中小学教师继续教育课程开发指南》等具有指导意义的相关文件，揭开了中小学教师继续教育的序幕。

为了全面推进教育的改革和发展，1999 年国务院批转教育部《面向21 世纪教育振兴行动计划》，其中“跨世纪园丁工程”规定，在 3 年内，以不同的方式对现有中小学校长和专任教师进行全员培训和继续教育。1999年6月出台的《中小学教师继续教育规定》对继续教育的教学机构和形式、类型、教学时间等方面做了明确规定，中小学教师继续教育进入全面实施阶段。

2002年国务院颁布《关于基础教育改革与发展的决定》（以下简称《决定》），其中提出了贯彻党的教育方针、切实推进素质教育的思想，并将形成适应时代发展要求的新的基础教育课程体系作为“十一五”期间基础教育改革的核心，明确提出“加快构建符合素质教育要求的新的基础教育课程体系”。通过对基础教育课程的改进，调整人才培养目标、改革人才培养模式、提高人才培养质量，争取到2005年秋季，中小学阶段各起始年级原则上都进入新课程体系。

《决定》根据我国双语教师工作的特殊性质，首次对双语教师提出整体素质与专业发展提升的要求。《决定》指出，要把建设教师队伍、培养和培训教师队伍作为发展民族教育和发展西部地区教育的重点，提高师范院校教育队伍的教育水平和能力，加强建设“双语型”教师队伍，采用多种现代化手段以提高继续教育的质量和成果，培养一批在农牧区、高寒地区、山区和边疆地区能“上得去、留得住”的教师，并鼓励非师范院校毕业生和东、中部地区的高校毕业生到少数民族和西部地区任教。

2001年开始，教育部正式启动新一轮基础教育课程改革，颁发了《基础教育课程改革纲要（试行）》（以下简称《纲要》）等一系列政策文件。以《纲要》对教师发展和培训的规定为依据，国家颁布实施了一系列专项教师政策。《教育部关于积极配合和推动基础教育课程改革进一步加强和改进教师培养培训工作的几点意见》（2001年）是首项与课程改革相配套的专项教师政策，以构建与新课程改革相适应的师范教育的体系为主要内容。2001年和2004年分别颁发的《教育部关于开展基础教育新课程师资培训工作的意见》和《教育部关于进一步加强基础教育新课程师资培训工作的指导意见》也是与新课程改革相配套的专项教师政策，其中对培训的意义、任务、组织实施、培训经费、方式等方面进行了具体部署。2000年，内蒙古师范大学成人教育学院与内蒙古教育学院成人教育部合并后，成立了内蒙古师范大学继续教育学院。为推动中小学教师专业发展，适应基础教育改革发展和全面推进素质教育的需求，内蒙古自治区2003年根据《中华人民共和国教育法》《中华人民共和国教师法》等法律，结合自治区实际，制定了《内蒙古自治区中小学教师继续教育规定》(以下简称《规定》)，决定从2003年10月开始正式实施。《规定》中的具体部署为："自治区行政区域内取得教师资格的在职中小学教师，都有参加继续教育的权利和义务，少数民族教师以提高教师思想政治素质和业务素质为目的。中小学教师继续教育，每5年为一个培训周期。每个培训周期内，新教师的培训时间不少于120学时，教师岗位培训时间累计不少于240学时。中小学教师继续教育经费在教育事业费中设立专项，实行政府、学校和教师共同承担成本的分担机制。各级人民政府教育行政部门应当重视少数民族和边远贫困地区中小学教师继续教育工作，设立少数民族和边远贫困地区教师培训援助专项基金，对少数民族语言文字教材的编译和出版工作给予资金支持。"

为贯彻落实教育规划纲要，深化教师教育改革，全面提高教师培养质量，建设高素质专业化教师队伍，2011年教育部颁布了《关于大力推进教师教育课程改革的意见》。同年，教育部又颁布了首项针对民族双语教师培训的政策，即《教育部办公厅关于做好少数民族双语教师培训工作的意见》，文中提出："当前，少数民族双语教师普遍存在数量不足、国家通用语言水平低、教学能力欠缺的问题，直接影响双语教育教学质量，成为制约双语教育发展的瓶颈。加强双语教师培训，提高双语教师教育教学能力，建设一支合格的双语教师队伍，是贯彻落实教育规划纲要、提高双语教师整体素质的重要举措，对提高双语教育教学质量具有重要的意义。”加强双语教师的培训，应以双语教师培训的规划编制和机制建设为重点，由于“双语教育地域性较强，双语教师培训计划的实施以地方为主”。培训的主要目的在于语言教学和学科教学能力方面的加强和巩固。

2. 双语教师继续教育模式从单一到多元；内容从注重统一到尊重差异；规模从局部到全员性继续教育

在“西部大开发”与“民族教育优先发展”的政策背景下，民族地区学校一方面加大力度解决民族地区在校舍改造、办学条件改善、义务教育经费保障、教师队伍数量提升、现代化远程教育工程建设等方面遗留的问题，另一方面在教师队伍培训、双语教学、地方课程与校本课程开发等方面开始出台涉及民族语言与文化传承的特殊性政策。随着前者的不断解决，后者将逐渐成为我国民族教育政策支持的重点领域。

1990年12月召开的全国中小学教师继续教育工作座谈会首次从政府层面对中小学教师继续教育做出具体规定，也首次把继续教育的对象定位于全体教师。此后，原国家教委又在1991年12月出台《关于开展小学教师继续教育的意见》，1999年出台《中小学教师继续教育规定》，进一步对中小学教师继续教育的类型、教育教学机构与形式、教学时间等方面做了详细规定。

为贯彻《关于开展基础教育新课程师资培训工作的意见》，内蒙古结合实际于2001年颁布了适用于本区的《内蒙古自治区基础教育新课程师资培训工作实施意见》，对不同类型教师的培训管理、培训方式、培训任务等做了严密部署和规定。

从2009年起内蒙古开始实施“特岗教师计划”，旨在通过公开招聘高校毕业生到农村牧区学校任教，一方面努力解决农村牧区学校师资结构不合理的问题，另一方面提高农村牧区教师队伍的整体素质，促进城乡教育均衡发展。“特岗教师计划”由国家统筹，地方实施；招聘方式与当地教师招聘相同；招考对象为取得教师资格证的区内外普通高校毕业生；服务对象以初中为主，小学为辅；所需资金由中央和地方财政共同承担。

为提高中小学教师特别是农村教师队伍整体素质，教育部、财政部自2010年起全面实施“国培计划”（中小学教师国家级培训计划）。该计划旨在培训一批骨干教师，使这些骨干教师在基层教师队伍中发挥典型模范作用，完善教师培训体系，加大对农村基层教师的培训力度，进一步提高农村基层教师素质和能力。“国培计划”包括两项内容：一是“中小学教师示范性培训项目”，包括中小学骨干教师培训、中小学教师远程培训、班主任教师培训和中小学紧缺薄弱学科教师培训等子项目；二是“中西部农村骨干教师培训项目”，包括农村中小学教师置换脱产研修、农村中小学教师短期集中培训和农村中小学教师远程培训等子项目。这些项目的实施解决了农村教师培训中存在的突出问题，为全国各省市教师培训奠定了坚实基础。

2018年“国培计划”——内蒙古自治区中小学、幼儿园教师培训项目主要包括教师培训团队研修、送教下乡培训、教师工作坊研修、乡村教师访名校和校园长培训共五类24个子项目，培训乡村中小学、幼儿园教师和校（园）长40629人次。

### （五）新时期内蒙古双语教师的时代特征

20世纪五六十年代，双语师资队伍中大量补充了到民族地区支教的汉族双语教师，主要由全国各民族院校来完成。20世纪八九十年代，双语师资逐渐形成本土化趋势，在大量汉族双语教师退休的过程中，一大批本民族的双语师资补充其中，培养了一批“留得住、用得上”的本土化双语师资。21世纪，在双语师资数量基本得到保证的情况下，双语教师的培养目标从数量转向质量，培训方式从学历补偿性职后培训转向职前职后一体化的继续教育，培养内容从注重教师继续教育转向注重教师职业生命的教师专业发展。在此背景下，双语教师的时代特征表现在以下几个方面。

第一，双语教师是民族素质的奠基者[①]。我国民族教育实施以双语教育作为主要形式的教育政策，旨在在教育过程中解决各民族学生的“双

① 达万吉：《少数民族教师专业发展影响因素个案研究》，中央民族大学硕士学位论文，2009年，第44页。

重认同”问题，即“双重文化认同”问题。由此，双语教育应包括两方面内容，即国民文化内容与民族文化内容。国民文化内容与民族文化内容在相互关联、相互补充、相互依存、不可分割的关系中共同承担双语教育内容。民族学校的双语教育就是围绕这一核心内容，开展相关的课程设置、教师采用与培养和教材的编写与翻译活动的。可见，双语教师在民族教育发展中发挥着长期而深远的影响。双语教师的良好素质和创造性劳动对少数民族新一代的培养起到重要作用，进而对民族素质的提升起到奠基性作用。

第二，双语教师是民族现代化的开拓者。高素质双语教师能够大力推进少数民族经济、政治与文化的发展，能够使少数民族更有效地投入到现代化建设中，从而顺利实现民族现代化。西部大开发促进西部地区经济增长，主要是通过大量的实物资本特别是基础设施投资实现的，教育、科技及人文等软环境等方面尚有待改善。[①]在此背景下，培养双语人才成为民族地区各项发展的迫切需求。因此，需要依靠双语教师进行科技知识的再生产，培养各种人才，提高劳动者素质，为民族地区发展提供智力保证。

第三，双语教师是多元和谐文化环境的建设者。双语教育的文化功能为传递文化知识、培养文化观念和形成跨文化交往能力。在双语教学实践中，通常以开设国家通用语言——汉语课程、开设以汉语作为教授语言的其他课程等方式传递多元一体的中华文化体系，以开设民族语文课程、开设民族文化课程、尊重使用民族语言文字、发展或拓宽各类科目教学等具体措施来保障少数民族优秀文化的传承与发展。双语教师在此过程中不仅承担着培养少数民族个体的文化自觉和文化认同的责任，还要引导学生正确认识自身所处的多元文化环境，从而加强中华民族的凝聚力和向心力。因此，双语教师在双语教育多元和谐文化建设中具有特殊而重要的地位和作用。

---

① 刘生龙，王亚华，胡鞍钢：《西部大开发成效与中国区域经济收敛》，《经济研究》，2009年第9期，第94-99页。

# 第四章　锡林郭勒盟蒙古族小学双语教师专业发展的多维度分析

本研究尝试从双语教师的日常体验出发理解他们，在整体性发展思维框架下，在关注教师专业工作与生活之间平衡的基础上，特别关注教师个人的情感感受。通过深度访谈，把一线双语教师的声音带入研究中，倾听双语教师，尤其是边远牧区双语教师的特殊职业处境和需求，尽可能为他们的专业成长提供切合实际、行之有效的建议。在以上思路的指导下，本章从双语教师结构、双语教师工作和双语教师生活等三个维度对双语教师专业发展内容进行分析和考察。

## 一、田野调查概述

### （一）田野调查点生态—文化概貌

#### 1.锡林郭勒盟概况

锡林郭勒盟位于内蒙古自治区中部，北与蒙古国接壤，国境线长1098千米；东邻内蒙古自治区赤峰市、通辽市、兴安盟，西接乌兰察布市，南与河北省承德市、张家口市毗邻。全盟市、旗、县当中有5个边境旗市、13个边境苏木、45个边境嘎查。总面积202580平方千米，草原面积142384平方千米，占总面积的70.29%，属典型的牧业区。全盟有蒙古、汉、满、朝鲜、达斡尔等24个民族，总人口100.6万人，其中蒙古族人口为30万人，占总人口的30.12%。在这近20.3万平方千米的广袤土地上，有中国唯一被纳入国际生物圈的草原自然保护区，有中国通往蒙古国的唯一铁路口岸——二连浩特口岸，拥有一碧万顷的天然牧场和内蒙古自治区四分之一的牛羊牲畜。

表 4-1　锡林郭勒盟边境地区蒙古族人口分布状况①

| 名称 | 总面积（平方千米） | 常住人口（人） | 边境城市、旗、苏木、嘎查数 | 蒙古族人口比例（%） | 牧业人口比例（%） |
|---|---|---|---|---|---|
| 锡林郭勒盟 | 202580 | 103.89（万） | | 30.13 | |
| 锡林浩特市 | 15758 | 17800 | 无 | 27 | 28.6 |
| 东乌珠穆沁旗 | 47554 | 69893 | 6个苏木、20个嘎查 | 72 | 29.5 |
| 西乌珠穆沁旗 | 22960 | 87614 | 无 | 68 | 24.9 |
| 苏尼特左旗 | 33469 | 33652 | 4个苏木、11个嘎查 | 60.8 | 34.5 |
| 苏尼特右旗 | 26700 | 71063 | 1个苏木、1个嘎查 | 32 | 20.3 |
| 阿巴嘎旗 | 27495 | 43574 | 2个苏木、13个嘎查 | 48 | 26.2 |
| 二连浩特 | 450 | 74197 | 1座城市 | 10 | 1.3 |

2. 锡林浩特市概况

锡林浩特市是以畜牧业为主体经济的边疆少数民族地区县级市，是锡林郭勒盟盟委、行署所在地，为全盟政治、经济、文化和交通中心。全市总面积15758平方千米，行政区域内辖6个街道办事处、两个苏木、1个镇和3个国有农牧场。据2012年统计数字，锡林浩特总人口为17.8万人，其中蒙古族人口占27%。锡林浩特有“草原明珠”之美誉，2010年曾被中国马业协会授予“中国马都”的称号。位于锡林浩特市北部的贝子庙始建于1743年，是锡林郭勒地区第一大寺，内蒙古四大庙宇之一。2006年，贝子庙作为清代古建筑，被国务院批准为中国重点文物保护单位。锡林浩特有1所高等院校——锡林郭勒职业学院，两所中等职业学校，9所普通中学和12所普通小学。还有民族中学两所，民族小学3

① 根据《中华人民共和国行政区划简册（2010）》绘制。

所，民族幼儿园两所。

3. 东乌珠穆沁旗概况

乌珠穆沁，系蒙古族部落名，意为葡萄山之人。东乌珠穆沁旗境域在辽代为上京道乌古迪烈统军司所辖；金代设置临黄府路庆州大盐乐群牧司；元代属岭北行省济南王部管辖地。清初设乌珠穆沁左旗；1949年归东部联合旗；1956年东乌珠穆沁旗建制。东乌珠穆沁旗（简称“东乌旗”）地处内蒙古自治区锡林郭勒盟东北部，大兴安岭西麓，东邻兴安盟、通辽市，南连锡林浩特市、西乌旗，西接阿巴嘎旗，北与蒙古国交界，国境线长达527.6千米，国际性一类陆路口岸——珠恩嘎达布其口岸距旗府乌里雅斯太镇以北68千米处，是继满洲里、二连浩特之后连接欧亚大陆桥的桥头堡。全旗现辖6个苏木、20个牧业嘎查、1个国有林场，土地总面积4.7554万平方千米，其中天然草场面积达6917万亩，可利用草场面积占天然草场总面积的95%。全旗户籍人口5.65万人，其中蒙古族人口4.08万人，占总人口的72%，牧民人口2.78万人，占总人口的49%。

4. 西乌珠穆沁旗概况

西乌珠穆沁旗（简称“西乌旗”）位于锡林郭勒盟东部，辖1个苏木、5个镇，总土地面积2.24万平方千米，总人口7.5万人，其中蒙古族5.1万人，占全旗总人口的68.5%，牧区人口4.4万人，占总人口的58.7%，牧区人口中蒙古族3.7万人，占牧区人口的84%，是典型的牧业旗县。西乌旗民族风情浓厚，被誉为“搏克健将摇篮、蒙古长调之乡、民族服饰之都、旅游文化之源”。西乌旗是唯一汇集内蒙古九大类型草原的地区，可利用草场2.03万平方千米，占总面积的90%；森林覆盖率5.03%；矿产资源主要有煤、铅、锌等，煤炭探明储量584亿吨，有色金属储量228亿吨，被国家发改委列为“十一五”期间重要能源基地之一。

5. 东乌珠穆沁旗满都胡宝拉格镇概况①

1958年东乌珠穆沁旗组建了国有个体合作经营的满都胡宝拉格牧

① 满都胡宝拉格镇建于2006年，由于该镇规模小、人口少，当地人还沿用“苏木”的叫法。本研究也采用了当地人习惯的“苏木”的叫法。

场，1970年归原北京军区内蒙古建设兵团第六师管辖，1985年牧场改为苏木下属4个嘎查。2001年将满都胡宝拉格和浩来宝两个嘎查合并为满都胡宝拉格嘎查。2006年满都宝力格苏木与额仁高毕苏木、宝格达山林场合并，成为现在的满都胡宝拉格镇（简称满都镇）。满都镇位于东乌旗东北部，镇所在地距离旗所在地乌里雅斯太镇190千米，地处大兴安岭森林向蒙古高原过渡地带；北邻蒙古国，国境线长达251.6千米，西与萨麦苏木相邻，南与乌拉盖开发区相接，东与兴安盟接壤。草原总面积8543平方千米，可利用草场面积为8224平方千米，是我国保存最完好的原始生态草场。共有牧户691户，总人口5906人，其中牧业人口4359人，占总人口的73%。

### （二）锡林郭勒盟民族师范教育与民族师资培养培训进程[①]

#### 1. 中等师范教育

在新中国成立初期，锡林郭勒盟的民族师范教育发展较为缓慢，在条件不完全具备的情况下，或设校办初级示范班、短训班，或中学附设示范班。一所师范学校、一个示范班，长则两年，短则三个月、一个寒暑假期，历史都不长。但在新中国成立初期，为适应普通教育的发展，这些师范校、班培养培训了一批师资，为发展锡林郭勒盟教育事业做出了可贵的贡献。

1949年2—3月，察哈尔盟人民政府在正白镶白联合旗（现为正镶白旗）举办了一期教师培训班，培养愿意从事党的教育事业且有一定文化知识的青年和老教员40余人。此部分人成为办学骨干人员，并赴各旗办学，相继恢复和办起11所小学。这是新中国成立后的第一个教师培训班。同类教师培训班相继举办3年，培养了一批蒙古族教师教员。

1950年，锡林郭勒盟人民政府文教处在锡林郭勒小学举办了第一期师资培训班，一些蒙古族优秀学员毕业后留校任教。1951年多伦师范学校成立，学制3年，招生对象为小学毕业生，开设课程有语文、数学、

① 该部分内容与相关数据在参考《锡盟教育四十年》（锡林郭勒盟公署教育处编，内部资料，1987年）、《锡林郭勒盟志》（锡林郭勒盟志编纂委员会编，内蒙古人民出版社，1995年）的基础上整理撰写。

物理、化学、生物、音体美和教育学。这是锡林郭勒草原上的第一所初级师范学校。

1959年第一所固定的师范教育基地——锡林郭勒盟锡林浩特师范学校建立，以满足迅速发展的普通小学与民族教育的需要。1980年前该校是一所蒙汉合校的高级中等师范学校，同年9月，蒙古族师范学校建成后把原师范学校的蒙古族学生所在班级独立出来。1959—1980年锡林郭勒盟师范学校共培养出3548名蒙古族、汉族教师，可以说这里是锡林郭勒盟地区小学教师的摇篮。1959—1965年，师范学校普师（中师）、初师并举，蒙汉班并行，短训、轮训不断，6年间共培养602名蒙古族学生，他们毕业后由国家统一分配到各旗县市、农村牧区学校任教。

“文化大革命”期间，学校停办，毕业生推迟毕业分配，学校牧场划归三河牛场。1971年师范学校恢复招生，学校实行推荐入学制，招生对象为工农兵。课程主要有：工农兵进校园对师生员工进行阶级教育；开展毛泽东思想教育和军训课；学习毛泽东哲学著作和党内两条路线斗争史。1972年开办大专班，亦称“师专班”，招收有两年以上劳动锻炼经历、具有高中或初中以上文化水平的上山下乡知识青年和在职小学教师，经推荐选送入学。之后几年连续招收工农兵学生。

1977年后，全国恢复招生考试制度，师范学校招收初中毕业生，采取统一考试、择优录取的方式。1980年全国师范教育工作会议出台了一系列加强师范教育的文件。有关文件明确规定中等师范学校的定位是培养小学合格师资。1980年蒙古族师范学校建立，学制为3年，学校规模为12个班，600人。教师一部分为锡林郭勒盟师范学院教师，一部分是昭乌达师范学校毕业生。

1982—1986年蒙古族师范学校为云南通海县蒙古自治乡培养9名蒙古族教师，这是对跨省教师培养培训新模式的有效探索。20世纪80年代中期开始，中等师范学校逐渐步入正轨，办学条件大大改善，专业领域不断扩展。截至1990年，蒙古族师范学校有359名学生、61名专任教师。

2. 函授师范教育与在职教师进修

1957年，察哈尔盟[①]文教处举办了教师函授学校和教师政治学校，学校面向全盟招生。初中毕业的教师入政治学校学哲学；不足初师程度的教师入函授师范学校学习初、中师语文、数学。1958年察哈尔盟撤销，学校随即停办。1960年，锡林郭勒盟函授学校被并入锡林浩特师范学校，改称函授部。时有学生1406人、教师12人。1961年开展蒙古文初、中师函授。1962年包括东乌珠穆沁旗、西乌珠穆沁旗在内的7个旗县建立蒙古文函授辅导站，派专人驻站巡回辅导、面授，各站配有专门交通工具，或马或自行车。辅导教师一年集中备课1—2次，统一要求，统一进度。1963年发行、使用自编材料《语文补充教材》。1966—1975年间函授工作停止，1976年2月开始恢复，原锡林郭勒盟师范学校函授部改称函授总站，以在职中小学教师的进修培训为主要工作。1980年招收蒙古文中师函授学员1229人。当时函授师范教育的问题是，教材、标准不统一，教学质量低下，学历不被认可。为解决这些问题，1986年开始，中师函授由内蒙古教育厅统一要求，统一教材，分级管理。

1977年教育部召开了全国中小学师资培训工作座谈会，下发了《关于加强中小学在职教师培训工作的意见》，制定了在职教师培训工作进修的教育体制，明确了中小学在职教师培训的目标、规划和健全师资培训机构、网络等问题。省、地两级建立教育学院或教师进修学院，负责中学在职教师的进修培训工作；公社建立培训站或巡回辅导站；学校把应参加进修学习的教师组织起来，妥善安排他们的工作和学习，为他们提供必要的学习条件，大力支持在职教师进修和提高。

1978年，锡林郭勒盟教师进修学院建立。各旗县的教师进修学校也相继成立。1984年教师进修学院改为教育学院，成为全盟唯一一所成人高等师范院校、中学教师进修培训中心。当时学校设有汉语言文学、蒙古语言文学、蒙汉数学、蒙汉物理等专业，还设有一年专科进修班，重点学习与研究初中各科教材与教法、教育科学知识，有条件的专业选

① 1958年撤销了察哈尔盟，改为锡林郭勒盟。

1948年年底，当时把贝子庙的额日彦吐德喇嘛教堂改成了课堂和办公室，把教堂两边的喇嘛小院改成了宿舍。建校时有80多名学生，大多是13—20岁左右的牧民子弟。开学初，学校根据学生的年龄差别和文化程度分为4个班。1950年寒假，盟文教处利用该校设备举办师资培训班，培训了50多名新中国成立前的知识分子，进一步充实师资力量。1951年锡林郭勒小学招收第一个汉文班，学生38名，1953年首届22名学生毕业，全部升入新成立的贝子庙中学（今锡林郭勒盟蒙古中学）。1954年，根据牧区小学教育工作会议精神，该校被确认为重点小学，这时已有7个蒙古语文班（202名学生）、4个汉文班（125名学生）。同年9月，新建锡林浩特市第二小学校，4个汉文班被分出，实行蒙汉分校。锡林郭勒小学建校时，学生实行供给制，每月50斤小米，7万元（旧币）零花钱，冬夏衣服各一套。供给制一直持续到1953年实行“人民助学金”为止。学校同时得到各旗牧民的支持，牧民支援牲畜，学校办起牧场与菜园为师生解决伙食问题。

如今，该校发展成为一所以蒙古语授课的蒙古族小学。2011年该校在校生数达到1147名，在锡林郭勒盟教育历史上首次成为蒙古语授课学生数突破1000人的蒙古族小学。该校共有103名教职工，专任教师83名，其中国家级教育系统劳动模范与优秀教师3名，区级教育系统劳动模范与优秀教师3名，区级教学能手1名，盟级教学能手1名，市级教学能手5名，盟级教学骨干16名，等等。该校目前开设了16门民族传统文化课，其中包括摔跤、射箭等竞技体育类课程，也包括书法、蒙古历史、蒙古民俗等社会科学课程，学校具备专门的民族文化实践场所。

2.西乌珠穆沁旗X蒙古族小学

该校在全旗完成布局调整后的2005年开始建设，2006年投入使用蒙古语授课，是全封闭式管理的寄宿制学校。学校占地面积115600平方米，学校建有图书馆、搏克室、马头琴室、蒙古象棋室、科技探究室、书法室、舞蹈室、心理咨询室、录播教室等25个专用教室和多媒体教室。学校现有24个班级，940名学生，其中寄宿生800名，有专门的生活指导老师。

全体职工121名，其中专任教师72名。专任教师中区级教学能手两名，旗级教学能手两名，各科学科带头教师和骨干教师共17名。2011年该校承担了“十二五”重点课题“三祖教育”的子课题“蒙古文化”研究，承担该课题研究的本校教师所编写的校本教材已经在全校范围内投入使用。根据地方特色开设的蒙古特色课程有书法、搏克、蒙古象棋、马头琴等。

3. 东乌珠穆沁旗M蒙古族小学

M小学建于1961年，离东乌旗旗府所在地乌里雅斯太镇190千米，学校建筑面积26800平方米，教学楼占地面积2586平方米，宿舍楼占地面积1300平方米。目前有9个教学班（一至六年级各1个班，3个学前班），298名学生，其中住宿生为110人，教职工有22名，其中专职教师18名。

M校由于地处边境牧区，教学资源长期处于短缺状态。学校采取了若干特殊措施以保证在正常教学情况下提高教学教育质量。例如：

（1）班主任在本班级坐班。班主任不设办公室，而是在班级里以坐班的形式上班。一方面，这样的方式利用牧区学校教学班学生数量少的优势，由班主任通过课上课下与学生的“亲密接触”，全方位了解学生，帮助学生解决日常学习生活中所遇到的问题。另一方面，这样的方式可发挥班主任老师与任课教师之间互相监督、交流的作用，教学效果可在第一时间得到反馈。

（2）每位教师承担7–8名学生的生活起居照顾工作。这是由于学生少，寄宿生年幼。教师们对学生全方位负责，从承担之日起以“计划、记录、总结”的方式给每一位学生建立个人档案，记录他们学习与成长中的每一点进步和存在的问题，在日常的细腻观察中有意识地培养学生。

该校借地缘之优势，开展了丰富多彩的民族民间文化课程，跳出了教室中学习的传统模式，走出教室和学校，在大自然中、在草原深处与牧民家庭、牲畜等近距离接触，使学生在亲身体验中，在家乡长辈的口传中学习和体验民族文化的丰富内涵。该校设置的民族文化课程内容十分具体，如低年级阶段有蒙古族传统家庭美德课程、民族服饰穿着演示课程等，高年级阶段有乌珠穆沁民俗课程、蒙古族生活用品名称解读课程等。

### （五）调查对象基本情况

本研究对个案学校双语教师专业发展现状的呈现依托以下几类材料：

第一，问卷调查所获得的数据及其分析结果。本研究针对三所个案学校教师共发放150份问卷，其中E小学100份，X小学30份，M小学20份。根据有效问卷回收情况，本研究的问卷分析部分主要采用了E校和M校的数据，X校数据作为参考。

第二，笔者通过与教师座谈和对校长、教师的访谈所了解到的内容，整理出两万余字的访谈记录。笔者在两次深入田野调查过程中共组织了三次小规模教师座谈会。这三次座谈会分别为：与E校语言科目教师的座谈会（蒙古语文教师3人，汉语文教师两人，英语教师1人，其中有1位代课教师）；与X校部分教师的座谈会（英语教师两人，蒙古语文教师3人，数学教师3名）；与M校部分教师的座谈会（蒙古语文教师3人，汉语文教师两人，英语教师1人，数学教师1人，蒙古传统文化民俗课教师1人）。访谈材料源于对上述三所个案小学和东乌旗一所中学校长的访谈；对三所个案小学教导处主任的访谈；对锡林郭勒盟教育局和锡林浩特市教育局主管领导的访谈；对锡林浩特教师培训部门主管领导的访谈；对个体教师的几次开放式访谈等。

第三，通过课堂观察所获取的信息。笔者借助个人“双语”身份，在与本民族双语教师进行深入沟通与交流的过程中争取到听课的机会。调查中对小学蒙古语文、汉语、英语和数学科目累计听课10次。

第四，通过个案学校双语教师所处社会、文化环境、校园文化环境以及教师工作生活场域，对调查对象进行多方面综合考察。

本研究在对调研地区中小学双语教育进行整体考察的基础上，对个案小学双语教师专业发展进行重点考察。

## 二、双语教师结构的多维度分析

在双语师资质量研究领域中，有些研究者认为①双语教师质量与结构决定了双语教学教师队伍的整体素质。有些研究者认为②，目前将教师的学历、职称、年龄等结构因素简单地作为衡量教师队伍质量的核心指标，将教师素质简单地看作是教师队伍的质量，会削弱教师队伍建设的力度，影响客观、科学地培养、培训和鉴定教师人才。虽然双语教师结构因素不能简单地被看作衡量双语教师队伍质量的指标，但通过双语教师结构因素分析，双语教师学历层次不平衡、学科结构不合理、专业技术职务结构整体偏低、双语教师区域配置不均、年龄结构偏高、断层严重、性别比例失调、知识结构老化、教学能力参差不齐、综合能力欠缺等问题已经浮出水面。这对透视双语教师队伍结构整体的发展趋势以及有目的、有计划、高效率地做好双语教师队伍建设工作具有重要意义。本书将以上研究中的各方面因素与双语教师的特殊性结合起来，从中选取对本书主题——双语教师专业发展产生直接影响的年龄结构、学历结构、职称结构、专业结构、地缘结构和身份结构等六个维度进行分析。在概念上，教师结构从心理学角度指教师个体人格的构成及其相互关系，社会教育学视角下的教师结构则指教师群体或教师队伍的基本构成及其比例关系，也称教师队伍组织结构。本书用社会教育学的这一框架，从以上几个维度对案例学校的双语教师群体结构进行分析。

笔者通过发放问卷的方式全面考察双语教师专业发展现状，侧重调查双语教师专业发展的内容与途径。本研究针对三所个案学校双语教师共发放150份问卷，根据有效问卷回收情况，本研究的问卷分析主要以E校和M校数据为主，X校数据作为参考。

---

① 玉丽在《民族地区师资面临的问题与挑战——我国西部民族地区教师质量分析报告》(《教育科学研究》，2008年第3期）中阐释了此观点。

② 达万吉:《民族中小学双语教师质量研究——理论探索与田野呈现》，中央民族大学博士学位论文，2013年，第55页。

### （一）年龄结构

M小学作为苏木（乡）级别的小学，规模很小，目前只有298名学生，18名专任教师。E校位于锡林浩特市，2011年在校生数达到1147名，成为锡林郭勒盟教育历史上蒙古语授课学生数首次突破1000名的蒙古族小学校。该校目前共有83名专任教师。M小学的双语教师年龄分布情况和双语教师入职时间分布如下。

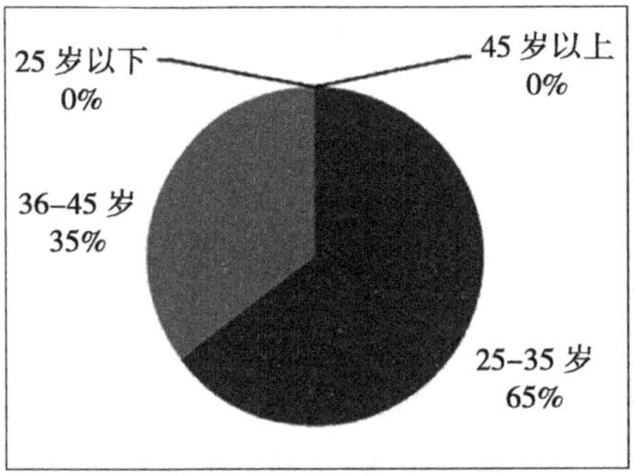


图4–1 M小学双语教师年龄分布比例

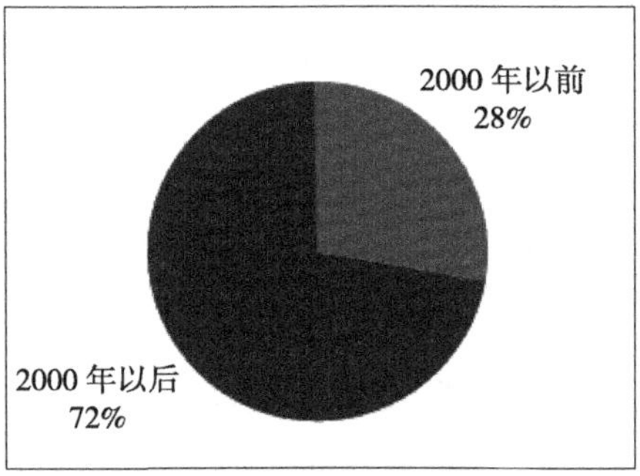


图4–2 M小学双语教师入职时间分布比例

与当前我国小学教师年龄结构普遍趋于老龄化势态相比，M小学的中青年教师人数在稳定中不断增长，显然成为教师团队中的骨干力量。通过访谈我们了解到，内蒙古双语教师的年龄结构偏高现象事实上是普遍存在的。M校校长介绍道，之所以该校双语教师年龄结构偏低是因为受布局调整政策的影响。在2001年布局调整之前，双语教师中45岁以上的教师还占相当大比例，但2001年开始实施布局调整政策后（见图4–1），双语教师的年龄结构出现明显变化。这表明，目前的双语教师结构变化受到我国宏观教育政策调配的影响，政策因素依然是教师年龄结构变化的根本因素。另外，图4–1中显示，25岁以下新任教师数量为0。这一方面说明近几年由于牧区学校编制不足，新教师的补充非常缓慢；另一方面由于社会经济发展变化和行业增多，行业间经济差距逐渐拉大，许多师范专业毕业生不愿意从事教师行业，不少年轻人更是不愿意来牧区从事教学工作，牧区学校长期招聘不到足量的合格的教师，即使招聘到合格的教师，其中一部分也存在不稳定因素。

表 4–2　部分省区市小学数量统计表①

单位：所

| 省份 | 2001年 | 2011年 | 减幅（%） | 省份 | 2001年 | 2011年 | 减幅（%） |
|---|---|---|---|---|---|---|---|
| 四川 | 43326 | 9282 | 78 | 福建 | 13664 | 6974 | 49 |
| 江苏 | 15754 | 4328 | 73 | 山东 | 21342 | 12047 | 44 |
| 内蒙古 | 7312 | 2613 | 72 | 新疆 | 6221 | 3536 | 43 |
| 陕西 | 29359 | 8867 | 70 | 吉林 | 9025 | 5600 | 38 |
| 山西 | 34740 | 10936 | 69 | 甘肃 | 17477 | 10907 | 38 |
| 湖北 | 21522 | 7415 | 66 | 云南 | 21315 | 13320 | 38 |
| 湖南 | 29340 | 10824 | 63 | 广东 | 24202 | 15148 | 37 |
| 辽宁 | 13356 | 5118 | 62 | 宁夏 | 3011 | 1942 | 36 |
| 浙江 | 10018 | 3989 | 60 | 海南 | 3399 | 2210 | 35 |
| 重庆 | 13076 | 5248 | 60 | 天津 | 1307 | 874 | 33 |

根据表4–2得知，布局调整政策对内蒙古中小学数量调整幅度非常大，减幅为72%，排在全国的第三位。蒙古族学校在2001 — 2011年间从1149所减少到229所，减幅度为80.1%，比内蒙古平均减幅还要高出8.1%。当然，内蒙古的小学校布局调整政策与2001年开始实施的“撤乡并镇”“围封转移”“生态移民”等苏木乡镇改革和城镇化政策也有密切关联。

与M小学不同的是，E小学的双语教师老龄化比较严重。图4–3显示，E小学45岁以上教师占到了教师总体的38%，其中50岁以上的教师占11%；而20–30岁年龄段的教师只占了教师总体比例的2%。该校领导向笔者反映说，因为布局调整的原因，从牧区小学调来了150多名老教

① 熊春文:《再论“文字上移”：对农村学校布局调整的近期观察》,《中国农业大学学报（社会科学版）》，2012年第4期，第25页。

师，一部分安排到教师岗位，一部分安排到后勤保卫、食堂、宿舍管理等岗位，客观上挤占了引进新教师的名额和编制。从图4–4中可以看到，E学校与M校的情况相反，E小学2000年后入职的教师只有13%，影响了师资队伍结构的优化，也在一定程度上影响了教学质量的提高。

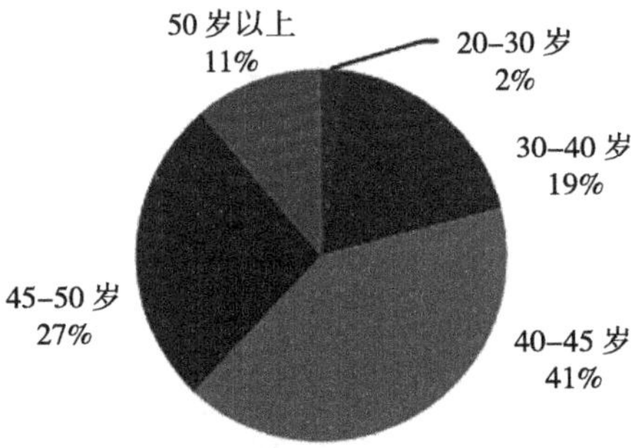


图4–3 E小学双语教师年龄分布情况

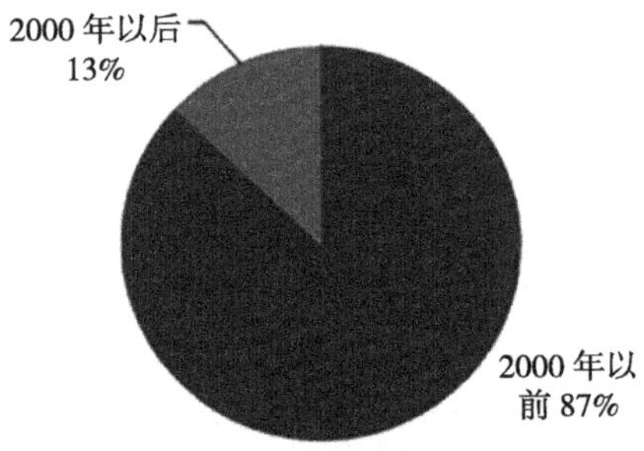


图4–4 E小学双语教师入职时间分布情况

（二）学历结构

通过对M小学和E小学双语教师原始学历与最终学历的对比，我们发现，两所学校双语教师学历结构上均呈现出积极变化。然而，一些教师以获得更高学历为主要动机，外在性地提高学历的教师占较大比例。

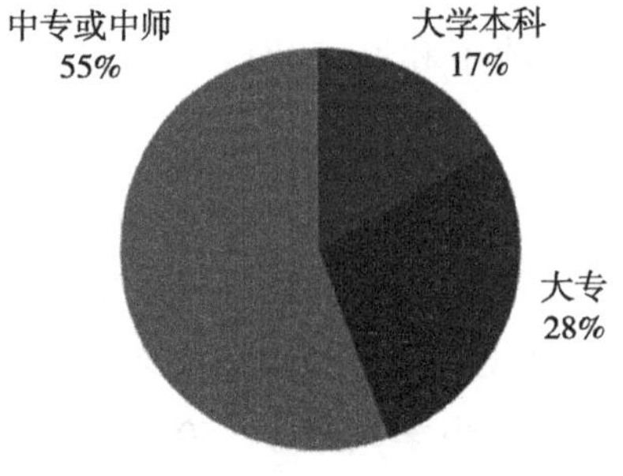


图4–5 M小学双语教师原始学历分布情况

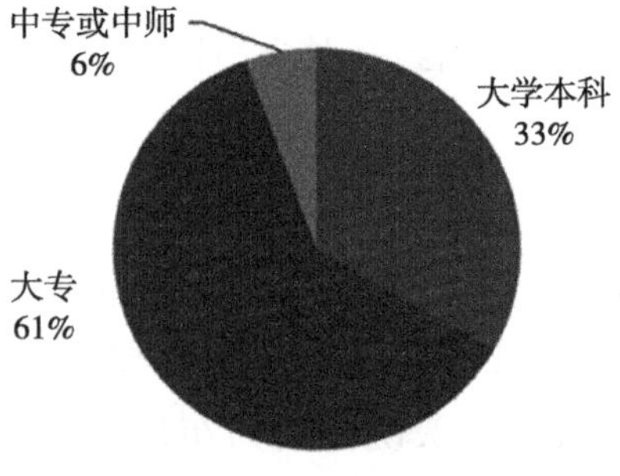


图4–6 M小学双语教师最终学历分布情况

如图4–5和图4–7所示，两所个案学校的双语教师原始学历以中专或中等师范学校为主体。其中绝大部分毕业于师范学校的普通师范班。可以说他们虽然接受过师范教育，但已不符合当今社会的教师职业标准和学历要求。因此他们仍然需要通过学历补偿性职后培训来提升自己。如图4–6显示，M校双语教师最终学历上升至大学本科的教师比例为33%，增长幅度为5%，并无明显增长；最终学历上升至大专的教师比例达到61%，增长率为33%，增长幅度较大；中专或中师原始学历者从接近一半减少至最终的6%。

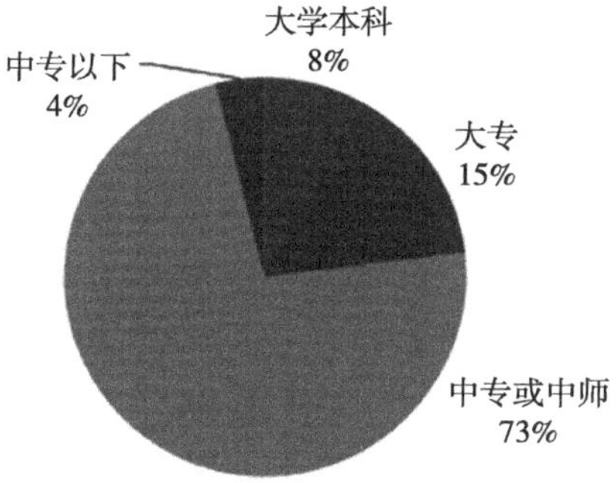


图4–7　E小学双语教师原始学历分布情况

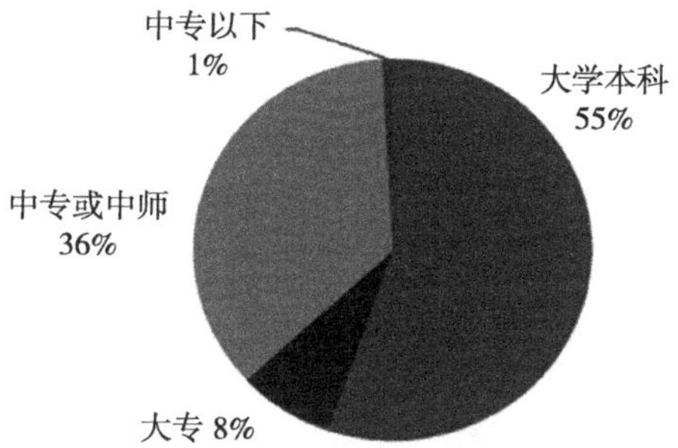


图4–8　E小学双语教师最终学历分布情况

图4–9显示，E校双语教师最终学历上升至大学本科的教师比例达到55%，增长率为43%，增长幅度明显；原始学历为中专或中师的教师从73%减少到36%，而最终学历为大专的比重有所缩减。这说明，原始学历为中师或中专的双语教师中有相当一部分教师对自己的学历要求并没有停止在大专层面，而是通过自考、函授等途径不断提高，一步一步提升到大学本科水平。笔者通过调研得知，截至2013年，锡林郭勒盟的民族小学尚未有硕士研究生学历双语教师。

与2013年全区蒙古语授课专任教师学历合格率88.28%（专科毕业及以上教师比例）[①]比较，M校的双语教师大专或以上学历者达到94%，超

① 《2011–2012年初全区教育事业统计简报》；2012–2013蒙古语授课专任教师学历合格率（%），内蒙古教育厅，http：//www.nmgov.edu.cn

出全区平均水平，而E校的双语教师大专或以上学历者为63%，远远低于全区平均水平。

### （三）职称结构

我国各级各类学校普遍采用的职务聘任办法有指标控制、层层下达、块块控制、城乡有别等特点，中小学特别是农村牧区学校教师成为指标分配的最末端，能得到的高、中级职务指标所剩无几。E小学作为盟市级学校，高级职称教师比例占23%，而M校地处边远牧区，目前只有一位高级职称教师，初级职称教师人数占一半以上。以下是M小学和E小学双语教师职称分布情况。

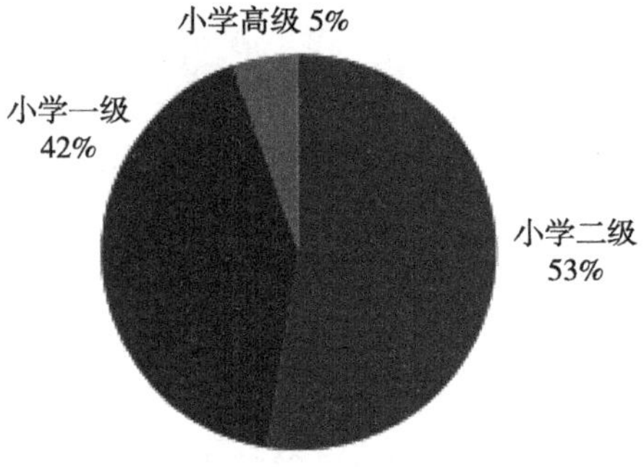


图4-9 M小学双语教师职称分布情况

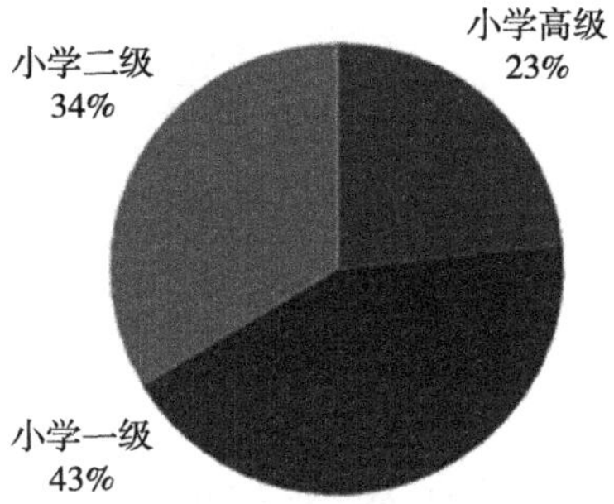


图4-10 E小学双语教师职称分布情况

据统计，两所学校具有一级职称的双语教师工作年限在12-25年之间，其中工作年限最长为25年，职称晋升速度极为缓慢。职称级别直接影响教师的工资收入。老师们十分关心自己的职称问题，这不仅影响收入的提升，更重要的是它代表一种社会认可，或者说社会地位的体现。尤其对工作多年的教师来讲，职称常年无法晋升，会产生挫败感，专业水平遭受质疑，甚至失去教学信心。从上图中城镇与苏木学校的职称分布比例可以看出，现有的职称晋升规则倾向于城市学校，对于指标分配最末端的苏木学校教师不利。

访谈中我们了解到，牧区学校教师们对这种职称评定方式有不满情绪。E小学教导主任说："这对牧区教师与中青年教师的专业发展不利而且不公平。首先，本来分给牧区或人口稀少地区的指标就少；其次，指标所需的硬性条件逐年增加，我们牧区学校老师难以达到要求。双语教师除学校层面诸多考核因素以外还要发表学术论文。有些学校要求必须用汉语发表，再加上双语教师必须通过标准蒙古语水平测试和汉语水平测试，一些老师为评定职称而筋疲力尽。”

（四）专业结构

民族高校的民族语言授课或双语授课专业设置一直存在较为严重的单一化和不完整问题，针对函授或后期本科生而设立的专业更加凸显这些问题。民族地区高校双语教学课程专业设置不合理问题，主要源于高校文理科专业失调、“重文轻理”现象的普遍存在。在全国高等院校，文科和理科专业设置的比例一般在3∶7或4∶6之间，但在民族高校和少数民族地区高校，这个比例刚好相反，甚至更低。[①]笔者调研的两所学校双语教师最终学历所修专业分布情况显示，所有课程都存在不同程度的跨专业任教现象，且蒙古语言文学专业教师是最易跨专业任教的群体。以下是M小学和E小学双语教师最终学历所修专业的分布情况。

① 赵小雅：《少数民族学生为何重文轻理》，《中国教育报》（北京），2012年8月1日。

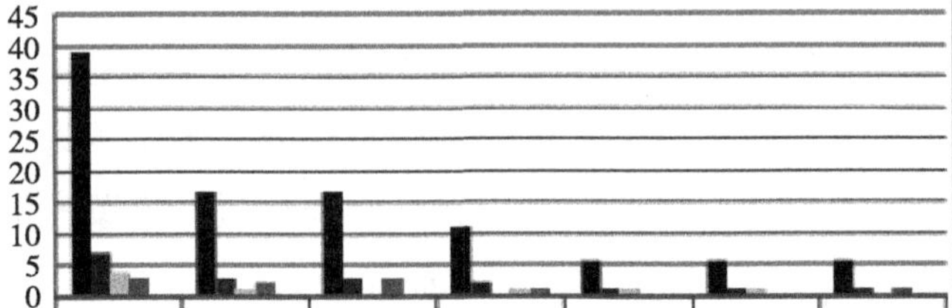


| | 蒙古语言文学 | 英语 | 法律 | 美术 | 汉语言文学 | 音乐 | 双语 |
|---|---|---|---|---|---|---|---|
| ■ 最终学历为该专业的人数百分比（%） | 38.9 | 16.7 | 16.7 | 11.1 | 5.6 | 5.6 | 5.6 |
| ■ 该专业教师总数（人） | 7 | 3 | 3 | 2 | 1 | 1 | 1 |
| ■ 最终学历为大学本科的教师数（人） | 4 | 1 | | | 1 | 1 | |
| ■ 最终学历为大专的教师数（人） | 3 | 2 | 3 | 1 | | 1 | |
| ■ 最终学历为中专的教师数（人） | | | | 1 | | | |

**图 4–11　M 小学双语教师最终学历所修专业分布情况**

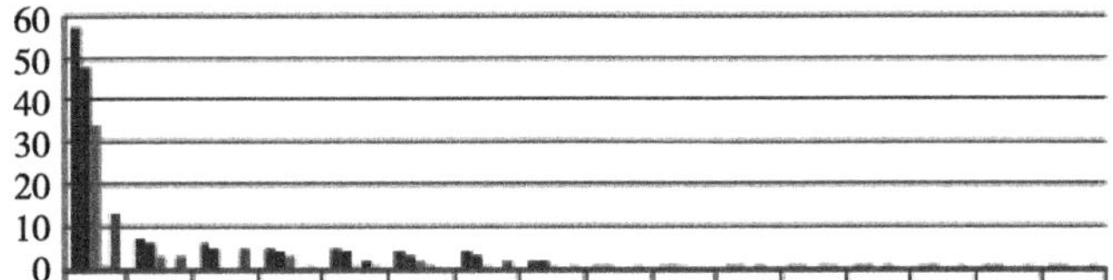


| | 蒙古语言文学 | 双语教育 | 普师 | 音乐 | 教育 | 美术 | 体育 | 汉语言文学 | 英语教育 | 计算机 | 地理 | 医师 | 法律 | 物理 | 机械 | 行政管理 |
|---|---|---|---|---|---|---|---|---|---|---|---|---|---|---|---|---|
| ■ 最终学历为该专业的人数百分比（%） | 57 | 7 | 6 | 5 | 5 | 4 | 4 | 2 | 1 | 1 | 1 | 1 | 1 | 1 | 1 | 1 |
| ■ 教师数（人） | 48 | 6 | 5 | 4 | 4 | 3 | 3 | 2 | 1 | 1 | 1 | 1 | 1 | 1 | 1 | 1 |
| ■ 最终学历为本科的教师数（人） | 34 | 3 | | 3 | 1 | 2 | 1 | 1 | | 1 | | | | | | |
| ■ 最终学历为专科的教师数（人） | 1 | | | | 2 | 1 | | | | | 1 | 1 | 1 | | | |
| ■ 最终学历为中专或中师的教师数（人） | 13 | 3 | 5 | 1 | 1 | | 2 | 1 | 1 | | | 1 | | 1 | 1 | 1 |

**图 4–12　E 小学双语教师最终学历所修专业分布情况**

M校38.9%的教师选择蒙古语言文学为最终学历所修专业（其中包括一部分原始学历为蒙古语言文学专业本科层次的教师）。还有少数教师选择了与小学所涉课程或教育教学完全无关的专业。民族地区高校双语教学课程设置不合理，“重文轻理”现象导致基层双语教师在学历提高过程中无法选择理想的专业和学校，对专业发展存在“为学位证书而学习”“为工资待遇提高而学习”等认知误区，使教师专业发展受到严重影响。

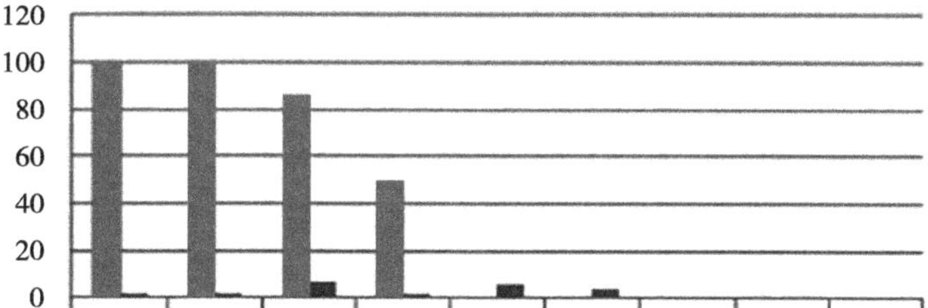


| | 英语 | 美术 | 蒙古语文 | 音乐 | 数学 | 汉语 | 体育 | 计算机 | 科学 |
|---|---|---|---|---|---|---|---|---|---|
| ■ 专业契合度（%） | 100 | 100 | 86 | 50 | 0 | 0 | 0 | 0 | 0 |
| ■ 教师数（人） | 2 | 2 | 7 | 2 | 6 | 4 | 1 | 1 | 1 |

图 4–13　M 小学双语教师所学专业及目前担任课程契合度

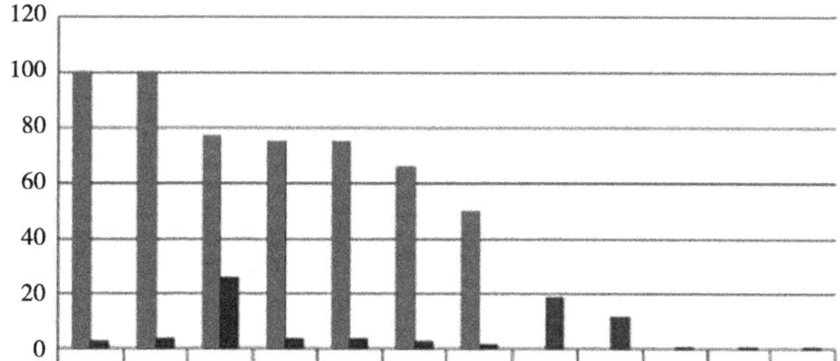


| | 自然 | 音乐 | 蒙古语文 | 美术 | 体育 | 英语 | 计算机 | 数学 | 汉语 | 品德 | 健康 | 科研 |
|---|---|---|---|---|---|---|---|---|---|---|---|---|
| ■ 专业契合度（%） | 100 | 100 | 77 | 75 | 75 | 66 | 50 | 0 | 0 | 0 | 0 | 0 |
| ■ 教师数（人） | 3 | 4 | 26 | 4 | 4 | 3 | 2 | 19 | 12 | 1 | 1 | 1 |

图 4–14　E 小学双语教师所学专业及目前担任课程契合度

从学科结构角度进行分析，我们就会发现双语教师队伍建设中存在的深层问题。由于全体教师中有38.9%和57%的双语教师选择蒙古语言文学作为职后获得学位所修专业（图4-11、图4-12），因此蒙古语教师过剩，其他课程教师紧缺，出现教师教非所学、跨学科任教现象比较普遍，结构性缺失问题突出。两所学校双语教师的专业契合度有所不同，无法总结其规律性。从整体上看，文科教师的专业契合度比理科教师高一点，主课教师的专业契合度比副课教师的高一点。这一方面体现"重文轻理"和合格理科教师短缺的问题，另一方面体现"重主课轻副课"现象较为严重。在文科类所有科目中，最令人担忧的是汉语文课程教师，在理科科目中，最令人担忧的则是数学课程，且以上两科均为主课。M校4名汉语文教师和E校12名汉语文教师中没有一位汉语言文学专业出身教师担任汉语课程，唯一的一名双语教育专业出身教师还在担任其他课程的教学工作。M校6名数学教师和E校19名数学教师中也没有一位数学专业出身教师。针对该问题，笔者对两所学校的有关领导进行访谈时了解到，这一现象的出现，一方面，客观上确实没有汉语言文学和数学专业出身的双语教师；另一方面，也是笔者认为非常值得关注的一点，他们认为："我们的教师汉语水平都很高，谁教汉语都没有太大问题，在小学阶段专业出身与否不会影响教师的教学，小学数学也是谁都会教。"笔者认为，对民族学校而言，尤其在语言课程中最容易产生的错误观念便是日常语言、日常知识与专业语言、专业知识的混淆，也就是对一般生活语言能力与认知学习语言能力的混淆。问卷调查证明，M与E学校双语教师的汉语文水平测试成绩事实上并不算很高，他们在专业理论、实践和训练方面都亟待提高。如图4-13和图4-14显示，对副课的重视度普遍偏低，基本上处于"谁有时间谁上，谁能上谁上"的状态。在当前的民族学校教育尤其是牧区学校教育中，在具体的教学科目设计上依然存在过度强调语言课程，忽视科学、社会、艺术等副课的现象。通过对图4-13和图4-14的比较可以看出，城镇学校E的课程类型比牧区学校M更加丰富。

### （五）地缘结构

教师地缘结构是教师队伍结构的重要组成因素，是衡量地区教育发展水平的重要内容。从历史上看，不同区域教师地缘上的被动聚合、被动构成是依靠外力聚集师资数量的结果，也是区域内师资数量不足、质量不高的反映；不同区域教师力量上的主动聚合则是选择师资质量、聚集教育智慧的结果，也是地区教育教学实力高涨的反映。但以往的教师队伍实践研究只是一味强调对农村地区、西部地区被动式的支援和帮助，很少关注这些受援地区教师地缘构成，教师地缘发展变化特点、规律及其功能效果，这无助于总结教师队伍支助过程中的经验教训，也无助于从本源上解决该地区师资队伍的支援建设问题，不利于区域间师资队伍的系统调整和合理化分布。因此，系统透析双语教师地缘结构变化特征、变化的动因、变化的功能效果及其合理性无疑有重要价值。[①]

由于地理环境与少数民族文化的特殊性，内蒙古自治区在70年的双语教育经验中不断摸索和总结出适合蒙古族的、本地的双语教师培养方式。本地双语教师人数保持持续增长态势，所占地缘结构比值至今一直保持较为稳定的态势。新中国成立初期至“文革”之前，国家为支持边疆地区民族教育发展，调派了一定数量的汉族师范或高师毕业生，在学习一定时期的民族语文后，分别补充民族中、小学教师的不足。由于这一时期双向性培养目标，汉族教师不仅学习掌握了蒙古语，还对蒙古族文化、蒙古族生活有了浓厚的情感。但师资队伍的支援建设没有延续下来，随着国家经济、社会迅速发展，一方面，本地教师培养模式日趋成熟，初等师范教育有所发展；另一方面，少数民族语言在实际生活中的使用呈现边缘化趋势，汉族教师补充民族学校师资队伍的必要性减弱。

改革开放后，本地培养出来的大学生不愿返乡的情况成为牧区双语教师短缺的重要原因。城乡经济差距与教师收入差距拉大，加上牧区教师编制紧缺，导致牧区双语教师补充不进来，且教师队伍地缘结构日趋

---

① 王安全:《一个西部县农村教师结构五十年的变迁》，陕西师范大学博士学位论文，2012年，第50页。

单一化、本地化和薄弱化。21世纪以来，随着高等教育的发展与教育改革力度的加大，牧区双语教师队伍补充了一些大学生，但教师队伍不稳定，青年教师流失严重，教师工作调动主要在苏木（相当于乡）与旗县之间。

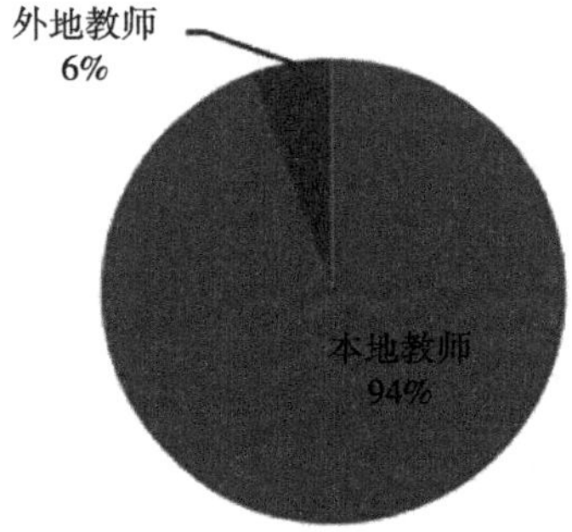


图4–15　E校双语教师地缘结构分布情况

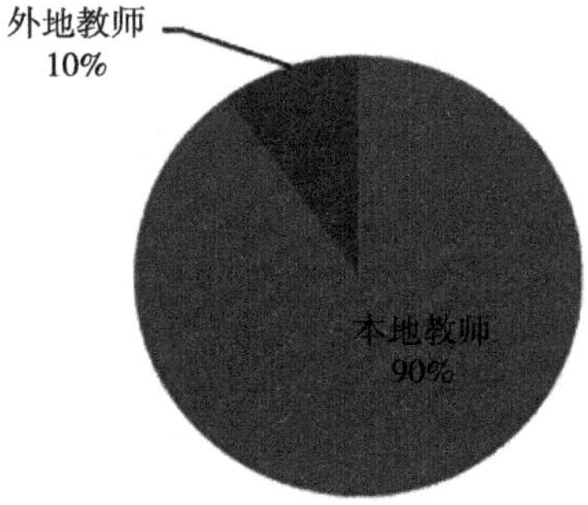


4–16　M校双语教师地缘结构分布情况

本研究所调研的几所民族学校双语教师全部是蒙古族。然而，由于蒙古语方言地方差距大，操不同方言的外地教师必然会对蒙古语文教学产生一定的影响，尤其在小学阶段。从教授语言的角度考虑，这里的本地教师指锡林郭勒盟出身教师，而外地教师指来自该盟之外的教师。

（六）身份结构

教师身份结构变化过程既是教师个体身份转化过程，又是教师群体身份结构变迁过程。从双语教师个人身份转化角度，我们去考察代课教师与正式教师的不同身份问题；从双语教师群体身份转化层面，我们去探讨社会转型中双语教师群体的身份转化过程。20世纪80年代之前，锡林郭勒盟整体情况为：中小学非正式教师处于上升态势，正式教师比例却处于下降态势。改革开放后，依靠政府力量不断聘用和增加大量学历相对高、专业性相对强的正式教师。正式教师比重逐年提高，但仍然无法满足民族教育的需求，学校自主聘用教师成为必然趋势。尽管近几年代课教师的学历多为大学本科，且专业对口程度较高，但“学非所教”

的问题依然严重。

表 4-3　E 小学代课教师基本情况

| | | |
|---|---|---|
| A | 代课教师总数 | 18人 |
| B | 年龄分布 | 25-31岁 |
| C | 学历分布 | 大学本科14人/大专4人 |
| D | 实习时间 | 2011年至今 |
| E | 科目及人数 | 蒙古语文7人/汉语2人/数学1人/音体美5人/科学2人 |
| F | 专业契合度 | 蒙古语文86%/汉语0%/数学100%/音体美80%/科学0% |

E校一名代课教师A在访谈中介绍道："我们代课教师近些年来了很多，现在估计有20多人，什么科目缺教师，我们就上什么课，没有选择余地，也不看你的所学专业。编制的问题迟迟解决不了。有些老师来了有四五年了，听说之前有一位代课老师待了10年，没有转正，最终离开了。"

当问到是否都是本地人时，A教师说："有本地的，也有家是旗县的，还有从赤峰等其他盟市过来的。都是年轻人，两三个人在外面一起租房。"这时蒙古语文教师B补充说："我们正式老师带主课的还要在两个班上。一周上十几节课，还常常补课，我感觉我们非常缺老师，不然为什么招聘这么多代课教师呢。我们辛苦，代课的老师们也辛苦，但不知道为什么就是不给解决转正问题。这对他们的积极性有影响，但这些年轻代课老师们还是积极努力地坚持工作。他们带课时没有收入，据说等到转正了，代课期间的工资给补发。可能是因为这样，他们才坚持干下去。"

身份具有结构性和建构性特点。教师的身份既是结构性的，也需要通过制度建构起来。教育部在2010年对代课教师实施"择优招聘、纳入社保、辞退补偿"的政策，聘用代课教师被视为一种不规范的用人制度。[①]2011年出台的《关于妥善解决中小学代课教师问题的指导意见》中提出“代课教师将获得一次性补偿”。然而，上述访谈内容反映，政策执行中还存在很多问题。代课教师作为非正式教师，在得到生存保障之余，更渴望获得教师身份的完全认同，他们的自我身份转化并不仅仅是为找到一份正式工作或收入、社保等层面的考虑，更是为了获取更高的社会地位和劳动价值，从而合理合法和有尊严地生活。

## 三、双语教师生存状况的多维度分析

内蒙古牧区的学校布局调整具备了撤减力度更大、撤并速度更快等特点，几乎把所有的中小学都集中到旗（县）或镇。据统计，2001—2006年间，内蒙古共调减中小学（包括教学点）8039所（个），其中小学调减4428所，减幅为47.55%；小学教学点调减3146个，减幅为68.45%；初中（含职业初中）调减465所，减幅为27.94%。而在锡林郭勒盟，从2004年开始对全盟60所苏木学校和5个教学点进行撤并。到2006年年底，3年累计撤并苏木学校59所、教学点5个，并新建4所城镇小学，扩建12所城镇小学，安置学生6192人，从而实现了牧区学生全部集中到旗或建制镇就学的目标。以锡林郭勒盟苏尼特右旗为例，全旗52个嘎查中，现已没有一所嘎查和苏木小学，原来的嘎查苏木小学都已撤并到镇或旗政府所在地，其中约有 27所小学于2002—2005年间在学校布局调整政策下被撤并了。大力度、快速度的布局调整政策给牧区双语教师的生活工作带来了诸多问题。下面，从双语教师的居住与家庭状况、收入与支出情况、生存环境与文化环境、流动状况及流动意愿等四个方面展开系统分析。

### （一）居住与家庭状况

调研学校M是一所苏木级小学，也是农村牧区学校布局调整政策实施后锡林郭勒盟在苏木级别保留的仅有的两所苏木学校之一。该校离旗

① 王安全:《一个西部县农村教师结构五十年的变迁》，陕西师范大学博士学位论文，2012年，第89页。

政府所在地190千米，该苏木共有牧户691户，总人口5906人，其中牧业人口4359人，占总人口的73%，剩下的27%人口中除常驻汉族人口以外，其余是来自其他盟市的打工人员，他们在这里主要以放牧、割秋草、做小本买卖（如维修机械，经营小卖部）、盖房等谋生。根据调查，教师们的居住现状为：M校共有21名专任教师，其中有17位教师居住在学校宿舍。这17名教师中有13人已经成家，家安置在旗里，家庭其他成员都在旗里。与家人分居的教师比例高达62%。这里没有包括那些年轻单身教师。

成家的教师多数只有1个孩子。随着经济条件的改善，要两个孩子的家庭也越来越多，但这对M校的教师们来讲似乎是不太容易实现的事情。有位年轻教师说："我们一个女同事刚刚结婚，她丈夫在旗里，学校老师不够，她只请了一周的假，蜜月都没有过，第五天就回来上班了。"

一位年轻男教师说："就我的情况而言，我家在旗里，以前我妻子在另一个苏木学校，离这里不远，后来布局调整，她就被调到旗里小学了。那时旗里为了招收布局调整后的苏木学校学生，专门扩建了一个小学，很多苏木小学的教师都去旗里了。我们在旗里买了房，我是两周回一次家，我们这里冬天雪大，碰到雪天，可能两周都回不了一次。孩子现在5岁了，小的时候哭闹得厉害，不让走，每次都在睡觉时偷偷出来。现在懂事了，好多了。"当问到是否觉得很辛苦时他补充说："其实平时上起课来，一站到讲台上，什么都忘了，就是赶路时觉得特别辛苦，心里不是滋味。你想，我们来回路上就是大半天，一般都是周五下午一下课就着急忙慌地找出租车拼车回家，大部分老师自己没有车，即使有车，这油费谁能承受得起。然后，周日中午就得赶回来，路况很差，一般走3个小时，天气差，就得四五个小时。"这时另外一名年轻男教师补充道："我有好几次，因为家里的事没有处理完，都是凌晨3点起来赶路，一来就直接冲进办公室，拿上课本就去上课了。我们就怕家里有什么事，一旦有事就只能请假回去，耽误教学，回来还要抽时间补课，时间上就会很紧张。"

X小学是在全旗完成布局调整后的2005年开始建设，2006年投入使用的一所新建蒙古语授课学校。虽说X小学位于旗政府所在地，但教师与学生全部来自布局调整中撤并的苏木学校。据访谈了解，该校有84名专任教师，其中一半左右的教师目前过着分居生活。对布局调整政策，老师们的态度有所不同。支持的教师们认为："老师们来到旗里后政府给了些房屋补助金，我们加钱买了楼房。这里交通便利，冬天供暖，条件好，最重要的是孩子可以在旗里上学了。刚开始很多人不愿意，毕竟要在新的环境中重新开始生活，但随着学校的建设等各方面的发展，大家慢慢开始接受，态度也开始积极了。刚开始肯定是困难的，但不管从教师个人的发展还是孩子的教育方面考虑都是有好处的。"反对的教师们认为："其实很多人不愿意过来，我们大多数老师家在牧区，一般跟家里的老人一起生活，闲暇时帮家里打理各种事情，尤其接羔（特殊的时间段）和割草的季节，我们都能帮上家里的忙。撤并学校后，我们不得不调过来，把家和老人都留在牧区，工作忙也回不去，特别惦念，教学也受影响。很多老师都是一个人调过来的，过着分居生活，在旗里还要面临买房压力。不过也没有办法，只能尽快适应。"

E小学的教师居住与家庭情况相对M和X小学要稳定一些，但也存在不同程度的问题。E小学虽然说是城里的学校，但地处边疆，人口稀少。这座城市由周边的3个苏木和22个牧业嘎查构成，具有城市与牧区结为一体的"牧区城市"特点，离市中心几十里地便是一望无际的草场。布局调整后，周边苏木小学的师生被分流到全市的三所蒙古族小学，其中X小学中来自牧区的教师与学生人数最多。据统计，2012—2013年间，E小学的1057名学生中市区学生只有175人，苏木学生327人，借读生555人（来自各旗县以及旗县下面各苏木的学生，他们的户口所在地为各旗县）。来自苏木的教师同样面临分居与买房的现实问题。

### （二）收入与支出情况

通过对三所小学部分教师提供的收入（包括基本工资、津贴、补助等全部收入）数额数据进行统计，我们了解到，小学二级教师的平均工资在3000—3500元之间，小学一级教师的平均工资在3500—4500元之间，小学高级教师的平均工资在5000—6000元之间。M校一位一级职称教师说："2007年时我的工资是1300多元，之后有两次大幅度增长。一次是2008年，2008—2009年间高级教师工资涨了800元，一级教师的涨了500—600元，之后不久随着绩效工资制度的实施，又涨了600元。之后每年有小幅度增长，2010年时涨到3200元，现在（2013年）3800元。如果承担其他工作的话，还会有一些其他补助，总共加起来每月5000元左右。"

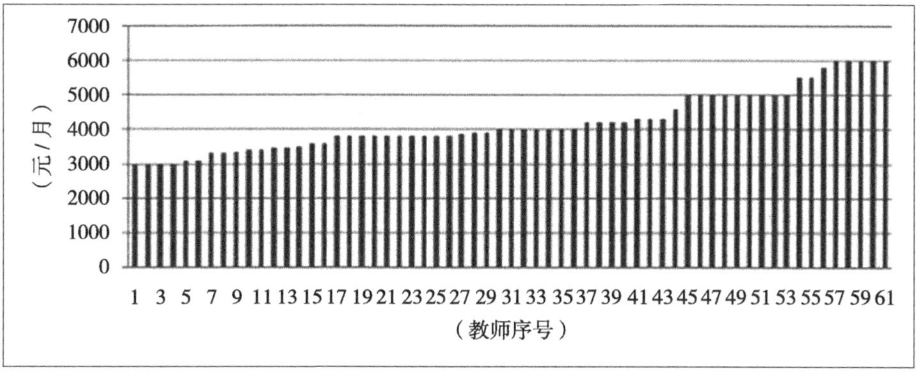


图4–17　部分教师工资收入状况

对锡林郭勒盟地区三所学校教师工资收入进行对比可以发现，城乡差距并不显著。工资的差距主要体现在职称级别上，各级别之间的浮动基本在1000元上下。对此，市教育局某局长认为："由于近年来锡林郭勒盟地区经济发展快，教师工资增长速度也快。目前，中、高级职称教师的工资比我们公务员高。我是中学教师出身，我个人认为，教师收入的确是增加了，但收入增加，教师的社会地位却没有相应提高，教师社会网络狭窄，业务拓展有限，现在只从收入层面考虑，愿意选择教师职业的年轻人依然很少。"

工资是绝大多数教师的全部收入来源，上图中的工资分布情况不包括代课教师的工资，如果把代课教师的工资列入图中，工资分布情况就会非常分散，低工资比例会增加。据我们了解，该地区学校代课教师的工资平均在500—800元之间，其中E小学的代课教师甚至没有收入。

就教师的支出情况而言，城里教师工资稳定增加，生活状况大有改善，有些教师购买了私家车。而牧区教师尽管收入增加，但支出也不断增加。牧区教师的开支主要包括以下几个方面：一是出租车费用。由于大部分教师两地分居生活，赶路成了他们生活中的一个环节。访谈中教师们普遍表示经济压力很大。M校一位教师说："一般的老师基本上是两周回一次，孩子小的老师就得一周回一次。我们都是拼车回家，一次每人是70—80元，一周开支就是140—160元，下雪天单程就涨到100元。有时，家里有紧急的事情，来不及拼车，车费就更贵了。我算了一下上个学期的车费一共花了3000多元，基本上是一个月的工资用在车费上。"据了解，当地边远牧区的教师们来回路费都由个人承担。二是城里买房的经济压力很大。与M小学校长交谈时他介绍说："我们在布局调整中重新整备了师资，一部分有能力的或业务好的中老年教师调到了旗小学任教，一部分能力、业务差些的中老年教师由于无法在更高一级的学校（旗小学）担任教学而转行做了后勤或内退了。但整体上来讲，我们就没有几个中老年教师。以前苏木学校条件差，我们这个苏木又太偏远，教师的流动性很大，待上几年人们就以各种方式调走了。现在政策好，条件有改善，但教师流动性大的问题还是不能解决。现在我们老师当中有一半以上是刚刚组成家庭或孩子很小的年轻人。以前我们旗有17个苏木，每个苏木都有小学，现在只留下我们这一个。配偶以前在其他苏木学校工作的在布局调整中都被调到旗里去了。家搬到旗里的老师们不得不买楼房，旗里房价也高，教师们身上都有不同程度的房屋贷款，我自己也是分居的情况。"

### （三）生存环境与文化环境

本研究调研的三所小学，在行政级别划分上属于城市、旗（县）、苏木（乡）三个级别，但学生来源基本上以牧区为主。城市学校E的1057名学生中市区学生只有175人，其他学生来自各旗县或苏木。旗县学校X的1100名学生全部来自本旗或下属苏木。苏木小学M校的260名学生中除大部分来自本苏木和下属嘎查（村）之外，还有少数学生来自其他盟市，他们的父母主要在该苏木经营生意或打工。因此，三所学校的学生来源城乡差异不明显。民族学校教师是牧民子女的教育者、培养者，对其文化环境以及变迁情况的考察显得尤为重要。

第三章中对各个历史阶段蒙古语授课学生数量的分析结果显示，蒙古语授课学生数量锐减现象十分突出。这里有个人、家庭等原因，也有社会、文化环境等原因。前者包括学生家庭背景原因，如蒙汉通婚家庭因为缺少家庭语言环境，其儿女上汉语授课学校的概率会更高。就社会环境而言，调查中发现，蒙古语的社会功能弱化导致一些城市蒙古族家庭选择把子女送入汉语授课学校。另如一些地方少数民族双语教育倾斜政策不到位，导致城市蒙古语授课学校在办学条件、师资力量、教学质量等方面不及汉语授课学校。在这种情况下，蒙古族家长出于子女将来的升学就业等考虑，会将子女送往汉语授课学校的现象也大有存在。

给民族教育带来重大影响的是农村牧区布局调整政策。锡林浩特市某教育局局长说："撤并之后，2000 — 2010年间全自治区的蒙古语授课学生减少了30%。我们这个地区本来就是分散居住，交通不便，学校布局调整对我们地区的蒙古族学校来讲是非常不适合的，尤其对牧区的学生。撤并后学生家庭教育、亲情教育和心理教育缺失问题严重。这些全靠学校或教师来完成是不可能的。现在民族学生的问题是蒙古语语言环境越来越狭窄了。蒙古族教育发生、发展的地方就是草原，草原上的学校消失了，语言、文化将如何传承?"当笔者问到这种情况是否有可能得到改善时，该局长讲道："很难。政府层面能做的就是改善寄宿制小学的宿舍条件。国家、政府在这方面的投入一直很大。但苏木不恢复教学点的话，长期无法改善。苏木学校的恢复难度很大：一是学龄儿童减少。去年我们去苏木嘎查调研发现，22个嘎查一年只有48个新生儿，分摊下来，一个苏木也只有十来个孩子，这对苏木建立幼儿园、小学来讲有很大难度。二是合格教师的短缺一直是我们地区的突出问题。现在重视学前教育，锡林郭勒市幼儿园现在一共有20个蒙古语文班，一个班平均35人，基本能满足市里和周边牧区儿童入园的需求。这两年市里要增加两个蒙汉幼儿园，这样至少需要300名教师，我们从哪里去聘请这么多专业教师呢？以前我们地方就能培养出大批师范生，他们基础好，发展也全面。现在师范学校撤了，大专院校设置的蒙古语授课教育专业太少，根本无法满足当前的需求。”

其实“牧区城市”一词已经体现了这一地区文化环境的变迁。从文化环境角度，局长认为：“随着城镇化发展，锡林郭勒盟地区的牧民陆续进城，过上了城市生活。以前草原上的生活是慢节奏的，是和睦相处的，你我的界限分得并不是很清楚。比如说，我的牧场和你的牧场，肉眼估算，谁的牲畜跃进了对方的草场也不会太计较。以前在草原上，牧民是草原的主人，是牲畜的主人。进城后，一部分牧民因为矿产开发把草场卖了，在城里买了楼房当起了‘城里人’；一部分牧民为了子女的教育陪孩子‘进城学习’，由此长期两地分居，产生了不少家庭问题。”

在这种社会和文化环境大背景下，蒙古族教师也面临着子女教育问题上的艰难抉择。E校一位蒙古语教师在访谈中谈道：“我认为，目前蒙古语的加强很有必要。有时给学生讲课用蒙古语，他们听不明白，用汉语一点就通了。倒是还不存在因为用蒙古语上课跟不上而转汉族学校的学生。我的孩子在汉语学校，我想让他接受蒙古语教育，但是他自己不愿意。我特别有压力，因为在我们这里人们不能理解我作为一名蒙古语老师，把孩子送到汉语学校读书，但是我真的没办法。现在的小孩蒙古语太差，尤其是城里的孩子。我白天工作压力大，工作时间也长，回家后筋疲力尽，根本没有时间辅导自己的孩子。孩子的汉语不需要辅导，一出家门就是汉语环境，蒙古语的话还需特别辅导。他在汉语学校目前为止学习还可以，学校要求严。我们学校孩子大部分跟姥姥姥爷或爷爷奶奶在城里租个房子住在一起，我们要求家长抓孩子的学习，但他们根本辅导不了。汉语学校在这方面，对家长的要求严，家长也都配合。”

两所个案学校的教师收入与支出对比结果表明，调到城市工作的基层教师经济压力大。如果没有享受边远贫困地区教师补贴待遇，越是边远贫困地区，教师的收入越低，自然就很难留住优秀的教师。

## 四、双语教师工作状况的多维度分析

### （一）工作强度与工作难度

笔者考察的E小学2011—2012年下学期教务处工作计划进度主要围绕教学、教研、教师培训、安全管理、组织学生活动等工作开展：

1. 课堂教学工作

（1）教师的教案、课程记录、听课记录与分析报告和教师所教课程的学生作业要接受学校检查，检查结果计入教师期末总测评中。检查方式主要以集体检查、抽查、定期检查为主。（2）听课。学校每学期为教师们安排了听课的任务。一般教师听15节课，教研组组长听20节课，教研室主任听50节课，校长和副校长听60节课。听课方式为定期听课和突击听课（“推门听课”）；开展教学技能比赛，教学技能比赛主要包括优秀课程评比、优秀教案评比、现代教学技术使用评比、说课比赛等。

2. 教研活动

（1）“小组集体研讨”活动每两周召开一次。学校要求教研组组长组织活动，共同讨论并规定该组本学期的教研题目，做出具体计划后在学校监督下实施，期末给出总结报告。

（2）教研组组织“听课讨论”活动。每学期要求通过网络等方式听3名名师的课，共同探讨学习经验。

（3）教研组组织“共同备课”活动。

（4）“共同学习公开课”活动，期末时进行总结并提交分析报告。

3. 教师培训工作

各类校本培训和旗级、市级、区级以及国家级培训，实行轮换培训制度，每位教师一学期要累计参加三次各类培训活动。

4. 组织学生体育比赛、知识竞赛等活动

（1）各种体育运动比赛（如运动会、拔河比赛、健美操比赛、接力跑比赛等）；（2）各种知识竞赛（如阅读比赛、“三语”听写比赛、讲故事比赛、快算竞赛、标注化作业评比等）；（3）民族体育运动比赛（如搏克比赛、蒙古象棋比赛等）；（4）特殊兴趣班活动（如马头琴、各种蒙古乐器、毛笔字比赛等）。

5. 管理学生安全的工作

由于小学寄宿生年龄太小，除管理人员做日常管理工作以外，班主任教师还要负责寄宿学生的卫生、健康，尤其是心理健康问题。

E校以学期的“工作计划”向我们展示该校在教师专业发展上的重视程度与种种尝试。但作为寄宿制学校的教师，他们除承担繁重的教学工作以外，还要负责寄宿生的安全问题，这使得班主任教师的工作压力增加，几乎全部时间与精力都用在跟学生打交道上。除此之外，自从民族学校开设“民族文化进校园”活动，增加各种民族文化课程后，教师们除承担普通教学工作外还要承担一到两门的民族文化或技能课。虽然访谈中教师们表示，因为民族文化传承的使命感，大家自愿承担这些课程，但这无形中增加了教师的劳动时间，挤占了他们的业余时间，客观上使他们的社会交际变得更加单一。

E校聘用二十几位代课教师后，师资问题得到一定的解决，所以教师负责代课和管理的班级数相对减少。M校作为苏木小学，教师数量少，教师承担的课程则比较多，除批改作业和课外辅导外，学生日常管理的压力也相应增加。M校教导处主任说:“大多苏木教师的家安在旗里，请假难免，这时只能找其他老师代课，主课老师每个人的课都很多，自己的课还上不过来。这时就只能找其他科目老师代课，比如说体育老师代数学课，这种情况很普遍，我最多有一次在讲桌上摆了5个科目的教材。我们最怕的就是老师请假，还有出去培训，剩下的老师不够轮换，很着急。从目前状况看，主课老师每科再增加3位左右基本可以解决这个问题。”M校承担民族文化课程教师的状况与E校基本相同，但在聘请专业教师方面问题突出。M校教导处主任说:“我们有民族习俗课，主要是根据我们牧区的环境和条件开设的，经常去牧区体验生活，这是城里孩子无法体验的。我们还有一个‘乡村学校少年宫’，是针对县级以下学校设置的一个项目。我们开设了11门课，都是关于蒙古族文化习俗方面的。男生学骑马、搏克等，女生学蒙古袍、蒙古工艺品的缝纫之类的。但是好多课程都坚持不下来，比如说马头琴课，我们这里找不到专业的马头琴老师，旗县的人都不愿意下来。我们一周安排两次民俗课，有时会请牧区老人过来给孩子们讲。”

我们在访谈中发现小学双语教师的工作难度主要体现在三种语言课程的教学上。X校的英语老师说：“三种语言课程的起始年级问题上，以前是一年级上母语，三年级上汉语，教学效果不错。后来改成一年级开始上汉语课了。2001年的时候，当时上的是汉语阅读课，以篇幅较长的阅读文为主，教材太难，学生接受不了。后来没办法，我自己找了一些简单的，篇幅短的文章来教。实施了几年后效果太差，改成从二年级开始上汉语课了，没过几年又从三年级开始上英语课了。学生的压力越来越大。老师们越来越难教。为什么难？现在孩子的母语太差，母语刚学一年，基础没打好就开始学汉语，又接着学英语。这母语都没学好的孩子学习第二、第三语言肯定受影响。三年级的学生最难教，英语、蒙古语、汉语一齐上。到了五六年级会稍微好一些。我不建议小学阶段教英语语法，简单的口语对话就行。因为蒙古族学生到了初中还要重新学习英语。”

内蒙古的蒙古族小学在开设英语课程之前，蒙古语文与汉语周课时数约占周总课时数的30%。随着英语课程的增设，三种语言的周课时累计数达到总周课时数的37%，语言课程比重比同年级（小学三年级）汉族小学的30%、香港小学的27.5%、美国小学的20%、日本小学的18.5%[①]高出很多。“三语”教师的教学压力随之增加。

表4–4　一些国家和地区小学三年级语言课程周课时数对比[②]

| | 母语 | 第二语言 | 第三语言 | 周总课时数 | 周累计语言课时数占总课时数比例（%） |
|---|---|---|---|---|---|
| 内蒙古自治区蒙古族小学三年级 | 6 | 4 | 3 | 35 | 37 |
| 我国普通小学三年级 | 5 | 4 | 0 | 30 | 30 |

① 塔娜：《以教育公平视角审思当前少数民族英语教育中的两大问题：以内蒙古蒙古族学校为 例》，《内蒙古师范大学学报（教育科学版）》，2014年第11期，第42页。

② 该表格由笔者根据一手资料制作。

续表

| | | | | | |
|---|---|---|---|---|---|
| 我国香港地区小学三年级 | 5 | 6 | 0 | 40 | 27.5 |
| 美国小学三年级 | 4 | 4 | 0 | 40 | 20 |
| 日本小学三年级 | 5 | 0 | 0 | 27 | 18.5 |

除此之外，“三语”教师在授课语言上也有不少困惑。E校一位汉语老师说：“我用蒙古语上汉语，因为他们的蒙古语太差了，汉语的环境好，容易学会。为了让他们巩固蒙古语，我选择用蒙古语讲汉语课。”通过访谈我们也了解到，民族学校语言科目教师，尤其是蒙古语文和汉语教师普遍认为自己比起其他科目的教师更有责任和义务承担传承民族文化的任务。他们为学生母语能力下降感到担忧，对文化环境的转变又显得无奈。但很多教师不是消极地接受现实，而是像E校汉语教师那样在自己的能力范围内尝试改变。这种做法非常值得肯定。

（二）流动状况及流动意愿

如上所述，苏木小学M校的教师两地分居情况严重。自从布局调整政策实施后，21名教师中有17名教师过着食宿在学校的生活，其中有13名为已婚教师。为进一步了解该校教师基本情况，课题组对M校21名教师进行了专门的问卷调查。对“您有机会是否愿意调动工作到旗县”一题，有11名教师回答愿意，6名教师回答不愿意（有效问卷17份）。回答愿意调动的教师的主要理由为：城镇生活条件好，能与家人在一起，交通方便，子女接受更好的教育，等等；回答不愿意调动的教师的理由为：家庭经济压力增加，家里劳动力分散，等等。显然，家庭安置在旗县的教师和未婚的青年教师更愿意调动到旗里，少部分在苏木安置家庭的教师愿意留在苏木教学。访谈中M校教导处主任说：“我从2001年开始上班，几乎每年都会有2-3名教师调离，不过也会有新教师报到，但调离的总比新来的要多。”关于教师调动带来的影响，主任说：“对学生的影响最大，经常换老师，学生的成绩不稳定。有的班级6年间同一门课程就更换了5名老师。小学生的学习是非常依赖老师的，好不容易习惯了一位老师的教法，不久就被换掉。有的学生还舍不得老师走，像被遗弃的小羊羔，一段时间内情绪调整不过来，影响到学习成绩。再就是对教师的影响方面，我们没有办法建立长期稳定的教研体系，进行常规的小组教学和教研活动，也没有条件培养一批学术带头人或者优秀教师团队，因为不稳定因素太多了。”

显然，一部分苏木双语教师不能安心自己任职的学校工作。他们把交通不便、离家太远等作为岗位流动的原因，未将学校条件、个人工作压力和个人专业发展作为首要因素考虑。另外，苏木教师考虑调动的另一因素是子女教育问题。苏木教师如果调到旗里，受益的首先是教师的子女，他们认为在旗县学校上学，能够得到更好的教育和更多的机会，这对一个普通的家庭而言尤为重要。就儿童在城镇就学与苏木就学的区别问题M校双语教师认为，两者之间的确存在一定的差距，但城市学校与牧区学校也各有其优势与劣势。关于城市学校的优势，教师们认为："城里孩子听到的、看到的、接触到的比牧区学生多。比如，汉语学习方面具备语言环境"；"城里孩子学习条件好，在身心发展方面受学校与社会的影响更大"；"城里学校教育资源更多、更好"；"城里的学生在成长的过程中接触到的事物多，环境多元化"；等等。关于城里学校的劣势，教师们认为："城里学习的孩子离家远，严重缺乏家庭教育"；"城里学校的家长与老师沟通的次数少，老师不了解学生"；等等。教师们认为牧区学校的优势在于以下方面："城市与牧区的学校条件差不多，牧区的学习环境虽单一，但可能更安静、更和谐"；"城市与牧区孩子的学习内容是同样的，都是国家统一规定的义务教育教材内容，但牧区孩子比起城里孩子更接近民族文化，更容易接受民族文化习俗"。

调研学校教师的流动情况以体系内流动、地区内流动、从下而上的流动为主。城市E小学教师说："市里老师没有人愿意去苏木学校，我们也不可能再去其他地方重新开始生活。"

上述调查结果说明，在中国城乡二元结构中，城市处于相对优势地位，城市学校的资源条件更完善，它代表着"现代化"，无论是教师还是家长抑或学龄儿童都向往着城市生活。这也导致牧区教师向城市流动。

本研究发现，农村牧区学校布局调整的教育措施直接影响了牧区双语教师这一群体的生存环境，他们的工作与生活状况陷入一定的困境与边缘化境地。

首先，部分苏木学校与双语教师的经济利益受损，生活质量下降。由于集中办学，牧区学校经费出现一定程度的短缺现象。学校的主要经济来源是九年制义务教育经费拨款，这一款项是根据在校生的数量拨发的。苏木小学规模变小，人数减少，因此资金十分有限。另外，教师编制也随之减少，这使在编教师的工作压力加大。双语教师“住”与“行”的额外支出导致一部分苏木双语教师实际经济水平下滑，代课教师则更为艰难。

其次，流动状况及流动意愿的调查结果表明，越是偏远地区学校，教师队伍越不稳定。个案学校双语教师流动性强、不稳定的主要原因是在撤点并校过程中，教师因撤并而频繁换校。有研究认为，进入撤并时期需要关注“软撤并”。骨干教师、优秀教师的流失导致很多学生也跟着流动，苏木学校学生人数会越来越少，最终导致“自然撤并”。

再次，关注双语教师这一特殊群体时对其文化背景与环境的关注尤为重要。撤点并校后双语教师在传统文化与现代文化之间面临着抉择。在社会转型、经济迅速发展的今天，牧区社会的发展与民族教育的人文生态正在发生剧烈变化。传统艺术等随着生活在草原上的年长者逐渐逝去而面临失传。在乡村牧区学校撤并、重组等政策导向以及崇尚现代文化知识的观念影响下，蒙古族年轻一代主动或被动地告别了传统的生活方式，传统文化逐渐失去生产与传播的主体。

针对一些地区在布局调整政策执行过程中出现的问题，我国政府在2012年9月7日发布了《国务院办公厅关于规范农村义务教育学校布局调整的意见》，该文件旨在规范撤并操作程序不规范、保障措施不到位的问题。虽然政府发文对撤并学校无序、不规范现象进行干预，但撤并学校后各方面的影响长期存在，各地教育管理部门应当因地制宜，科学规划，持续跟进布局调整的完善工作。内蒙古地广人稀，交通不便，牧区学校虽然规模小，但在民族教育中发挥着重要的作用。因此，应该重视少数民族地区、边远地区双语教师的生存境遇、工作环境以及所面临的特殊困难，在此基础上采取具体措施，保障他们的利益。此外，还应该重视牧区双语教师的利益诉求，依法保护教师切身利益，保证政策法律的执行效力。

### （三）职业认同与职业归属感

教师职业认同是在教师个体与教师职业、环境的相互作用中建构、形成和发展的。教师职业认同是教师个体从自己的经历中逐渐发展、确认自己的角色的过程，也是当下教师个体对自己所从事的教师职业的认同。①

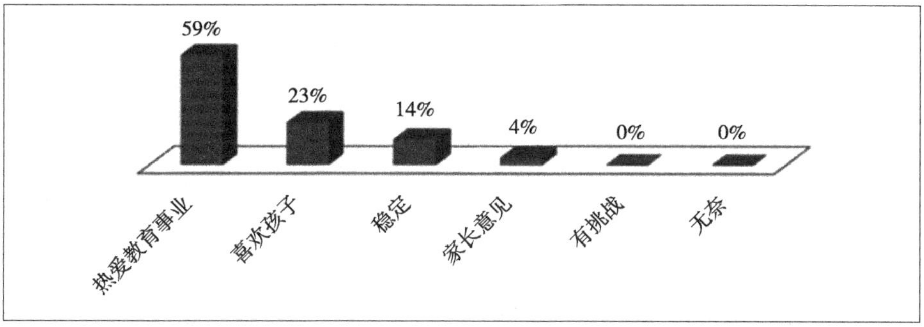


图 4–18　双语教师对“职业动机”的认知分布

不同职业动机教师在职业认同程度上存在明显差异。对双语教师职业动机进行问卷调查的结果表明，选择教师职业的动机是“热爱教育事业”的教师占59%，“喜欢孩子”的教师占23%，这两项所占比例占总人数的82%。这说明调研学校2/3以上的双语教师对当前的职业认同感知是积极的，体现在对本职工作的热爱与对教育对象的热爱，这也正是教育内容中最重要的两个方面。调查者中一部分人（14%）选择教师职业的动机主要是对稳定工作的期望。由于该地区“城市牧区”或“纯牧区”的特殊性质，很多人出于职业的需要经常下乡，长期在牧区工作，与牧

① 宋光文，魏淑华：《影响教师职业认同的相关因素分析》，《心理发展与教育》，2006年第1期，第80页。

民打交道，相比这些职业，教师职业相对稳定。另外，有4%的教师选择“家长意见”为教师职业的动机。通过访谈我们了解到，这些教师都是家在城里的年轻人，家里兄弟姐妹少，父母期待儿女留在身边，选择稳定的生活。调研中既没有人将教师职业视为“具有挑战的工作种类”，也没有人认为教师职业是无奈中的被迫选择。这一方面反映出被调查教师对其职业价值的认可度很高，另一方面也反映出教师职业在当地社会中的被认同程度，也就是教师的社会地位很高。事实上，教师社会地位是一个动态变化的过程，它随着历史发展、社会文化变迁、教育发展而演变。随着社会对教育的重视程度日渐提升，教师的社会地位也逐渐上升，但教师显然还没有成为人们心目中富有挑战的职业。

职业归属感反映的是教师个体对自己与其职业的关系的积极感受和体验，是指教师意识到自己属于教师群体中的一员，经常有与教师职业荣辱与共的情感体验。[①]双语教师的归属感指双语教师能够深刻了解到双语教学环境与双语教师职业的特殊性以及双语教师自身不可替代的职业价值、职业特点和职业条件。在问卷调查中我们设计了一些量表重点考察了调研学校教师作为双语教师的职业认同情况。“您觉得自己属于双语教师吗?”一题的调查结果显示（见图4-20），有64%的教师认为自己是双语教师，而有36%的教师却不认可自己的双语教师身份。通过问卷与访谈我们得知，教师对“双语教育政策”的了解程度直接影响他们对“双语教师身份”的认可程度。因此我们有必要进一步了解双语教师了解双语教育政策的程度。

① 梁进龙，万明钢:《中小学教师人格类型与职业认同的关系研究》,《教育学术月刊》,2011年第12期，第9页。

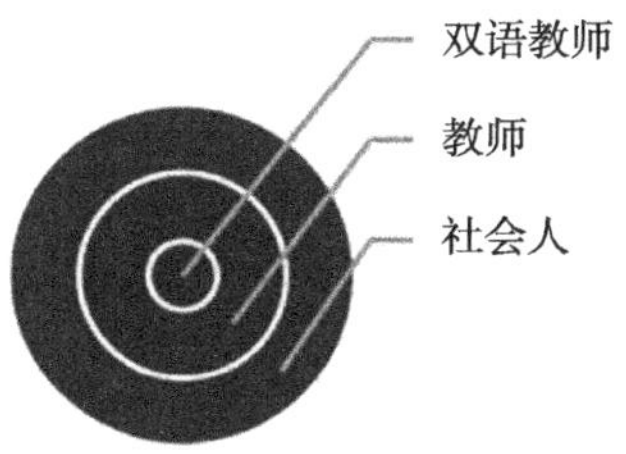


图 4–19　双语教师的职业归属感

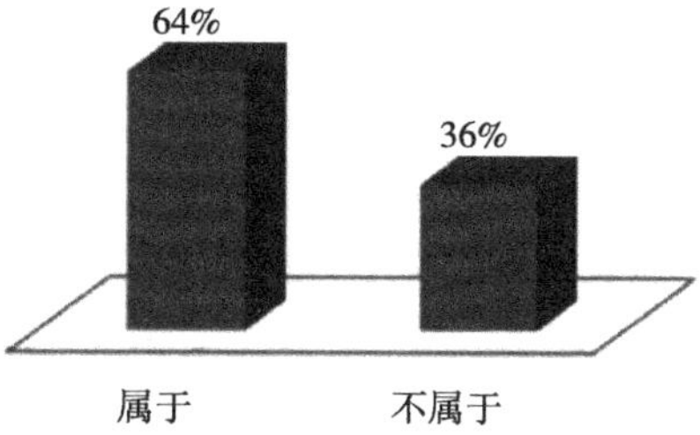


图 4–20　“您觉得自己属于双语教师吗”的认知分布

被调查的双语教师对内蒙古双语教育政策的了解程度（见图4–21）为：7%的人从未听说过双语教育政策；24%的人仅仅听说过，但不了解具体内容；34%的人对双语教育政策有所了解；27%的人十分关心并关注双语教育政策；另有7%的人认为自己在教学实践中贯彻执行着双语教育政策。从整体上看，教师们对双语教育政策的了解程度不是很高。

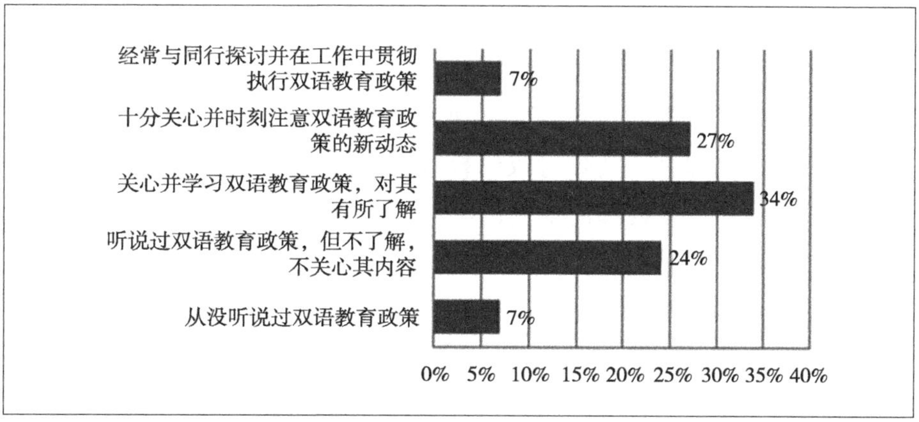


图 4–21　“您对内蒙古双语教育政策的了解达到哪种程度”的认知分布

在横向上，不同民族地区各级政府、学校有权根据地区实际情况自主采取适合的措施来实施双语教育政策；纵向上，主要通过文件、会议指示等形式，由省、区教育厅和盟、市、旗、县、州教育局向各级民族学校逐级传达。双语教育政策执行得顺利与否，直接取决于教育行政部门及官员和学校校长对双语教育的态度和认识。某教育局局长谈到调研地区双语教师对双语教育的理解时认为：“我们一些教师有种误区，一般只有教汉语的教师认为自己是双语教师，其他科目教师都不认为自己是双语教育教师。这首先是因为双语教育概念不清楚，其中包括对双语教育的目的、性质、意义的理解都很浅。拿培训举个例子吧。有些老师长期形成了一种片面的想法，认为汉语培训跟自己没什么关系。当然，学习民族文化是基础，在此基础上只有吃透现代文化才能在快速变化的社会中找到自己的位置，适应社会，取得进步。我们有些教师始终意识不到这一点，不从理念上去改变自己。依我看，不是所有的东西都应该用蒙古语，比如教材是蒙古语，辅助教材可以用汉语，重点是看我们民族教育的目的是什么，我们需要发展，与时俱进。”

在对调研地区几名教育局局长和校长的访谈中笔者了解到，该地区教育行政主管部门领导普遍对双语教育政策与双语教育的内涵有较高的认识。其中，有双语双文化背景和基层民族学校从教背景的教育行政部门领导，在双语教育方面有较高的认知度和执行能力。

当地政府、教育机关、部门对双语教育政策的重视、宣传、执行尤为重要。此外，教师自身也应该转变“民族教育”只是“民族的教育”这一陈旧的教育理念，消除对双语教育教学认识的种种偏差，积极关注和学习政府部门、教育部门下达的与双语教育相关的法律法规、政策文件、最新动态等，并积极参与到双语教育教学改革实践中。当然，在双语教育政策的执行过程中也会有一些客观的影响因素。通过实地调查，我们发现主要影响因素包括：(1) 双语教育政策的权威性弱。双语教育与学校绩效和教师职称考核没有实际联系，对实行双语教育的学校没有统一的评价和检测，也没有监督机制。(2) 缺乏必要的辅助措施，如教师培训中对双语教育政策执行能力的培训较少。(3) 统一的课程标准、考试标准不能体现双语教育的特殊性、文化敏感性。因此，让双语教师正确理解双语教育政策的内容和特点并有意识、自觉地在教学中贯彻执行，拥有作为“双语教师”的归属感，首先需要提高双语教育政策的权威性与重要性，在此基础上，加强实地调研、教师培训等，使教师们通过横向与纵向的比较，了解其他民族地区双语教育实施状况，同时对本地区双语教育的实施现状、优劣势、存在问题等进行反思，逐渐培养“双语教育”意识与“双语教师”归属感。

### （四）自身价值实现与幸福感

教师的个人价值其实就是指人作为教师的存在感。把自己培养成既喜欢教师职业又会传授知识的教师，这是教师专业发展的追求，也是最基本的要求。就价值取向来说，是指在此基础上，教师把教育活动作为一种境界加以追求。在这种价值导引下，教师关注学生个体发展，关注现实社会，目的是使其专业发展能够超越世俗功利，成为个体生命完善的中介。双语教师对自身价值实现与幸福感的认知情况如下（见图4-22、图4-23）。

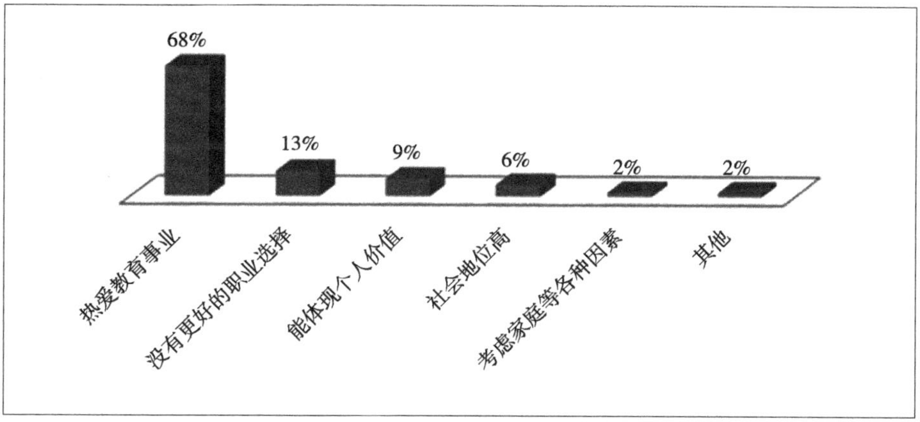


图4-22　对“您至今做教师的理由”的认知分布

在“您至今做教师的理由”的认知分布中，选择“热爱教师事业”的比例最高，占总人数的68%。农村牧区学校布局调整政策实施后，该地区不管城市小学还是牧区小学一律建成“寄宿制”学校，住宿生由于幼年离开父母，对教师的依赖程度很大，教师的责任感、使命感也随之增加。教师在履行职业责任、完成工作任务过程中所做的工作远远不止职业责任中所明确规定的。由于工作对象是学生，教师在与学生的互动交流中感情日益深厚，教师也会不自觉地越来越多地把一些“额外工作”当作“必要行为”。小学生在生活自理能力、自我管理能力等方面比中学生要弱，相较于中学教师而言，小学教师的工作要更加烦琐且需要投入更多情感，小学生比中学生在情感上更依赖教师。另外，由于浓厚的民族文化氛围及牧业地区的特殊性，在与教师们的交流中我们深刻感受到他们对家乡的热爱、对民族语言文化的热爱以及对本民族教育的关心，教师们普遍有较高的地域和民族自豪感。

然而，调查问卷中只有9%的人选择教师职业的理由为“能体现个人价值”。这一项体现教师自我发展的意识和需求，结果表明被调查教师对自身发展的意识与需求不是很强烈。“热爱教育事业”并不能代表教师有较强的专业发展意识，他们把教师职业视为自己的使命与责任，并非清楚地知道自己现在的专业发展水平和将来的专业发展目标，也无法自觉地制订出自己的专业发展规划，并能够在专业发展的过程中不断积极地调整自己的发展规划。选择“没有更好的职业选择”（13%）的多于选择“能体现个人价值”也说明了这一点。

相关研究表明，我国教育中依然存在强调教师专业发展对提高教育质量、促进学生发展的工具性价值，忽视教师专业发展对教师自身完善、人生价值实现的主体性价值。①对教师个体关照的欠缺，会使教师失去专业发展的内在动力，从而无法对其职业活动投入更多的时间、精力和情感，教师的职业认同度会随之下降。

① 魏淑华:《教师职业认同与教师专业发展》，曲阜师范大学硕士学位论文，2005年，第3页。

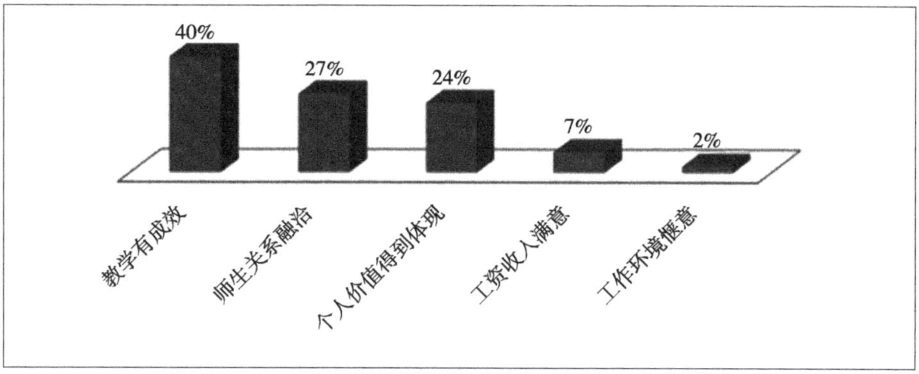


图 4–23　“您工作的最大快乐是什么”的认知分布

我们发现，现在学生们花费几乎所有时间，最主要的目的就是考学。民族学校也不例外。很多教师已经习惯性地认为就是应该鼓励甚至强迫孩子学习规定的课程内容。调查学校的教师在访谈中表示：“民族学生的学习成绩比较差，只能通过比普通学生更加刻苦勤奋的努力才能达到考试要求的标准。”这样的教育是他们眼中“有成效”的教育，能够使他们感受到教学工作中的成就和快乐。从对“工作中最大的快乐”的认知情况来看，“教学有成效”选择者多达40%，证明了这一点。

通过问卷调查的结论可以看出，标准化的考试与成绩是教师们衡量他们是否很好履行了职责的主要方法，也成为单调教学生活中的成就与快乐之源。M校蒙古语文教师在访谈中感慨地说：“只要我们的学生学好了，我们作为老师就感到很满足。我们关心谁的班有几个学生考到了旗里中学，有几个考到了市里的中学，后来他们有没有考上大学。”

教育主管部门对学校的要求是“学校必须对自己的教育成果负责”，学校对教师的要求是“教师必须对自己的教学成效负责”。当然，任何从事教育工作的人都不会推卸学校与教师的责任。问题是教师应该对什么负责？仅仅是学生的成绩吗？教师的幸福感来自哪里？仅仅是好的成绩吗？调查结果表明，“师生关系融洽”作为教师与学生之间的关心与爱的体现可能更为重要。“工作收入满意”（7%）和“工作环境惬意”（2%）的低选择率从另一方面说明被调查教师从物质的、外在环境中所获得的快乐感或幸福感较少。问卷中“师生关系融洽”选项的选择者占27%；可以认为，比起学生获得学业上的成就，他们更重视师生彼此之间相互尊重、相互关心的关系，这使他们能够获得更多的快乐。E校一位年纪较大的教师在访谈中提道：“我们年轻的时候，说实话，并不是所有的老师教学能力都很强，学历、职称什么都不是很高，但我们工作起来觉得没有什么压力。哪班的学生淘气了，哪位老师看见了都会管一管。学生们被老师说了，哭一鼻子，跑出办公室就忘了。老师们不富裕，生活水平都差不多，有时谁带来点茶叶，课间时我们就在办公室里熬奶茶喝，感觉很幸福。现在不同了，这些孩子们都是家里的宝贝，不能多说，有时家长不高兴还要过来说上老师两句。苏木学校撤并后不是有了很多寄宿生吗，我们学校住宿学生数应该是在400人左右，但实际上住宿学生只有200多人，剩下200多学生都在学校周围租房子了。父母过不来就让爷爷奶奶、姥姥姥爷过来看孩子。他们一般都很溺爱孩子，又不能辅导孩子学习，我们最大的困难就是跟这些家长沟通。撤并学校后，对这边影响大的还有一个就是家庭离异问题。因为父母一个跟孩子来城里陪读，另一个留在家里，时间久了家庭就出现问题了。每个班都有几个来自离异家庭的孩子，有时父母叫谁谁不来，互相推卸责任，把孩子放到学校后，就什么都不管了。老师压力大，有时着急，多说几句，孩子就伤心了，不好好学了，感情很脆弱。”另一位老师补充说：“我觉得除此之外，我们蒙古族学校还有一个特殊现象。孩子普遍不爱学习蒙古语了，用蒙古语说有时候沟通不了，城里的孩子最基本的民族文化常识都不懂，有些课真难教。比如说，有一篇课文是谈论如何做奶豆腐的，学生们连做奶豆腐的最基本的步骤和工具都不知道，一句话里好几个生词，光讲生词就花了几堂课，更不用说讲课文内容了。所以说，有时候我觉得跟学生交流困难，并不是其他原因，而是一种对传统文化的陌生感，这也让我作为一名蒙古语老师倍感压力。”

通过对教师的访谈我们了解到，民族学校普遍面临来自社会变迁与文化传承的双重压力。

## 五、双语教师专业发展途径的多维度考察

我国《宪法》《民族区域自治法》和《义务教育法》中都明确规定了支持和发展少数民族教育的条款，在陆续出台的《中小学教师继续教育规定》《国务院关于深化改革加快发展民族教育的决定》《国家教育事业发展“十一五”规划纲要》《2003—2007年教育振兴行动计划》《2009—2012年中小学教师国家级培训计划》等一系列政策文件中都关注到了少数民族教育问题。与此同时，教育部还下发了《关于在有关省区试行中国少数民族汉语水平等级考试的通知》，启动了一系列重大教师培训项目，支持民族地区教师培训工作。[①]由此可见，国家和地方政府不断加大对“双语”教师培训工作的关注和扶持力度，主要体现在制度上的支持与经费上的保障。目前，我国中小学教师的专业发展主要有两种途径：短期集中培训和行政要求下的教研活动。在资源短缺、人力不足的历史发展时期，这种模式对提高教师的教育教学水平起到了很大的推动作用[②]。然而，改革开放30多年后的今天，这种模式是否依然能够适应社会和教育发展的要求？如果不能够适应，我们应该在哪些方面如何进行调整或改变？

本研究调研的地区锡林郭勒盟结合中央政策与地方实际情况，也出台了相应的双语教师培训政策，积极推进双语教师培训。实践证明，双语教师培训政策对于促进该地区少数民族双语教学、推进双语教师专业发展的确起到了一定的引导作用。但如何在政策的关照下使双语教师培训这种模式发挥更大效益，当前培训的效率与效益如何，双语教师专业发展是否还有其他更有效的、更适合双语教师自身特点的发展途径，还需要做进一步的分析研究。

---

① 陈向明，张玉荣：《教师专业发展和学习为何要走向“校本”》，《清华大学教育研究》，2014年第1期，第36页。

② 李泽林：《我国少数民族地区双语教师培训政策研究》，《民族教育研究》，2010年第2期，第11页。

### （一）双语教师培训现状描述

随着双语教师培训目标的多元化，中小学双语教师培训方式多样化的趋势日趋明显。根据《锡林郭勒盟中小学教师三年培训计划实施方案（2013年—2015年）》，重点培训项目主要包括：名师培养、骨干教师培训、学科教师培训、班主任教师培训、教育技术培训、心理健康培训等。培训分为国家级、自治区级、盟市级、旗县市区级和校级五个层次，以盟市级培训为主。有脱产集中（每年选派300人参加国家级和自治区级脱产集中培训）、远程培训（每年组织不低于2000人参加“国培计划”项目远程培训）等类型和专家引领、集中讲授、交流互动、任务驱动等模式，采取理论学习、名师专家送课、名校观摩听课交流、专家指导、报告撰写、实践提升、交流展示、结业考核等多种形式展开培训活动。

1.培训目标

以“自主、多元、实效”为主题，以“实力、活力、竞争力”为着眼点，以提高自身实践能力为根本，认真组织各项培训活动，努力提高培训活动的针对性、实效性，使全盟教师成为熟知教育理论、掌握教育先进思想、掌握教育规律，教育技能扎实、教科意识强烈、关心学生发展、关注学生健康成长，具备教师个体风格、富有团队意识和创新精神的专家型教师，在全盟教育系统内打造一支懂教育、讲师德、爱学习、肯钻研、懂教研、有品位的教师队伍，并起到先锋带头作用，为提高我市教育质量提供强大精神动力和智力支持。

2.培训计划与内容

（1）国家级培训

表 4–5 锡林郭勒盟 2013—2015 年国家级培训计划安排

| 培训名称 | 被培训者条件 | 培训内容 | 培训方式 | 地点/培训人数 |
|---|---|---|---|---|
| 名教师高端培训 | 有科研能力、本学科教学成果优良者 | 高级研修培训 | 集中培训专题研修 | 北京师范大学/50人 |

续表

| 培训名称 | 被培训者条件 | 培训内容 | 培训方式 | 地点/培训人数 |
| --- | --- | --- | --- | --- |
| 名教师尖端培训 | 从高端培训者中遴选出20名 | 教育家型名师培养 | 脱产学习，采用导师指导、访学、立项研究、协助出版等方式 | 北京师范大学/20人 |
| 培训者培训 | | 现代前沿教育教学理论，师德修养，新形式下中小学教师培训模式，职业素养和能力培养 | 脱产学习、理论讲座、研讨交流、专题讨论、考察学习、观摩借鉴 | 北京师范大学/90人 |

（2）盟市级培训

表4-6　锡林郭勒盟2013—2015年盟市级培训计划安排

| 培训名称 | 培训对象 | 培训内容 | 培训方式 | 培训人数(人) |
| --- | --- | --- | --- | --- |
| 校长素养提升工程 | 校长、副校长、书记 | | 开展理论与实践等专题课程、专业性专题课程、研究性培训课程、校长论坛 | 400 |
| 骨干教师能力提升工程 | 中小学教师 | 职业道德规范、教育基本理论、国家课程标准、教师专业发展以及教师心理健康 | 理论讲座与课堂实践结合，聘请国内教师培训专家和国内一线知名教师4-8人；理论：40课时，实践：5天 | 600 |
| 班主任培训 | 中小学教师 | 师德规范及养成、新时期班主任素养与自我定位、班主任工作水平及智慧、班级文化建设 | 知名专家和国内一线知名班主任5-8人 | 900 |

续表

| 培训名称 | 培训对象 | 培训内容 | 培训方式 | 培训人数(人) |
| --- | --- | --- | --- | --- |
| 学科培训 | 中小学教师 | 学科课程标准解读，课堂教学案例分析，教材教法研究，课堂教学实践与研讨，职业教师专业培训 | 教材编写专家和国内一线优秀教师做专题讲座，开展学科“同课异构”等活动 | 1200 |
| 学校安全管理培训 | 中小学教师 | 解读国家学校安全管理方面的法律法规及相关规定，学校日常安全管理、安全教育 | 聘请专家进行培训，游学考察 | 300 |
| 心理健康教育专任教师资格培训 | 中小学教师 | 心理教育能力，促进心理健康教师专业化发展 | | 300 |
| 英语教师海外培训 | 中小学教师 | 外语教学理念和方法 | 通过多种途径组织选派英语教师到英语国家进行专门培训 | 45 |
| 现代教育技术管理教师培训 | 按专任教师总数20%的比例进行培训 | 信息技术应用能力，计算机网络维护与管理，数字化媒体的获取与制作，班级多媒体硬件的管理与维护，信息技术与学科教学深度融合 | 由盟现代教育技术资源管理中心组织实施 | 200 |
| 实验教学教师培训 | 中小学教师 | 实验教学仪器设备的管理维护，实验操作能力 | 由盟现代教育技术资源管理中心组织实施 | 200 |
| 教研员培训 | 教研员 | 教研工作的定位与发展，教研活动的组织与策划，课堂教学的观察与分析，教学研究课题的组织与实施，教研员的专业成长等 | 由盟教学研究指导中心组织实施 | 300 |

（3）旗县级培训

①各旗县市（区）根据本地实际制定培训计划，对学科带头人、班主任教师、按专任教师总数10%的比例选拔出的旗级骨干教师进行培训。要求做到“三个100%”，即旗级骨干教师100%参加培训，学科带头人100%参加培训，班主任教师100%参加培训；专任教师每年旗级培训率达到50%。

②各旗县市（区）要建立标准培训教室作为教师培训场所。培训教室要配备多媒体教学教具、视频监控录像设备，并实现与盟现代教育技术资源管理中心联网。盟教育局按一定比例为标准培训教室匹配资金，2014年年初投入使用。锡林郭勒职业学院继续教育学院确定为盟级教师继续教育培训基地。

③各旗县市（区）组织的师资培训达到24课时及以上的要提前申报盟教育局，经审核后可将培训课时记入教师继续教育学时，培训证书由旗县市（区）统一送到盟教育局验印。

（4）校本培训

各地中小学校立足于本校教育教学实际，遵照学校和教师“需要什么，培训什么”的原则，根据学校和教师的实际需求，有针对性地开展校本培训，培训面要达到100%。学校每年要制定校本培训计划，并上报教育主管部门审核备案。西乌珠穆沁旗近年来在中小学教师培训方面成绩卓越。旗政府在2011年度为教师队伍建设工程共投入了243万元，具体实施情况如下:（1）为提高教师教材使用能力，该旗在2011年1月与3月分别举办了两次教师培训活动，邀请了北京与区内共26名教育专家进行专门指导。（2）2011年2–4月派遣7名中小学英语教师赴加拿大培训学习3个月。（3）共组织120名中小学教师，以10天为一周期到天津中学、北京史家胡同小学、内蒙古师范大学附属中学等名校培训学习。（4）共有39名中小学校长参加了上级组织的各类培训活动。（5）共有134名教师参加“国培计划”内蒙古自治区农牧区骨干教师2011年中小学骨干教师培训项目，其中蒙古族教师为28人，占全体培训教师的21%。

3.培训类型

培训总体思路坚持以“请进来、走出去，突骨干、推名师，做校本、搞教研”为主线，结合全市各中小学校自身发展实际，做好订单预约式培训。

（1）名师大讲堂系列培训：包括教育理论、理念，师德师风，学校行政管理，班主任工作及学生管理，心理健康教育，校本研修与教学研究等培训内容。

（2）学科系列培训：新课标解读与实施，如何提高课堂教学效率，教学质量提高经验谈，学科教学与德育教育的有机结合。

（3）班主任系列培训：班主任工作经验谈，如何做好学生工作，如何与学生建立和谐关系并促进学习效果，如何有效实施德育等。

（4）民族学校系列培训：突出民族语言规范教学，落实素质教育要求、课改实施要求，提高教学质量，民族学校之间学科教师、骨干教师、优秀班主任经验的交流与沟通。

（5）教育行政干部系列培训：校长培训，后备干部培训，教导主任、财务与后勤管理人员培训、教辅人员培训。

（6）新教师培训：针对全盟当年新招聘的教师和教龄在两年内的教师，加强师德和班主任工作以及所任学科的新课标培训。

（7）骨干教师培训：按照新课标实施的要求和学科教师在日常课堂教学的评价综合考评筛选骨干教师。对骨干教师分学科进行培训。要求骨干教师了解本学科发展的新知识，掌握本学科高一学段的教材，熟知本学段教材、教法及教学过程所用到的其他知识并自如运用。

（8）培训者培训：在现有的与北师大、内师大建立固定帮扶互助学校关系的基础上，还要积极拓展与国内知名大学、中学、小学、幼儿园联合办学模式，通过聘请专家、参观考察、教师交流等多种途径和方法，学习内地知名学校的先进管理方式、学习教师成长模式。总之，通过学习要达到利用区内外高等院校、教师培训机构的优势资源，实现资源共享、优势互补、人才互济，通过长期努力逐步形成“一专多能”的跨学科、复合型和可持续发展的、高质量的培训者教师队伍。

（9）网络与资源应用培训：通过近3年“国培计划”各项目的实施，逐步形成了由教育行政部门组织领导，高等院校、教师培训机构和中小学分工协作、高效运行的新型教师培训体系；依托教育部推荐的国家级远程培训平台，逐步建立了自治区中小学教师信息管理系统、继续教育频道及能满足我区特色需求的教师培训课程资源库。为此，依据锡林郭勒盟中小学教师继续教育培训的需要，集中找到学习的薄弱环节，采取预约订单方式集中广泛培训教师。同时，也包括对教师在教学过程中计算机应用技能等方面进行指导和继续教育培训。

（10）师徒结对：实施“一年入门，三年成型，五年成才”的系列培养模式，为青年教师成才创造条件。完善岗位设置中全面师徒结对制度，制订师徒结对计划，完成师徒共同成长目标。师徒之间互相听课、互相学习、互相帮助，共同研讨，以老带新，以新促老，促进新老教师素质的共同提高，形成合理的教师人才资源梯队。

（11）学历进修自主提高：全盟教师学历水平虽然基本满足岗位初期条件，但是高学历比例仅为1%，远远不能满足教学实际需要，也严重制约了教师队伍向专业化方向发展。因此，应该逐步形成边引进高学历人才边就地培养现有人才的机制。有效激励合格学历教师自主提高学历，以改善教师知能结构，加快教学质量的提高。

4.培训方式

（1）集中学习——菜单式。根据上级要求，自上而下形成培训菜单和相关内容，按教师需求安排相应内容，进行集中学习。

（2）专家引导——互助式。建立专家库，发挥名师辐射作用。名师不仅要发展自己，还要带动本校骨干教师、年轻教师的发展。每位名师有几名牵手教师，大家共同研讨、共同提高。

（3）团队合作——课题式。选择工作性质相同、志趣相同的人员组成研究团队，按照同质组合、各抒己见、反思内化三个阶段，针对同一个课题进行研讨交流，找到解决问题的方法。

（4）专题讲座——专题式。在充分调研的基础上确定专家讲课专题，并提前告知大家讲座专题。参训人员要预先了解专家观点，前期初步研讨交流并提出自己的困惑，带着问题聆听报告，会后再反思交流。

（5）教学观摩——研讨式。以听课为范本，以评课为中心，以改进课堂教学为目的，采用现场观摩小组评、网上观课网络评，凡观摩必评价，同时相互交流如何观课、怎样评课的策略。

（6）研讨展示——讨论式。对各学校工作中涌现的有效做法和经验召开主题研讨会，认真总结提炼，通过现场观摩讨论的形式供大家参观学习。

（7）挂职研修——共享式。选择部分干部教师到异地挂职学习，回来集中进行研讨交流，资源共享，以求一人学习多人受益。

（8）远程资源——订单式。逐步形成由教育行政部门组织领导，高等院校、教师培训机构和中小学分工协作、高效运行的新型教师培训体系，依托教育部推荐的国家级远程培训平台，逐步建立盟中小学教师信息管理系统、继续教育频道及能满足本地区特色需求的教师培训课程资源库。

通过对《锡林郭勒盟中小学教师三年培训计划实施方案（2013年—2015年）》等相关文件的整理我们不难发现，该地区各级政府和部门对教师培训工作比较重视，培训活动开展的保障条件也基本得到落实。然而，笔者发现，中央的政策在地方虽有具体实施方案，但方案表现为“工程化”“统一化”的模式，“自上而下”的教师继续教育在地方或少数民族教师培训政策与活动上针对性不强。国家教师培训制度在少数民族地区具体实施过程中没能突出地方性和双语教育特征，相关培训尚未能满足中小学双语教师对专业发展的内在需求。

### （二）双语教师培训的多维度分析

中小学教师培训是当前我国教师专业发展的基本途径。双语教师也不例外。但是，在制度性框架下，培训的效率与效益如何是需要考虑的重要问题。教师专业发展的过程就是教师接受教育和不断接受再教育的过程，也就是说，教师专业发展是以不间断的、深厚的教育背景为基础的。从这个角度出发，教师专业工作，强调运用专门的知识与技能，强调经过长期的培训，强调有效的专业自治。[①]这一切都通过教师教育得以实现。双语教师是培训的主体，我们通过问卷调查对学校的双语教师的培训状况进行了摸底，在此基础上通过对培训相关者的深入访谈进一步了解培训的实效性。首先，我们从调研学校双语教师参加培训的时间、层次等方面了解该地区培训工作的执行程度以及双语教师的参与程度。

1. 双语教师参加培训的一般情况简介

《锡林浩特市教育系统教师培训三年规划（2013年—2016年）》中明确提出三年总体目标为："以2013年6月至2016年9月三年时间为一个周期，对锡林浩特市教育系统在职教职工进行全员培训，学校推荐突出业务骨干教师进行拔高培训，从中筛选优秀教师进行研究型、专家型教师的培养培训。逐步形成面向全员、突出骨干、打造名优的良性循环教师培养培训体系。"如图4-24显示，被调查学校教师每年都有机会轮流参加各级教育部门组织的职业培训，53%的教师表示每年平均参加各级培训2-3次。其中，市县级教育部门组织开展的短期培训最多。这说明《锡林郭勒盟中小学教师三年培训计划实施方案（2013年—2015年）》在实施过程中，按照实施方案要求，基本实现了面向全体教师的培训目标。然而，通过图4-25可知，双语教师参加培训的时间较短，58%的教师每年参加2-3次培训，但每次培训时间只有1-3天。教师们对这种短期培训普遍表示"效果不好"，认为时间安排得不够科学。一位教师在访谈中说："短期培训一般是听讲座，学校大多情况下都是临时通知，谁有时间让谁去听。要是参加国家或自治区级别的培训，学校和老师们都比较重视，回来会安排做报告等，如果是市里或旗里组织的培训的话，一般情况下听完就完了，没有什么总结或汇报。"在教师专业发展中，时间与精力是保障教师专业发展程度的关键因素。苏木和旗县学校的双语教师因为工作量大、工作压力大等客观因素导致专业学习时间、学习积极性与精力严重不足，双语教师专业基础薄弱的问题长期无法得到改善。仅靠几天的短期培训无法完成专业知识的更新，致使双语教育质量提高

① 刘捷：《专业化：挑战21世纪的教师》，北京：教育科学出版社，2007年，第220页。

效果不明显。

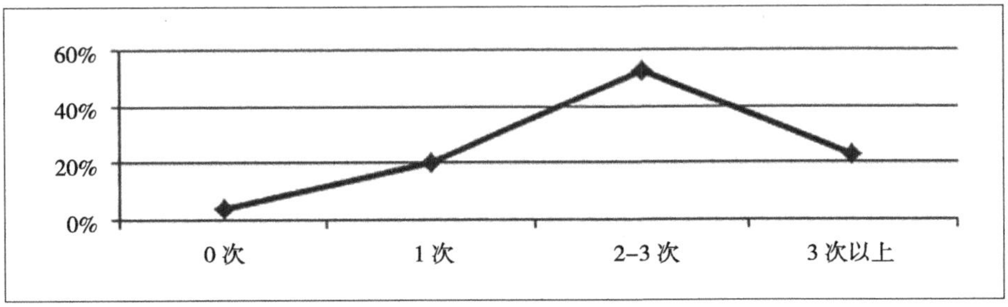


图 4–24　双语教师平均每年参加各种形式的培训次数

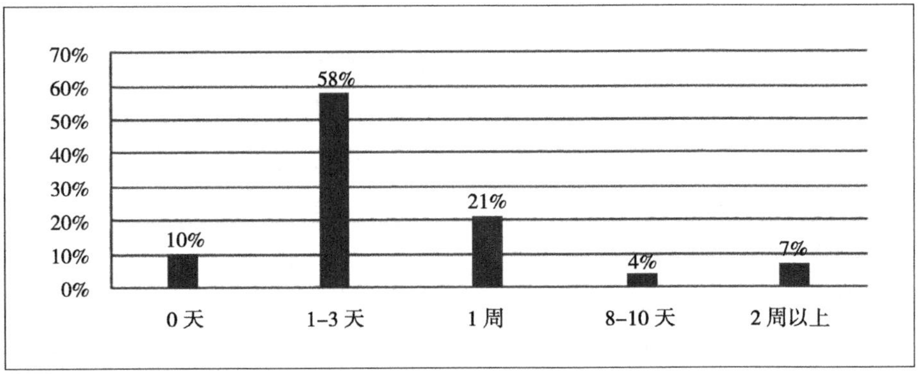


图 4–25　双语教师参加的有组织的短期培训时间

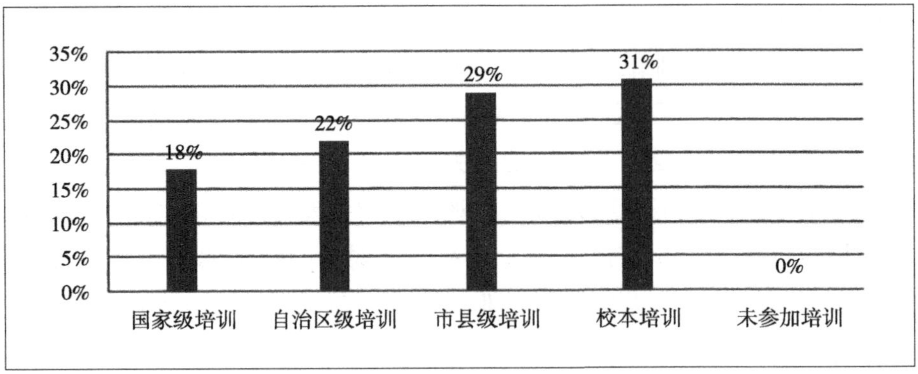


图 4–26　双语教师参加培训的层次

2. 双语教师培训的政策与经费保障情况

政策、经费和制度保障使培训能够顺利开展。在政策与经费的保障上,《锡林浩特市国民经济和社会发展第十二个五年规划纲要》提出:“要优先发展教育，推动教育全面发展。加大教育投入，确保教育经费‘三个增长’，健全义务教育经费保障机制，逐步增加财政性教育经费支出，到2012年财政性教育经费支出占到地区生产总值的4%。”关于教师培训经费的具体使用方面，教育局局长在访谈中提道:“锡林浩特市教师培训工作的全面开展是在3年前，5年前我们的培训都还不是大面积的。现在，培训的经费已经很透明。教育部、县级政府、教育局、财政局都分担一定比例的经费。我市2013年教师培训经费总额是200万，培训经费在逐年增加。这个经费中包括学费、讲课费、旅差费、住宿费等。学费、讲课费由教育局按计划拨出，旅差费、住宿费由学校负责。”对于教师培训中双语教师培训经费的支出情况，教育局局长表示:“从双语教师培训方面来看，我们培训的总费用中 30%的经费专门用于民族学校双语教师培训。我们民族教师的比例是全体教师的20%，也就是说培训经费中30%的经费用于20%的双语教师。这方面可以说体现了民族教育‘优先发展’的原则。”

3. 双语教师参加培训的目的与态度分析

我们主要从参加培训的态度和参加培训的目的两个方面对双语教师进行了问卷调查（见图4–27、图4–28所示）。

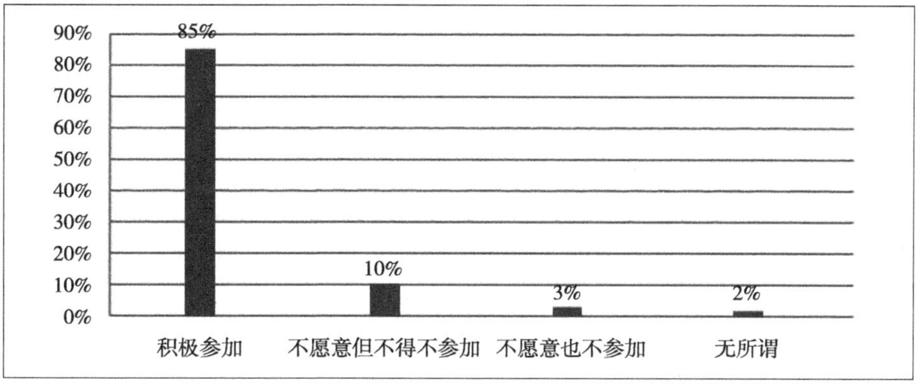


图4–27　双语教师参加培训的态度

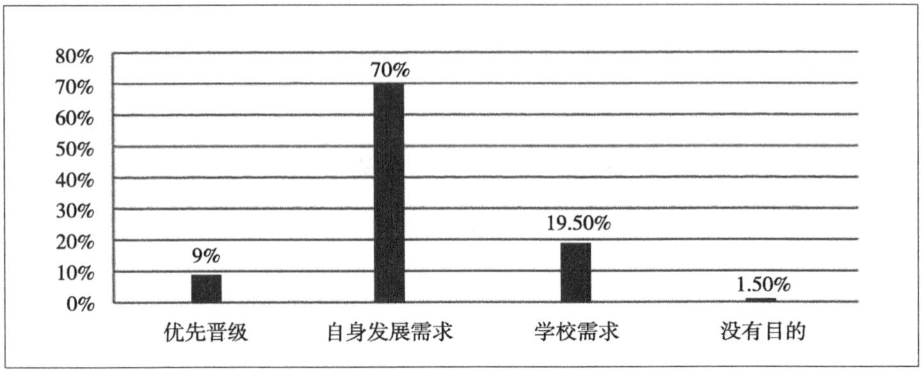


图 4–28 双语教师参加培训的目的

如图4–27显示，85%的双语教师参加培训的态度是积极的。15%的双语教师参加培训的态度可视为消极。其中，由于各种客观原因参加培训的人占10%；表示不去参加的占3%；其他占2%。通过数据分析我们可以了解到，在培训的实际实施过程当中，存在个别的为完成“全员培训”的数量目标而不尊重教师个体的培训意愿或需求，忽视被培训者主体参与性的现象。在对教师培训主管部门领导的访谈中我们了解到，“老师对培训的态度比起以前有很大提高。从教师个人的角度讲，必须参加培训的意识增强，或者说，对培训重要性的认识已经建立。每年虽说各种各样的培训很多，但摊到每个学校的名额每次也就两三人，机会还是少。有的老师珍惜机会，有目标地参加培训，这样收获就大；没有目标参加的当然没有收获”。以自身专业发展为目的参加培训，是教师们把教学作为一种不断追求的专业与事业而主动寻求外在支持的表现。

图4–28中，70%的教师对参加培训有明确目的，他们有立足长远的教师专业发展意识，而20%的教师对参加培训没有明确目的，9%的教师因为晋级职称的需要参加培训。通过访谈我们进一步了解到，教师们在各层次培训中对校本培训的态度表示较为消极。培训部门主管说：“对校本培训不积极主要是因为，老师们认为校本培训主要是本校老师自己组织进行的，平时互相都了解，听或没听都差不多。”笔者正在教师办公室进行访谈时有位教师从外面进来说道：“下午又要听XX老师的课，我

不去了，帮我请一下假。”事实上，长期以来，边远农牧区由于社会经济发展滞后，教育经费紧缺，教师外出培训显得比较困难。另外，苏木教师的工作量普遍超负荷，被调查学校一位教师兼任几个班级的多门课程，教师常常因教学任务繁重而难以脱产培训。在这样的情况下，校本课程培训事实上是一种既经济又可全员参与的专业发展方式。如上图4–27所示，在双语教师参加的各层次培训中，校本培训占31%，但老师们面对校本培训的态度却相对消极。通过访谈我们得知，这一现象的出现，一方面反映出校方、教师本身对校本培训的意识淡薄，有些校本培训流于形式或以“完成任务”为目的，培训内容单一、无变化，培训效果评估欠缺等；另一方面显示出由校本管理、校本培训、校本研究等组成的以校为本的教师专业发展路径依然不够健全和成熟。

4. 双语教师所认同的培训方式分析

通过对问卷调查的整理我们发现，个案学校针对双语教师所采取的培训方式主要有以下六种（见图4–29）。

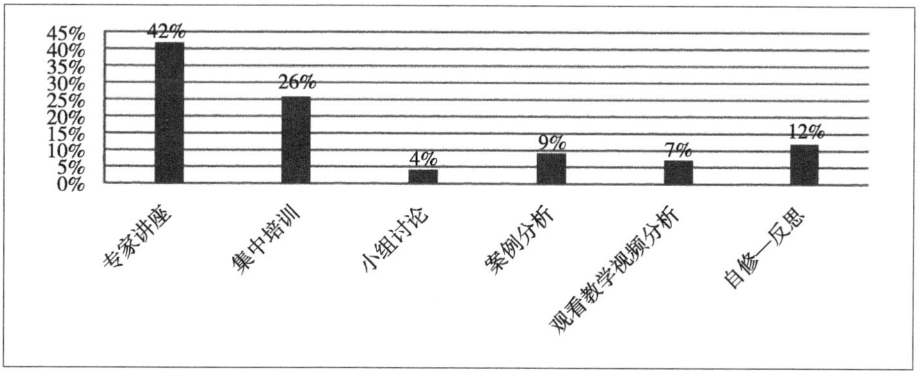


图 4–29　双语教师所认同的培训方式

（1）以教育理论指导为主的专家讲座

时下，邀请专家到各级学校做讲座已经成为教师培训的日常活动。问卷调查结果显示（见图4–29），42%的双语教师认为专家讲座的培训方式有效。实际上，双语教师在高校脱产学习或在专门的培训机构集中学习的过程中，培训方经常会安排大量的专家讲座课程。这时，培训中应请什么样的专家、请专家到学校来讲什么以及用怎样的方式讲等是专家讲座培训方式是否成为有效培训方式的关键。培训部门领导介绍说："我们的专家讲座课程所聘请的专家主要有三类，这与其他地区的情况基本相同。第一类是大学教授；第二类是各大学或教育部门组织教育学相关专家；第三类是中小学的名教师、名校长、优秀教师、特级教师、学科带头人等。"在与双语教师的交谈中我们了解到，大学教授的讲座往往学术性强，理论深奥，再加上工作繁忙，他们一般不会针对被培训地区和教师的特点去准备培训材料，而是经常"一稿多用"。对于那些来自非民族地区的大学教授而言，他们对少数民族文化传统以及双语教师特点的理解不足，讲座也相对缺乏针对性与吸引力。

对于教育学专家的讲座，有些老师反映说："一些教育专家对地方学校做过调研，对地方的学校、老师比较了解，他们比较贴近教师工作的实际，容易被教师接受。"笔者曾经参加过锡林郭勒盟教师培训学校组织的以"民族教育"为内容的一场培训。培训者是一位长期关注中小学基础教育、研究双语教育政策的蒙古族资深教育专家。该教授非常了解双语教师的生活，了解双语教育的特点与双语教师的特殊职业特征，讲座使用蒙汉双语，以他掌握的第一手田野资料为基础，通过对所调研学校的一个个生动的个案进行分析，全面总结双语教育实践中的经验和教训，并有针对性地提出了切实可行的解决方法、步骤和应对策略。这些深入教育一线、经过实践形成的经验，通过他的提炼被提高到了理论层面。笔者认为，这种"实践—理论"的讲座形式相对于纯粹的理论讲座或者"理论—理论"的讲座，注重从与教师自身紧密相关的事务入手，所总结的经验与教师的工作实际相吻合，容易引起教师的共鸣和反思，最终能够发挥推动和促进教师专业成长的作用。

中小学优秀教师的讲座目前也越来越受到教师们的欢迎。身为中小学教师的他们与受培训教师之间的距离更近，交流更多，因此更容易帮助教师们解决教学现场的实际问题。通过访谈我们得知，被调研学校的双语教师对区外名校名师的讲座很感兴趣，大家普遍反映每次培训收获都会很大，很有启发性。相比之下，对当地优秀教师的培训课程表现出不太积极的态度。培训部门管理者认为:“从参加培训的态度上来看，旗县、苏木学校的双语教师比城市学校的双语教师更积极，主要是因为旗县、苏木老师信息闭塞，培训机会比城市学校老师少，他们更珍惜来市里培训的机会。”

（2）以“中小学教师国家培训计划”为主的集中培训

集中培训是我国目前中小学教师继续教育的主要形式。集中培训指中小学教师集中在大学或教师培训机构进行脱产或半脱产的培训、研修等活动。“国培计划”培训是近年来内蒙古地区最主要的教师培训方式。培训时间持续4个月，远程培训则持续1年，其中集中面授时间为1个月，剩下的时间是去基地学校考察、研修等。内蒙古的双语教师主要在呼和浩特市的蒙古族学校考察学习。锡林郭勒盟在2011—2012年内蒙古自治区农牧区中小学骨干教师“国培计划”项目实施过程中共派送了1830名一线教师进行培训，其中涉及语文（蒙古语、汉语）、数学、英语、音体美、信息技术、思想品德、科学等科目的教师。

通过访谈笔者了解到，目前实施的“国培计划”仍部分地存在费用高、效果不理想等问题。除此之外，远程培训作为“国培计划”的重要组成部分没有发挥应有的作用，被教师们视为“任务性的”教学活动，没有充分体会到远程培训对教师专业发展的积极意义和作用。

内蒙古自治区“国培计划”实施机构负责人认为:“基层的学校对目前的‘国培’不太认可，他们认为4个月的培训对一个基层学校的骨干教师而言时间太长，影响教师的正常教学，也影响升学率。刚开始实施‘国培’时，我们规定全员必须是一线骨干教师，但今年开始把规定放松到50%的一线骨干教师，因为中小学校开始不愿意把骨干教师派送过来培训了。为了完成指标，有些学校派来不承担主课的老师，其实是不符合培训要求的，这样过来的老师的培训积极性、主动性不强，对其他老师的积极性造成一定影响。除此之外，培训其他环节也出现一些问题。一是培训者、培训资源问题。我们的专家都来自专家库，各学科专家的比例不平衡，数量也不充足。培训层次、种类太多，教师们长期听课感觉到疲倦。二是管理问题，国培计划的经费投入大，但效果不理想。很多细节问题，只能慢慢解决。比如在管理方面不够严格，没有投入足够精力。三是技术层面问题。在网络教育这一块，随着时间推移，现代化的手段越来越重要。北京有十几个专门网站可为中小学教师提供教学视频分享、教学研究交流等服务，可内蒙古还没有。四是培训语言问题。蒙古语授课这一块，尤其在学前教育部分，培训的师资力量、专业性都非常欠缺。从锡林郭勒盟来的很多老师汉语水平有限，用汉语接受培训难度很大。我们的专家库中还没有以蒙古语讲授学前教育的培训者。"

有一位参加"国培计划"的教师在访谈中谈道："培训基本上都是临时通知，老师们对要参加的培训内容提前没有了解。教育局给学校几个名额，比如数学一个、英语一个等，学校选派谁过去也没有标准。"对此，培训学校负责人认为："我们在衔接和信息畅通方面存在问题。培训花钱了，但培训的目的、要求不明确。原则上培训的计划应该提前出来，然后应该由教育主管部门通过校长会议、教育会议等把培训的要求传达下去，这样校长和学校分管培训的领导就会对培训的要求、类型、内容等多方面有所了解，也会选择适合的教师，认真落实培训。"

（3）以观看教学录像等视频资料、案例式分析和小组讨论为主的参与式培训

伴随着新课程改革，参与式培训走进我国中小学教师培训范畴，并成为教育部提倡的教师培训模式。教育部在《关于"十五"期间教师教育改革与发展的意见》（2002年）中对新课程教师培训模式提出了如下要求：开展新课程的教师培训工作是"十五"期间中小学教师继续教育的重要内容。培训内容以《基础教育课程改革纲要（试行）》、各学科课程标准和相应的教材为重点。培训模式和组织形式应多样化，提倡参与式培训，充分发挥校本培训的作用，切实提高培训工作的针对性和实效性。

从目的上看，中小学教师参与式培训是通过创设情境，引导参与者在活动、表现和体验中反思自己的经验与观念，在交流和分享中学习他人的长处，产生新的思想，形成新的认识，从而实现自我提高，并能采取行动改善现状。从作用上看，能够触及情感，引发思考，生成问题，

达成共识，推动实践。①为了解双语教师参加参与式培训的情况，笔者对参与式培训中最主要的几种方式——小组讨论、案例式分析、观看教学视频进行了考察。问卷调查结果显示，参加过参与式培训的双语教师所占比例较少，只有4%的教师参加过小组讨论，9%的教师参加过案例式分析，7%的教师参加过观看视频材料分析活动。这反映出双语教师校本培训实际上的欠缺与不足，因为校本培训是参与式培训研究和实践的基地。关于双语教师校本培训欠缺问题我们在前面已经探讨过了。目前调研地区的双语教师培训主要还是以传统的传授式培训为主（68%），在培训理念上，还没有从被动的接受转化为自主、合作甚至探究，因此双语教师对参与式培训的主体参与性也较差。

通过访谈我们了解到，双语教师不但接受参与式培训，而且渴望参加参与式培训。因为他们认为，在传授式培训过程中其学习活动与双语教学活动被忽略，培训中学到的理论往往无法运用到双语教育实践中。笔者搜集了三所个案学校10余场观摩课的影像资料。老师们反映"录像课研究"比较受欢迎。授课者首先把教课效果好的几位同科目教师的同一堂课录下来请大家观看，然后一起研究探讨优缺点，以便相互借鉴、相互启迪。问题在于，录像一般观看成功案例，对年轻教师或教课效果不佳的教师的课堂，通常不进行教学分析。这样一来，他们事实上没有完全参与到培训中。另外，教师们反映平时工作繁忙，参与类似活动的机会很少。

（4）发挥教师主体作用的"自修—反思"培训

调查结果表明，12%的双语教师参加过"自修—反思"培训，这表明案例学校教师对该培训方式有初步尝试与探索。从理论上讲，"自修—反思"培训方式是一种研究性学习方式，也是新型校本培训模式的一种体现，它是教师在专家及培训者的指导下，在自我进修、自我学习的基础上，以自己的教育教学活动过程和情境为出发点，对自己的目标、行为和成效进行审视和分析的过程。"自修—反思"培训方式在运作中，

① 陈向明:《在参与中学习和行动——参与式方法培训指南》，北京：教育科学出版社，2003年，第3页。

可按照“专题自学 — 发现问题 — 商讨问题 — 整合信息 — 反思总结”的程序进行。“自修 — 反思”培训方式的方法有“指导导学法”“比赛激学法”“对子互学法”“评估促学法”“反思促学法”“教研助学法”“骨干带学法”等。特点主要表现为全员性、主体性、现实性与开放性。这种以主动、反思为核心的培训理念在教学中具体体现为学习后的反思、教育教学技能反思、教育教学案例反思、教研反思等等。

通过访谈我们了解到，在“自修 — 反思”培训方式中，双语教师参与比较多的是“比赛激学方式”。几所个案学校每学期都会举办各种形式的课堂教学比赛和课件制作比赛。校级比赛的优胜者可进一步参加旗县级、盟级甚至更高层次的比赛。这种比赛形式的培训其意义在于强化教师持续进行反思的意识，因为准备一个好的课件，需要经过反复讨论和修改。X学校的教导处处长介绍说：“我们今年（2013年）三月份举办了一次青年教师技能大赛，其中包括讲课、说课、现场写作、回答问题和演讲等环节。比赛持续了一周的时间，每天安排6名教师讲课，每节课40分钟，然后在第七节课进行回答问题的环节。为此，我们也出了很细的评判标准，在讲课这个环节上主要考察上课态度、语言、书写、教学思路的清晰度、教学方法的运用程度、教具的使用、教材的理解、教学目标的认识等等。我们还有一项指标是观察教师是否能够保持课堂教学中的师生公平和关照差生。”

与X小学校长交谈过程中笔者了解到，该校开展“反思促学”培训，从中积累了一定的成功经验。“反思促学”—— 教师在教学结束后对自己的教学经验和效果进行反思，以促进后期进行有效的教学。此外，还有工作后反思、教研后反思等方式。

以X小学的“录播室”活动为例。

X校校长的介绍如下：“我们有一个创新就是建立了一个录播室。老师们去录播室上课，把自己的课录下来，下来后先是自己反复看，然后拿给小组讨论，我们能在办公室通过网络同步观看、点评或存到电脑里随时看。录播的老师根据各方意见写报告，提出修改方案。以此我们做了校本课题。关于我们这个‘录播室’活动的效果，我给你举个例子吧。

我是有亲身体会才有了建立‘录播室’的想法的。我不是这里土生土长的人，这边的人说标准蒙古语，我担心语言的问题会影响教学效果，所以我一开始是录下来自己的课反复听，一字一句地纠正发音。刚开始的时候是用录像机，找人帮我摄像。后来，我们推广到教师们当中效果很好。旗教育局考察后对我们的项目大力支持，盟教研室和学校也提供了一部分资金，我们最终成立了这个‘录播室’，共花费20余万元。现在好多学校也开始做，但办得好的没几所学校。所以这不只是设备和资金到位的问题，关键是看怎么做，怎么激发教师的积极性和参与性。为此，我们给老师们配备了笔记本电脑。因为课件呀，录音呀，用自己的电脑操作起来方便，这样一来，老师们在教学技术方面成长得很快。我们的老师现在可以随时分享城域网（盟教研室提供的教育资源）里的课件、观摩课等。”

X校开展的“录播室”活动是卓有成效的，也属于“反思促学”的一种。教师经过反思，能够把零散的教学碎片组织起来，从实践经验走向理论高度，教师会把注意力从教学方法等外显形式转向教育目的、教育结果、教育原理等更宽广的教育问题和理论层面上，从而培养“反思 — 感悟 — 思考 — 行动”的教育理念。

5. 双语教师认同的培训类型分析（指具体参加过的培训）

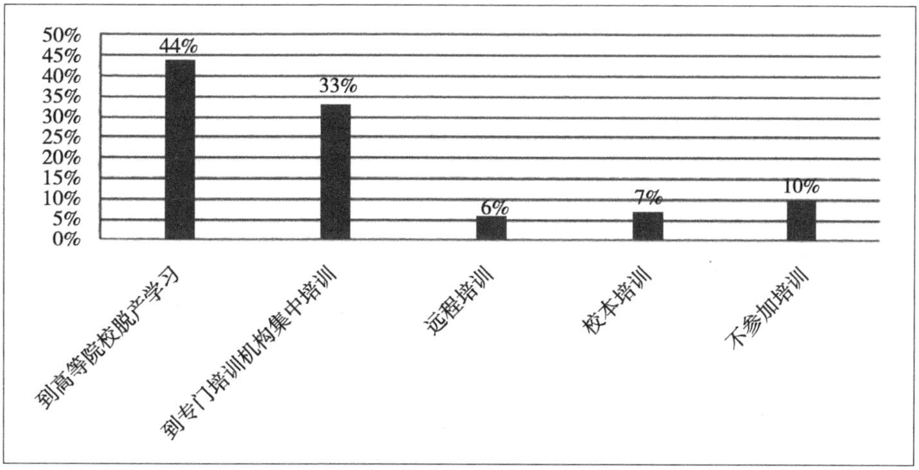


图 4–30　双语教师认同的培训类型

上图显示，77%的双语教师对到高校脱产进修学习或到专门的培训机构集中学习表现出积极的态度和期待的状态，而对远程培训（6%）、校本培训（7%）表现出相对消极的态度。另有10%认为，不依托培训机构或指定的培训项目依然可以实现自我发展，对通过培训提高专业发展的迫切性的认识不够充分。

1999年《中共中央国务院关于深化教育改革全面推进素质教育的决定》提出，要鼓励综合性高等学校和非师范类高等学校参与中小学教师的培训工作。在2000—2002年中小学骨干教师国家培训计划中，有6所部属师范大学和清华大学、北京大学、浙江大学、吉林大学等综合性大学参与了培训活动。目前，北京师范大学建立了专门的教师培训学院，开展在职教师的培训工作。很显然，随着传统教育学院和教师进修学校创立独立系统的教师培训机制，培训格局发生了根本性变化。

为了推动教师继续教育的发展，我国陆续出台了《中小学教师继续教育规定》《2009—2012年中小学教师国家级培训计划》等政策文件，民族地区的双语教学与双语教师培训工作，则多由各少数民族地区根据当地具体情况出台相应的政策。为了提高边境民族地区中小学教师队伍素质，教育部在2009年专门组织东北师范大学对口内蒙古自治区、西南大学对口贵州、陕西师范大学对口宁夏回族自治区，以集中培训为主，采取“送培到省”“送教上门”等方式，共培训3000名中小学骨干教师，为民族地区中小学骨干教师专业水平的提高注入了活力。

锡林郭勒盟培训学校领导介绍说：“我们这两年与东北师大合作，前后有150名教师到这所高等学府进修。除此之外，我们还有小规模培训，与华东师大、北师大等合作。我们选择培训方时，一方面是出于对培训项目、内容对我们老师适切性的考虑；另一方面是对经费的考虑，在此基础上通过商谈后决定。在培训的内容上，首先我们介绍这边的教育教学现状，之后教授们把他们什么课打算怎样上的方案给我们，双方统一意见后按计划实施。这样的集中培训受到教师们的认可是因为这是双向性的活动，我们有选择性并能及时调整。教授和学院之间有交流，培训后教授们还会来到我们这边，在教学现场帮助教师，指导教学工作。”

西乌旗第二小学英语教师对笔者描述了在专门机构培训的一次深刻体会。她谈道："我是2006年开始上班的。第一次参加培训是在2007年，是盟里组织的。2008年去上海培训过，主要是听课，对我们新老师来讲听课还是挺重要的。但最难忘的是2010年去北大培训的经历。那是个全封闭式的口语训练。全英语场景，教师都是外教，觉得效果特别好，那是一个逼着你去说英语的环境，但绝对不是强迫性的，而是处在那样的环境下，不由地想多说一点、多练一点的感觉。那里是个模拟环境，连小商店的服务员都说英语，像个小社会，不说英语是不行的，表现不好就让你回去。每个班有两个外国教师，老师幽默风趣，又安排了很多项有趣的课程，如音乐剧之类。体育课什么的也都用英语上。比起其他种类的培训，我们认为这样有针对性的语言类培训对我们很有实际操作价值。我们盟里、旗里每年也请很多英语专家过来做讲座、培训新课程等。专家老是讲理论，教师们有些疲倦。"

这位教师培训后在教学实践中做了如下尝试和改进。她说："我们出去回来后感觉给学生讲的东西变多了，教学方法上多元了。在对不同年龄的学生使用不同的教学方法这方面，培训对我很有启发。不能说培训的内容都吸收了，但在实践中能一点一点地运用起来。比如英语的分组活动等形式试用后效果很不错。每个班的学生都分成几个小组，互相比赛竞争。然后就发现学生上课积极起来了，每次上课之前都能看到组内学生之间在热烈讨论英语问题。我们每学期有几次小总结，期末给予点评和嘉奖。学生的具体表现是，比如他们朗读的音量、感情、流利程度什么的都有进步。还有一个有趣的现象就是，团队中成绩不好的学生大家都会积极帮助，最终一同进步。这样比较适合小孩子心理，他们的妒忌也是很单纯的，会促进或激发对方积极性的那种感觉。另外，这种活动可以让全员参与，每个学生都有发言的机会。"

6. 双语教师培训内容体系分析

个案学校开展的各级各类培训以内容分类统计，主要集中在图4-32中涉及的几个方面。教育学、心理学理论培训最多（25.4%），其中主要以新课程改革的概念、教学目的的设计、表达框架等的解析为主。这些理论课的讲授通常会与示范课结合。其次是学科专业知识（24.5%）和学科教学法知识（21.8%）。事实上，这些内容大多数情况下也是交叉、互补的。另外，随着教学硬件的不断改善，对信息技术、教育技术的掌握也成为教育改革的重要内容，个案学校教师接受的相关培训主要有计算机网络维护与管理、班级多媒体硬件的使用与维护、课件制作等。

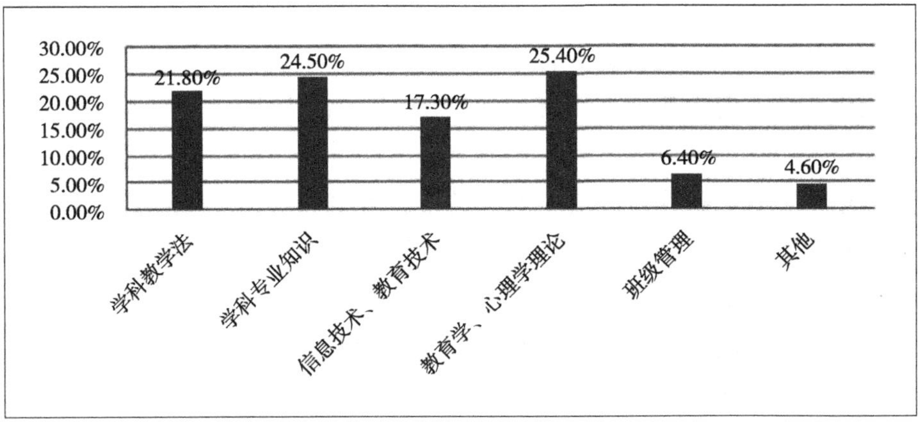


图 4–31 双语教师培训内容

通过对培训内容的问卷调查与访谈，我们了解到，培训内容主要还是以传统的本体性学科知识为主，各科按相对独立的学科系统开设。当前双语教师的培训内容体系与全国统一的中小学教师培训内容体系完全一致，从盟市培训机构所规划的培训内容到学校所具体实施的培训内容，没有突出双语教师培训内容的特色。双语教师的特色培训应该主要以双语言、双文化或多元文化背景为依托，在本体性学科知识基础上重点培养跨文化适应能力，而个案学校的培训内容并没有涉及这些方面，培训对双语教育的适切性、针对性较弱。双语教师对上述培训内容并没有太多思考，普遍认为培训内容就是由学校或教育主管部门统一规划的。培训的效果主要是指在培训中所学到的知识与能力在实践中能否得到体现。双语教师对“培训是否能帮助你解决教学中遇到的问题”一题的认知情况如图 4–33 所示：34% 的双语教师认为培训中所学的知识能力可以在教学实践中发挥积极作用；49%的双语教师认同培训的作用，认为培训中所学知识和能力或多或少能够帮助到自己的教学实践；但有17%的双语教师认为培训所涉及内容对自身教学活动帮助不大。

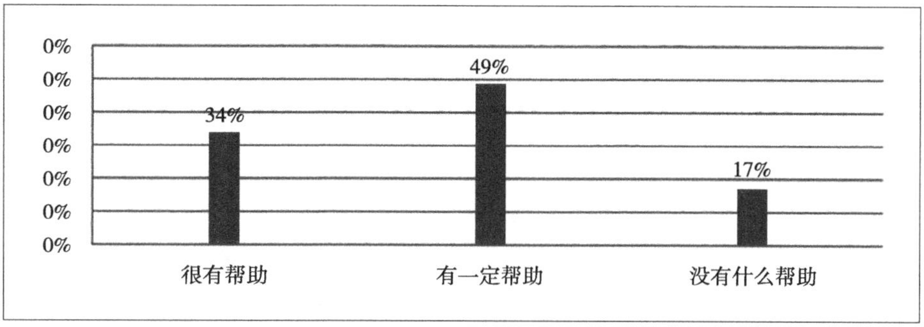


图 4-32　对“培训是否能帮助你解决教学中遇到的问题”的认知分布

访谈中X校一位英语老师谈道：“我们参加的英语培训都是汉族教授讲的，因为汉族学校和蒙古族学校的教学目标、任务不同，开始一起上课时我们有些跟不上，接受起来有困难，后来老师们提出建议蒙汉教师分开上了。”由此可见，双语教师的语言文化特征在相关培训中被忽视，这对语言学科教师影响较大。从调研地区学科培训的情况来讲，目前只有蒙古语文课程以蒙古语进行培训，其他科目均用汉语。以新课程改革培训为例，培训者所使用的授课语言是汉语，所使用的材料是普通学校教科书，所涉及的对象是以单语单文化为背景的教师。因此，双语教师在培训中所学的新课程改革理念和知识通常难以运用到实际教学中。不过，教育局局长对培训中双语教师语言文化的特殊性会影响培训效果这一问题有不同视角的思考，他认为：“并不是所有的培训都需要用蒙古语的，双语老师也要参加汉语的培训，而且积极参加。现在我们的老师们一说是汉语做的培训，就认为跟自己没有关系。所以，我认为，转变教师的理念应该作为我们这边培训的重要内容，首先在理念上去建立一种学习新知识、体验新事物，为自己而学的积极向上的态度，然后在语言文化方面根据民族性、地方性做具体调整。我们的老师不是说因为听不懂汉语就不进步了，不改变了，而是要想办法突破这些障碍。”

此外，培训缺乏系统性也是培训部门领导以及双语教师的共同认识。目前对双语教师的培训是“缺失模式”框架下进行的“缺什么，补什么”，也就是“头痛医头、脚痛医脚”。培训部门领导对此提出自己的见解：“我们目前的培训就是，缺什么是由上级来决定的。我认为我们需要培训的理论框架，在框架中安排和调整整个培训。这个框架的建立，不是由上级部门下达的，而是需要我们各部门去一线调研，考察老师们到底需要什么样的培训，然后培训部门与一线老师对培训内容达成共识。但现在的情况是，我们培训部门只是在国家、自治区的培训框架下开展工作。”除培训内容对实践者——双语教师的针对性不够外，在对教师的访谈中我们还了解到，培训内容与双语教材的衔接也不够密切。E小学一名蒙古语文老师对新课程改革频繁换教材及与教材脱节的、不规范的培训表达了不满。这位教师指出教材内容编译过程中的问题：“新课改实施以来，教材的变化速度太快了，各科教材更换的时间不统一，例如蒙古语文老师拿到新教材了，可汉语老师还没拿到新教材。等上面一来培训通知，这就开始培训了。培训完了以后，培训的内容我们都没怎么用，还是按旧教材还有自己的经验在教。我认为让学生理解明白了就是最好的教学。给我们的课改标准不是针对民族学生的，对我们也不是很实用。出版社出版的汉语版的教材教辅多，但蒙古语的很少。实施新课改后，听说教材换得速度太快，出版社的人来不及翻译，把部分翻译任务下发给各地教研室，由此也出现了很多翻译上的漏洞。”

教育技术培训是该地区近几年非常重视的培训内容，硬件投资也很大。以几所个案学校为例，不论城市还是牧区的学校，每个教室都配备了白板。然而，白板在实际课堂教学中发挥的作用并不大，一学期也只使用一两次，一般在全校教师技能大赛或相关教育部门对学校进行考察或考核时使用。M校一位老师说：“白板安了都两三年了，可惜我们都不会用，有人过来培训过，可就教了一次，哪能掌握好。我们牧区主要问题是没有网络。有网络的话，一是我们不知道怎么用的情况下，可以随时上网学习；二是白板的主要用途是用丰富的资料展现教材内容，为教学提供方便。可是在我们这里似乎没有派上用场。”

我国近年来的教育改革倾向民族地区、边疆地区，资金力度大，但通过倾听教师们的心声，我们的体会是：与物质（白板）投资相比，为教育场所服务的基础设施（网络、交通）投资更为重要；与基础设施投资相比，技术投资更为重要。从需求出发的投资才能真正落到实处，改善原有状态。

7. 双语教师培训的监管与制度保障情况

在制度保障上，该地区制定了一些相应的培训管理要求和细则。

（1）建立培训考核制度

要求把各学校教师参加培训的比例、种类及科目、质量与效果作为学校年终考核、校长目标责任状考核的评价指标。把教师个人参加培训的课时、质量、效果与学校对教师的年度考核作为教师业绩的评价指标。

（2）建立激励机制

为进一步鼓励教师积极参加培训，自觉提高个人综合素质和业务水平，突出名师引领、骨干示范带头作用，提高教育教学质量，建立了相应奖励机制。用各种措施提高市级名师、骨干教师、优秀班主任等优秀教育人才的工作积极性，并有别于其他普通一线教师，通过表扬其中的先进，从而鞭策后进，使其成为激发广大教师队伍活力的精神动力和智力支持。每学年对市直各学校教师整体参训情况和学校自主培训工作进行检查，及时反馈培训中存在的问题和不足，并做好总结表彰工作。在检查评价学校配合实施有关教师继续教育工作方面，主要查看学校参与上级各部门和教师进修学校组织的各类培训的主动性、实效性。在学校自主开展校本培训方面主要查看教师自主发展的针对性、实效性以及德智体美劳教育、社会实践教育等对学生的成长发展所起的作用。从以上两个角度综合考核评价学校培训效果，并进行评选表彰。

（3）培训管理监督与意见反馈制度

教育局对教师培训教育工作有统一要求和规定，逐步完善了教师培训评价体系。承担培训任务的教师进修学校对市直每所中小学学校的受训教师的登记注册、出勤、课时、考核评价等均有具体规定和要求，管理工作力求精细、规范。各类档案规范齐全，实行计算机信息化管理。每期培训班结束时学员需填写《培训效果测评表》，及时了解培训效果和学员的建议。根据学员参训和后续发展两个方面最终确定学员的考核结果，并在教师继续教育培训登记本中计入课时、学分。

上述培训制度保障措施，从考核、奖励、监督、反馈等几个层面较全面地进行了部署。然而，通过访谈，我们了解到，细则规定与实施状况与之前存在一定的差距。

一位培训主管部门领导说："教育培训的监督功能发挥得不够。原则上培训的计划应该提前出来，然后由教育主管部门通过校长会议、相关教育会议等把培训的要求传达下去，这样校长和学校分管培训的领导等就会对培训的要求、类型、数量、内容等多方面有所了解，能够认真落实培训，选派适合的教师去参加，有计划地培养教师队伍。目前的培训在系统性、规范性和计划性方面不够理想。""我认为，培训应该专门单独抓，现在是教育局统筹管理。教育局以人事工作为主，人们都有各自的行政业务，培训并不是他们的主要工作。有些行政人员其实对学校教育不太了解，业务方面不可能进行指导。还是应该有专门的培训机构来抓比较好。盟和市教育局只有师资科，但没有专门的培训科。其实培训有很多方面的工作，比如，培训的前期策划、计划，对各校的调研，到一线听课等摸底工作很有必要。教育局的人做不了这些工作，因为这不是行政工作。然后根据教师的需求，安排具体培训工作，如从哪里请教师，培训的范围、内容等。培训完了看效果如何。有些培训不是一时的，而是长期的，如打造一批优秀的教师队伍，又如学科带头人的培训，需要2-3年。如果我选100名教师，就需要建立100名教师的档案。从第一次参加培训起就提出培训目标，记录每一次的培训情况，如写多少篇论文，教学上怎么提升，等等。培训回来要开观摩课，由培训机构专家去点评、指正等。这些工作应该由培训学校或教育局专设的培训部门以及学校内专管培训的部门一同做，才能起到互相监督、促进的作用。目前还是各执己见的状态。"

上述教育局局长认为："培训出现问题，一是教育需要过程的问题。

教育的效果是缓慢的，有些因素是看不出来的、隐性的，需要时间和过程。二是培训的意识问题。培训的每个环节上的决策者和执行者都要对培训有科学的、正确的认识。比如，从教育局局长、分管培训的局长、校长、教导主任到教研组组长，所有人都达成共识，并负责落实自己的那一块工作，培训才能有效。我们在资金上不愁了，国家每年都拨发专门的培训资金，以前校长的主要工作就是筹钱，无力管教学。现在有资金，但认识上不一致，任何一个环节出问题，就无法顺利进行，环节上衔接不连贯。现在比起以前好多了，这个需要过程。”

这位教育局局长还认为，整体上看，目前的培训纵向的多，横向的少，校际培训等横向培训很适合边远牧区的教学特点。他谈道：“我们组织过市里的老师去各旗县考察学习。我们根据各旗县的学科教学优势，安排培训内容。比如，锡林郭勒盟正镶黄旗的蒙古语文有特色，西苏旗的初中理科教学成功等。以前市里的学校比旗县学校好。现在各旗县也有了教学质量好的学校。从教育均衡发展的角度看，这样有竞争力，教学点越多，蒙古语学习的学生就会越多，民族教育就能发展。有些旗县或牧区离市里好几百公里，从家长的角度，因为距离等问题可能就不送孩子来市里教学效果好的学校，而是送到离家近的汉语学校了。旗县如果有了好学校，家长当然愿意送离家近的好学校，这对边远牧区孩子接受民族语言教育尤为重要。”

受访的校长则认为：“做培训是有难度的。请来的专家往往不能够‘按需施训’。需求与供给衔接不上是最大的问题。我们老师参加过比较典型的培训有北师大的、东北师大的，其他培训都是局里组织的。针对蒙古语文教师，没有专门的培训，主要靠学校自身，校本培训，但效果比起国家统一培训还是有差距。针对学校的培训情况，我们有教师成长档案。但看笔记看不出来什么，主要得从教学情况看。与之前上课对比，教师有什么变化，从学生成绩上也应该可以看出来，但这不能是单一的标准。教师从培训一回来，首先在学校做汇报，然后向教育局做书面报告。市里是这么要求的，区里没有要求。”

而双语教师们则说：“每个学校的教师培训监管情况和程度都有所不

同，网络课程培训存在监管不到位的问题。”一位教师说：“我认为现在的继续教育培训还没有成形。以网络培训为例，有个别人电脑打开了，没真正在听。对老师们来讲，更注重教学实践。”“我们如果参加大型的培训，有时要求做口头或书面报告，一般做报告都是以骨干教师等有经验的老师为主。”通过访谈我们了解到，有些学校的确建有“教师成长档案”，但没有专人管理，内容不健全，也没有及时补充或更新相关材料，培训前后的变化很难从成长档案中对比分析出来。一些学校把培训作为评价指标，与年终的教师业绩考核联系起来，但所占比例很小。一位个案学校教师说，培训的部分只占年终考核的5%。

不过，有些地区在教师培训监管和制度保障方面正在采取积极的措施。如西乌珠穆沁旗X小学英语教师对此谈道：“由于我们是牧区学校合并，教师来源是牧区教师，这两年经过培训和教师自身努力，还有学校各类活动，我们的老师跟全旗其他学校老师的水平差不多了。这个从我们学校学生的成绩上就能看出来，旗里每年都有小学生统考，我们学校在好几个科目上都拿过第一名。我们的原则是不放弃任何一名学生。学校鼓励我们进步，有奖励制度也有培训机会，我们也对学生全心全意地负责。还有从学生来源上能看出来，以前我们学校是牧区学校合并过来的，旗里的人都把孩子送到另一个蒙古族小学。这两年，我们的成绩上来了，旗里的学生也开始多了，每年人数都在增加。这主要是因为我们旗的政策很好，对优秀的教师有各种奖励制度，虽然物质不是重点，但对老师很有鼓励作用。”

### （三）双语教师培训的实效性分析

#### 1.锡林郭勒盟双语教师培训方案分析

（1）教师培训的目标：实效与实力

双语教师培训以提高自身实践能力为根本，努力提高培训活动的针对性、实效性，通过培训一批具备教师个体风格、富有团队意识和创新精神的专家型教师，并发挥其先锋带头作用，为全市教育教育质量提供强大精神动力和智力支持。

（2）教师培训的内容：全面与深入

内容主要包括：名师培养、骨干教师培训、学科教师培训、班主任教师培训、校长培训、教育技术培训、心理健康培训等。其中在名师培养和骨干教师培训方面做了全方位而细致的计划。

（3）教师培训的层次：俱全与突出

培训分为国家级、自治区级、盟市级、旗县市区级和校级等五个层次，以盟市级培训为主。最高级别是名师高端培训和培训者培训。计划为把达到标准的150名教师送到北京师范大学等名校，让其以访问进修、听讲座与专题讨论和考察学习等多种形式参与培训。英语教师"海外"培训，通过多种途径组织选派中小学英语教师到英语国家进行专门培训。

（4）教师培训的范围：全员性与针对性

方案中明确规定：各旗县市（区）根据本地实际制订培训计划，对学科带头人、班主任教师、按专任教师总数10%的比例选拔出的旗级骨干教师进行培训。要求做到"三个100%"，即旗级骨干教师100%参加培训，学科带头人100%参加培训，班主任教师100%参加培训；专任教师每年旗级培训率达到50%。民族学校系列培训：民族语言规范教学，落实素质教育要求、课改实施要求，提高教学质量，促进民族学校之间学科教师、骨干教师、优秀班主任经验的交流与沟通。

（5）培训方式：多样与灵活

有脱产集中培训（每年选派300人参加国家级和自治区级脱产集中培训）、远程培训（每年组织不低于2000人参加"国培计划"项目远程培训）等类型和专家引领、集中讲授、交流互动、任务驱动等模式，采取理论学习、名师专家送课、名校观摩听课交流、专家指导、报告撰写、实践提升、交流展示、结业考核等多种形式展开培训活动。

2.双语教师培训政策执行效果分析

（1）机会增多，高层次培训占一定比例，培训范围涉及全员

被调查学校教师每年都有机会轮流参加各级教育部门组织的职业培训，53%的教师表示每年平均参加2–3次的各级培训。通过问卷调查我们发现，参加过国家级培训的双语教师占18%，参加过自治区级培训的占22%，参加过市县级和校级培训的分别占29%和31%，没有未参加过

培训的教师。

（2）经费到位，设立了民族教育专项经费

教育局局长在访谈中提道：锡林浩特市教师培训的经费已经很透明。从2003年起，除每年拨付正常经费外，自治区财政每年还拨款民族教育专项资金200万，2007年起增至每年2000万，2013年起增至每年6000万。与此同时，各盟市、旗县财政也按要求划拨了30–400万元不等的民族教育专项基金。比如2013年锡林郭勒盟的双语教师培训经费总额为200万。2017年，内蒙古自治区组织实施了9300多人次的自治区级和盟市级民族中小学校校长、幼儿园园长和各学科骨干教师免费培训，其中赴浙江、江苏、福建等教育发达地区参加高端培训的骨干教师达600多人。①

（3）教师的参与意识增强，对培训有了正确的认识

绝大多数双语教师的态度很积极。教师参加培训的意识增强，对培训重要性的认识已经建立。在访谈中主管部门领导谈道："老师对培训的态度比起以前有很大提高。"

（4）带动学校积极探索，创建了"自下而上"的培训方式

随着教师培训政策的深入执行，学校的积极性被带动起来了。调查中我们了解到，X小学采取"反思促学"培训方式，开展了"录播室"活动，并取得一定的成就。X校校长谈道："我们有一个创新就是建立了一个录播室。老师在录音室上课时，我们在办公室能看到，所以方便在网上互相点评或存到电脑里随时翻看。录播的老师根据各方意见，写报告，提出修改方案。以此我们做了校本课题，推广到教师们当中效果很好。旗教育局来考察后对我们的项目大力支持，投资20多万，成立了这个'录播室'。现在好多学校也开始做。所以这不是设备和资金到位的问题，关键是看怎么做，怎么激发教师的积极性和参与性。"

（5）加强了培训的评价考核和监管制度

教育局对教师培训工作有统一要求和规定，逐步完善了教师培训评价体系，从考核、奖励、监督、反馈等几个层面较全面地进行了部署。

① 陈中永：《中国民族教育发展报告2017 内蒙古卷》，北京：社会科学文献出版社，2017年，第9–12页。

承担培训任务的教师进修学校对市直每所中小学学校的受训教师的登记注册、出勤、课时、考核评价等均有具体规定和要求，管理工作力求精细、规范。当然，通过访谈我们了解到，细则规定与实施状况之间还存在一定差距。

3. 双语教师培训政策执行过程中存在的问题

（1）工学矛盾依然突出

由于工学矛盾突出，教师难以离岗培训。牧区学校教师结构性缺失问题依然严重，教师因为工作量大、工作压力大等客观因素导致专业学习时间、学习积极性与精力严重不足，双语教师基础薄弱的问题长期无法得到改善。一位教研室主任说“我们都舍不得把教师尤其是骨干送出去培训，他们一走整个教学就会受到影响。”因此，基层教师培训面临难以执行到位的问题。

（2）在培训内容和方式上缺乏适切性和文化敏感性

当前针对双语教师的培训内容与教师自身需求存在一定的脱节现象，部分培训内容没有为他们的教学提供示范和操作性的指导，对牧区双语教师的教学改进作用没有充分发挥出来，这种供需不匹配造成牧区双语教师素质提高缓慢。任务支配型的教师培训依然不可避免，有些教师诉求没能得到满足。在访谈和座谈中教师们反映，来自非民族地区的专家对少数民族文化传统及双语教师的特点等理解不足，尽管讲座内容理论性很强，但缺乏针对性和吸引力。当前双语教师的培训内容体系与全国统一的中小学教师培训内容体系一致，从盟市培训机构所规划的培训内容到学校具体实施的培训内容，尚没有显示出少数民族教师培训内容的特色。双语教师的特色培训应该主要以双语言、双文化或多元文化背景为依托，在本体性学科知识基础上重点培养跨文化适应能力。而调研学校的培训内容尚没有涉及这些方面，培训对双语教育的适切性、针对性较弱。从调研地区学科培训的情况来讲，目前只有蒙古语文课程以蒙古语进行培训，其他科目均用汉语。双语教师的语言文化特征在相关培训中被忽视，这对语言学科教师影响较大。

（3）监督工作未发挥其应有功能，系统性、针对性和衔接性不足在教师访谈中我们还了解到，一些培训内容与双语教材之间缺乏衔接性。E小学的某老师表达了对新课程改革频繁更换教材并进行与教材脱节的、不规范培训的不满："新课改实施以来，教材的变化速度太快，各科教材更换时间不统一，比如蒙古语文老师拿到新教材了，可汉语老师还没拿到新教材，这时培训通知来了，全员参加，对没拿到新教材的任课教师来说，这次培训显然没有意义。培训过后，培训的内容我们都没怎么用，还是按旧教材还有自己的经验在教。"

### （四）促进双语教师培训的建议

#### 1. 专家的本土化使培训更贴近教师的经验

教师培训实践难以满足中小学双语教师对专业发展的实际需求。在双语教师培训过程中最需要的是理论、实践、语言三位一体的专业指导。"实践 — 理论"式的讲座相对于纯粹的理论讲座或者"理论 — 理论"的讲座，更注重从与教师自身紧密相关的事务入手，所总结的经验与教师的经验相吻合，容易引起教师的共鸣和反思，最终能够发挥推动和促进教师专业成长的作用。另外，笔者曾经参加过锡林郭勒盟教师培训学校组织的以"民族教育"为内容的一场培训。培训者是一位长期从事双语教育政策研究的蒙古族资深教育家。这位专家非常了解双语教师的生活，了解双语教育的特点与双语教师的职业特征。讲座使用蒙汉双语，以教授掌握的第一手田野资料为基础，通过一个个生动的个案，全面指出了双语教育实践中的经验和教训，并有针对性地提出切实可行的解决方法、步骤和应对策略。

#### 2. 参与式培训是将来可以尝试的培训形式

参与式培训是教育部提倡的教师培训模式，在内地教师培训工作中取得了一定的成绩。所谓"参与式培训"是指以观看视频、案例式分析和小组讨论为主的培训。从目的上看，参与式培训是通过创设情境，引导参与者在活动、表现和体验中反思自己的经验与观念，在交流和分享中学习他人的长处，产生新的思想，形成新的认识，从而实现自我提升，并能采取行动改善现状的培训。从作用上看，这种培训更能够触及参与者情感，引发思考，生成问题，达成共识，推动实践。研究中我们发现，双语教师培训很少采用此类培训模式，双语教师参加率也很低。但是，通过访谈我们了解到，双语教师不但接受参与式培训，而且渴望参与这类培训。今后，可以以自主、合作和探究型的参与式培训来替代传统的传授式培训，使教师一起研究探讨教学当中的优缺点，从而达到相互借鉴、相互启迪的效果。

3.培训活动“宁缺毋滥”，才能保证高质量

校本培训和远程培训或者短期培训被有些教师们视为“任务性”的培训活动。以“完成任务”为目的、流于形式的培训不仅满足不了真实需求，反而加重应付心理。但是对于高层次、高水平的培训，老师们非常认可又渴望。如个案学校一位英语教师描述了参加专门机构培训的体会。“我参加过很多培训，最难忘的是2010年去北大接受的培训。全封闭式的口语训练，全英语场景，教师都是外教，觉得效果特别好。那里是个模拟环境，连小商店的服务员都说英语，像个小社会，不说英语是不行的。处在那样的环境下，绝对不是被强迫，而是有一种不由地想多说一点、多练一点的感觉。每个班有两个外国教师，老师幽默风趣，又安排了很多项有趣的活动，如音乐剧之类。体育课什么的也都用英语上。比起其他种类的培训，我们认为这样有针对性的语言类培训对我们很有实际操作价值。我们回来后感觉给学生讲的东西也变多了，教学方法上多元了。在对不同年龄的学生使用不同的教学方法这方面，培训对我很有启发。我们盟里、旗里每年也请很多英语专家过来做讲座、培训新课程等。专家如果只是讲理论，教师们有些疲倦。”

4.发挥教师的主体性

在培训实施过程中，存在为了完成“全员培训”的任务目标而忽视培训者主体参与性的现象。调查中我们发现，有多位老师强调教师自身的学习态度和提升意识。如有一位老师谈道：“虽说每年各种各样的培训很多，有的老师珍惜机会，有目标地参加培训，这样收获就大；没有目标参加的当然就没有收获。”以自身专业发展为目的参与培训，是教师把教学作为一种不断追求的专业与事业而主动寻求外在支持的表现。

5.具有适切性和文化敏感性才能找准“落点”

政策是否具有适切性和文化敏感性是衡量双语教育培训政策执行效果的关键。国家教师培训制度在少数民族地区具体的实施过程中尚未充分体现地方性和双语教育特征。双语教师的特色培训应该主要以双语言、双文化或多元文化背景为依托，重点培养跨文化适应能力。

6.双向建构：监督及反馈机制与基层的政策创新

为了构建教师培训的长效机制，首先需要加强评价和监管制度建设。在这方面我们可以参考基层工作者的意见。例如培训主管部门教师说道：“我认为，培训应该专门单独抓，现在是教育局统筹管理。教育局以人事工作为主，有些行政人员其实对学校不太了解，业务方面不可能进行指导。还是应该有专门的培训机构来抓比较好。”其次，要鼓励基层创新，并善于利用这些创新点。中央的政策在地方有具体的实施方案，但这些方案常常是“工程化”的、“统一化”的，显得缺乏灵活性。有些行之有效的培训形式往往是学校或地方先行、“自下而上”的。如调查中某学校的“录音室”活动。

# 第五章　双语教师专业发展的问题、对策与建议

## 一、双语教师专业发展过程中遇到的问题

### （一）牧区双语教师面临挑战

“城里的老师好”是牧区教师、学生、家长的普遍观点。访谈中我们了解到，牧区双语教师对城镇学校师资、教学质量等各方面优势十分认可。教师们的看法包括：“城里孩子听到的、看到的、接触到的比牧区学生多”；“汉语学习方面具备语言环境，对社会的认知程度高”；“城里孩子学习条件好，在身心发展方面受学校与社会的影响更大”；“城里学校教育资源更多、更好”；“从孩子的身心发展角度考虑，城市学校的学生能够得到德智体全面发展”；“城里的学生在成长的过程中接触到的事物多，有多元的环境”等。此外，对22名牧区学校教师进行的问卷调查中，有11名教师表示有机会调到旗里工作。在现代文化、城市文化的冲击下，牧区传统社会正走向解体，牧区传统文化、牧区教育正面临城市取向的现代教育观念冲击，以“现代化”为标志的城市教育渐渐取代牧区教育。牧区教师不再是现代教育与知识的代言人，在与城市化、现代化被动接轨的过程中，牧区教师的劣势日趋明显，面临巨大挑战。

### （二）双语教师的职业声誉多元化

在大规模农村、牧区民族学校布局调整政策实施后，对富余教师的安置不够科学合理。富余教师指的是，在农村学校布局调整过程中，由于学校撤并、重组，同时由于学校编制限制，岗位竞争力较弱的一部分

教师失去原有的乡村（苏木）学校教师岗位，在撤并、重组后的市县级（旗）学校担任后勤、宿舍管理等非专业技术工作。据E小学校长介绍，重组后的该校，现有7名在编蒙古语文教师被安排在看守校门的岗位。他们承受着来自社会、家庭甚至学生的负面评价，面临较大的心理压力。

农村牧区布局调整政策的实施，使锡林郭勒盟不管城市小学还是牧区小学都成为“寄宿制”学校，双语教师在履行职责过程中所做的工作远远超出职业责任中明确规定的范围。白天是教师，晚上是保育员、生活管理员。这种角色转换，使得双语老师的职业生活与日常生活交织在一起，教师的职业声誉失去了知识主导性，教师身份变得不再纯粹。双语教师的这种多元角色，也使他们的职业声誉变得模糊。

### （三）牧区双语教师的社会资本相对匮乏

由于语言文化的特殊性与局限性，少数民族教师在不同区域之间岗位调动的可能性小，双语教师的社交网络体现其职业化特征。他们的社交网络相对单一，主要由同事网络、家庭网络和因职业需求所产生的学生家长网络组成。尤其是牧区学校的教师，由于生活在相对稳定而封闭的“熟人”社会，与外界的联络甚少，社会资本也相对贫乏。

城市学校的教师利用环境之便，有机会在同城的高校等进修学习。在此过程中，他们一方面可以实现自身的专业发展，另一方面可以积累一定的社会资源。与此相比，牧区教师的客观处境使他们很难在教学的同时积累更多的社会资源。

### （四）双语教师的职业吸引力依旧不足

如第四章田野调查结果所呈现的，锡林郭勒盟城乡教师工资收入的差距并不明显。工资水平分布在3000—6000元之间，工资差距主要体现在职称级别上，各级别之间的浮动基本在1000元上下。这一工资水平与当地公务员工资基本持平，高级职称教师的工资比同级别公务员工资略高。然而，社会对教师职业的认同度依然不高。

首先，收入与付出不匹配的现状导致该地区双语教师的职业吸引力较差。一方面由于地理环境等客观原因，另一方面由于双语教师在工作以外还要承担较多与教学无关的额外工作，要对小学寄宿学生在校期间的人身安全及其他相关风险负有一定的责任，所以，不少年轻教师、高学历教师、专业教师不愿选择牧区学校，在毕业生的就业取向中，牧区教师岗位排在较低位置。

其次，作为双语教师队伍后备军的代课教师的职业状况不甚乐观。不完善的代课教师聘用机制，加上微薄的收入和高负荷的工作，降低了代课教师的职业吸引力，一些年轻少数民族人才对从代课教师过渡走向正编教师的职业路径不看好，从而选择与教育无关的工作岗位。

### （五）双语教师跨文化能力欠缺

在“双语教师的生存环境与文化环境”一节中，我们曾提出“牧区城市”的概念。“牧区城市”一词已经体现出锡林郭勒地区文化环境的巨大变革。随着城镇化的发展，牧民进城后过上了城市生活。然而，这种急剧变化的生活方式带给祖祖辈辈生活在草原上的牧民的，却是自我身份迷失和传统生活方式转变所带来的内心冲突。

对于“城市牧区”的双语教师而言，处于一种多元文化教育背景中，只有具备在教学中自如地运用跨文化知识的能力，才能成为双语课堂的真正主人。通过访谈我们了解到，小学双语教师的工作难点就在于三种语言课程教学。三种语言意味着三种文化的交织，即母语与本民族文化、国家通用语言与现代文化、外语与世界文化。很多双语教师在教学中处理三者之间的关系时不能准确地把握并在自己的能力范围内做出适当的调整。比如，案例学校的蒙古语文和汉语文教师认为自己比起其他科目教师更有责任和义务传承民族文化，可是却不知道如何具体操作，并为学生的母语能力下降感到十分担忧。一些双语教师面临教育改革和变化时，不愿尝试调整或改变，失去自我发展的内在动力，在教学过程中时常感到茫然。

新课程改革实施后，随着教育观念更新、体制更新和机制创新，双语教师在教学过程中将面对办学形式、课程设置、教学内容、教学用语等多方面的调适。双语教师如何在吸收和借鉴人类社会不同民族、不同地区的优秀文明成果的同时，使民族教育既保持自身特色，又具有鲜明的时代特色；传统文化与现代文化碰撞之时，双语教师又该如何传承传统文化使之走进现代化；双语教师应如何培养学生的跨文化能力以及对民族文化的亲近感、认同感及自豪感。这些都是非常具有挑战性的问题。笔者认为，以上关系的处理中双语教师应该正确把握两个观念：首先，传统文化与现代文化不是对立的概念，而是相互交融的存在。传统文化不是落后的文化，现代文化来源于传统文化。其次，传统文化应该进入现代教育的内在结构中，促进现代教育的目标、内容与结构的调整与完善。

在实践中，一部分双语教师时常会遇到各种挫折。比如，E小学一名蒙古语文教师在访谈中谈道："有时候我觉得跟学生交流困难，并不是因为其他原因，而是一种文化上的疏远感，这也让我作为一名蒙古语老师倍感压力和疲惫。"在国家大力扶持民族教育发展的政策背景下，内蒙古自治区1000多所民族中小学开展了具有民族风情的校园文化建设活动。但一些教师认为，学校投入大量资金，却仅局限于民族歌曲、舞蹈等显性因素，而忽略了民族文化的精神内涵。

### （六）双语教师文化价值与现实利益之间的取舍困境

双语教育政策的价值反映的是双语教育主体（教师与学生）的需要与政策在双语教育实践基础上统一起来的一种效用关系。不同时期的双语政策体现不同时期双语教育主体的需求，体现不同的价值取向。目前我国实施的双语教育政策"强调统一，尊重差异"。但是，在实际学校教育中，双语教师在侧重传授民族文化传统还是提高学生的现代社会适应能力上难以抉择。具体表现为：在认识层面上，双语教师强烈意识到传承和发展民族文化传统的重要性；但在行为层面上，更侧重学生现代化知识水平和应试能力的提高，并不赞成以民族文化为主题的校本课程挤占主课时间。

少数民族双语教师专业发展具有自身的独特性，主要表现在文化的双重性和实践的复杂性两个方面。双语教师队伍建设与双语教师的专业发展是在民族文化与现代文化、传统文化与新课程倡导的多元文化环境中进行的，少数民族双语教师承担着传承现代文化和民族文化的双重任务。正是因为认识到双语教师在文化传承中的重要性，我国政府提出了科学发展观、以人为本、和谐社会、转变发展方式的包容性发展等命题，从而指出中国社会转型的前景和方向。和谐社会是文化多样性和谐共存、蓬勃发展的社会，是现代文化与民族文化多样性兼容并包的社会。保护民族文化多样性不仅对传承少数民族文化具有独特价值与深远意义，也符合国家利益与发展。

## 二、双语教师专业发展问题的原因分析

通过调查我们发现，目前，在牧区的双语教师职业发展中存在一些困境和问题，以下就其中比较突出的问题和原因进行简要分析。

### （一）牧区双语教师职业缺乏吸引力

牧区双语教师职业缺乏吸引力是当前一个突出的问题，具体表现在牧区双语教师的职业吸引力比城镇双语教师低，特别是年轻教师、高学历教师、音体美专业教师不愿选择牧区学校。就像市教育局某局长介绍所言："近年来锡林郭勒盟经济发展较快，教师工资也在稳步增长。但教师的社会地位却没有明显提高，教师社会网络比较狭窄，业务发展空间有限，现在愿意选择教师职业的年轻人依然不多，牧区学校对年轻人缺乏吸引力。"同时，一些进入牧区工作的双语教师不愿意长期留在牧区，有些人在获得编制以后选择离开牧区。正如调研点的教导处主任指出："来这儿工作的一些老师缺乏立足当地、安心工作的精神，特别是一些年轻教师，他们只是把到这里工作当作一个跳板。近几年来，几乎每年都会调走2–3名教师。虽然也会补充新教师，但调走的比进来的多。2010年没进来新教师，走了3个；2011年走了1个，来了两个；2012年走了4个，没来新教师。"

笔者认为，牧区双语教师缺乏职业吸引力主要原因是：第一，牧区的生存环境、工作环境相对艰苦，而且交通不便、信息闭塞，学习资源匮乏；第二，一些教师认为牧区教师没有发展前途，职业不富有挑战性。事实上，这种观念与当前双语教师收入与付出的失衡不无关系。尤其在农村、牧区学校布局调整政策实施后，锡林郭勒盟牧区小学都成为寄宿

制学校，教师在本职工作以外还要承担许多与教学无关的工作。很多教师除了正常教学，还承担保育员和生活管理员的角色，这使教师的职业身份变得不再纯粹。笔者调查时发现，不少牧区的双语教师认为自己所从事的教师工作声誉和地位不如从前。学校的撤并、重组导致岗位竞争力较弱的一部分牧区教师失去原来苏木学校的教师岗位，调到城镇学校后只能担任后勤、宿舍管理等非专业技术工作。此外，在现代文化、城市文化的冲击下，牧区教育不断遭遇城市教育观念的冲击，在与城市现代化被动接轨的过程中，牧区教师的劣势日趋明显。

### （二）牧区双语教师传承民族文化的困惑

双语教师的归属感指双语教师能够深刻意识到双语教学环境与双语教师特殊性的职业成长过程以及双语教师不可替代的职业价值、职业特点和职业条件。双语教师身处多元文化教育背景中，不仅要传授现代学科知识，还要扮演文化传承者的角色。当双语教师能够积极传承本地区、本民族传统文化时，他们才能获得良好的职业归属感。就牧区的蒙古语文教师和汉语教师来说，比起其他科目的教师更有责任和义务承担民族文化传承任务，更需要在教学中传承民族文化获得成就感和归属感。然而，笔者调查发现，他们普遍为学生母语能力下降感到担忧。他们面临的现实环境是，在社会转型、经济迅速发展的今天，牧区社会的发展与民族教育的人文生态正在发生剧烈变化。首先，传统文化随着生活在草原上的年长者逐渐逝去而传承乏力；其次，在乡村牧区学校撤并、重组等政策背景以及现代文化知识价值观影响下，蒙古族年轻一代主动或被动地离开了传统的生活地区，传统文化逐渐失去生产与传播的主体。在这种情况下，双语教师也在传统文化与现代文化之间面临着被动抉择，这使得一些双语教师在教学实践中与学生交流困难，产生一种疏远感。一位老师说："现在的孩子们普遍不爱学习蒙古语了，母语课程渐渐成为中小学最难教的课程。他们不仅在语言沟通上吃力，对最基本的民族文化常识也了解不多，有些课文内容真难教。比如说，有一篇课文是谈论如何做奶豆腐的，学生们连做奶豆腐最基本的步骤和工具都不知道，一句话里出现好几个生词，光讲生词就花几堂课，更不用说讲课文内容了。

所以说，有时候我觉得跟学生交流困难，并不是因为其他原因，而是一种文化的疏远感，这也让我作为一名蒙古语老师倍感压力和疲惫。”在这种新的现实面前，不少双语教师也不知道如何应对。现实的情况是，一些教师在学校面临教材内容远离牧区学生生活实际以及教育改革和变化时，虽然被动接受，但未能真正领悟到改革的核心理念。有的老师一时间难以调整和改变，从而失去自我发展动力，在教学过程中时常感到茫然。

### （三）双语教师专业发展措施不力

中小学教师在职培训是当前促进我国教师专业发展的基本途径。一般而言，促进我国中小学教师专业发展有两种主要途径：短期集中培训和教研活动。双语教师也不例外，需要参与各种培训和调研活动。按理说，这些培训和调研要体现针对性和有效性，使双语教师接受适合层次的培训，提供较多的培训机会等。但是在现实中，这些方面的措施显然不足。通过访谈与问卷调查笔者了解到，双语教师培训中存在次数少（双语教师平均每年参加的各种形式培训次数为两次）、时间短（双语教师参加的有组织的短期培训时间为1–3天）、方式单一（42%的培训为专家讲座）、层次低（31%的培训为校级培训）以及培训内容针对性不强等问题，主要还是以传统的学科知识为主，各科按相对独立的学科系统开设。而且，当前牧区双语教师的培训内容体系与全国其他地方的中小学教师培训内容体系一致，没有体现出双语教师培训内容的特色所在。一位教师在访谈中说：“短期培训一般是听讲座，学校大多情况下都是临时通知，谁有时间谁去听。要是参加国家或自治区级别的培训，学校和老师们都比较重视，回来会安排做报告等；如果是市里或旗里组织的培训，一般情况下听完就完了，没有什么总结或汇报。”在这种情况下，双语教师对培训内容没有太多思考，认为培训内容由学校或教育主管部门统一规划，教师个体没有自主选择的权利。加之旗县和苏木学校的双语教师工作量大、工作压力大等客观因素，导致专业学习时间、学习积极性与精力不足，双语教师专业基础薄弱的问题长期无法得到有效改善。

值得注意的是，目前，双语教师主要通过在高等院校脱产或半脱产的方式进行专业提升，但如何避免“为学位证书而学习”，“为工资待遇提高而学习”，而不是为了提高专业发展水平和提高教学质量去学习仍是一个问题。比如在一所个案学校中，有38.9%的教师在职后学历提升过程中选择蒙古语言文学专业，但实际工作中专业契合度低、教非所学、跨学科任职等情况普遍存在，这种结构性缺失影响了双语教师队伍的专业发展。

## 三、双语教师专业发展的对策与建议

### （一）调整以规模、效益、资源整合、绩效为原则的政策设计理念

以规模、效益、资源整合、绩效为原则的制度理念以及以此为导向的诸多措施实际上不利于双语教师尤其是边远牧区的双语教师的专业发展。以对牧区双语教师影响比较大的一项政策为例，在2001年颁布的《国务院办公厅转发中央编办、教育部、财政部关于制定中小学教职工编制标准意见的通知》中，将之前“按班级数量配备教师人数”的规定改为“按学生数量配备教师人数”，并规定师生比例为城市1∶19、县镇1∶21、农村1∶23。此规定的实施一方面压缩了牧区双语教师的编制，使原本教师短缺、师资力量薄弱的牧区教师队伍难以得到补充和提高，另一方面忽视了牧区较小规模学校教师的实际工作状况。内蒙古地区地广人稀、交通不便，牧区学校在民族教育中发挥着重要的作用，个案学校之一的M小学距离旗所在地190千米，周边苏木、嘎查共有298名学生在该校就读。按学生数量配置教师人数，学生数量少的牧区学校只能配备相对少的教师。城市和农村不同比例的教师配备方案，只考虑到人口达到一定规模的聚居地区的学校规模和学龄儿童数量多的现状，忽视了某些地区尤其是边远牧区人口居住分散、交通不便、具有不同生活方式等特殊因素。因此，应该调整目前政策中以“规模、效益”为原则的教育发展理念，根据不同地区双语教师的实际工作状况，重视少数民族地区、边远地区双语教师的生存境遇、工作环境以及所面临的特殊困难，在此基础上采取灵活措施，有效促进当地教育发展。

我国从2009年开始在义务教育阶段实施绩效工资。绩效工资是一种激励制度，是基本工资以外的部分。我们通过教师访谈了解到，目前M校与E校的工资发放情况是，学校先从每位教师的基本工资中扣除同样额度部分，在年末或期末时根据教师的工作量、考勤等工作表现，以绩效工资的方式分不同等级发放给教师。实施绩效工资制度后，教师的工资水平实际上并没有提高，没能发挥应有的激励作用。除此之外，当前实施的教师职称评定方法中“分配指标”“城乡有别”等政策也应做出适当调整。

### （二）建立双语教师专业发展的专项经费预算管理制度

近年来，在西部大开发、内蒙古自治区实施“民族文化大区”战略、“优先重点”发展民族教育等政策背景下，国家进一步加大了对民族教育的投入力度。2006年启动“民族教育发展工程”项目后，自治区专门列出民族教育基本建设经费1150万元、民族教育专项补助经费200万元、蒙古语授课高中生升入区内高校减免学费专用补助经费1000多万元等专项经费；2013年开始，每年又安排用于教学设备购置和双语教师培训的民族教育专项补助经费6000万元。但在这些资金投入中，对学生的投入多，对教师的投入少；对硬件设施的投入多，对软件建设与技术的投入少；对上级部门统筹规划的教师培训项目投入多，对教师自身专业发展需求的针对性投入少。因此，建议在政府的民族教育专项资金预算管理中将教师专业发展特别经费纳入预算，支持不同地区、不同层次、不同需求的双语教师以多种渠道实现自我专业发展。

适度调整目前“以县为主、省级统筹、中央支持”的教育财政模式，因为该模式客观上导致基层学校出现缺编却无法补充教师的问题。布局调整政策实施后，撤并后的学校规模扩大，教师数量增加，一些地方采取缩减教师编制或不增加教师编制的方法来减轻财政压力。这导致教师编制不足问题，也影响了代课教师的待遇。在教师短缺的边远牧区学校，此类情况更加严重。因此，需要继续加大中央对地方的专项支持，并使政策向少数民族边远地区倾斜。

### （三）完善双语师资队伍的补充、激励与评价机制

首先，应大力推进双语教师本土化建设，完善双语师资的定向培养和补充机制。针对调研地区普遍存在的双语教师短缺问题，可以在高中阶段选拔一些愿意从事双语教育事业、志愿回家乡在基层学校任教的蒙古族学生，由当地政府、教育部门与对口的师范院校签订协议，做定向培养。定向培养学生的经费由政府和教育部门承担。在培养目标上要结合当地双语教育的实际需求，确定所培养的人数和所学专业。以E小学和M小学双语教师的专业契合度为例，汉语教师和数学教师的专业契合度非常低，政府和教育部门应针对这些实际情况，有目标、有计划地培养本地专业教师。

其次，创新培训类型与内容，激励并优化双语教师专业发展。在我们对双语教师参加培训态度的考察中了解到，85%的教师表示参加培训的态度是积极的，但15%的教师对培训的态度较为消极。当前的教师培训在“全员培训”的政策导向下过于追求数量，一些教师参加培训只是为了完成任务。这样的培训既没有尊重教师个体的培训意愿和需求，也忽略了教师的主体参与性。这说明，我们缺乏发挥教师积极性与创造性的有效的培训机制。在访谈与问卷调查中我们了解到，双语教师普遍对外出参加培训有强烈的渴望，对一些高校的培训模式、方法、内容等非常认可，表示自己外出进修的收获最大。这表明双语教师需要的培训不仅是坐在教室里听专家讲教育学理论，更需要通过走出相对封闭的环境，开阔眼界，在亲身体验中获取有用的信息与能量。这样的培训才能够激发他们的积极性，挖掘他们的潜力，发挥他们的内在动力。所以，教育部门和学校还应在如下几个方面继续推进：第一，教育部门应该了解教师的实际需求，尽量为他们创造更多的学习深造条件，例如聘请专家或专家团队，对牧区教师进行较长时期的、系统的专业指导、督学等；第二，鼓励他们选择最适合自己的方式，提高自身素养和水平；第三，强化在培训中表现突出的教师的榜样作用，带动更多的教师积极地实现自我专业发展，从而形成整个教师队伍的良性循环；第四，加大校本培训力度。发挥校长在校本培训中的指挥棒或领头雁作用，以教师和学校双

方需求为指向开展校本培训。

最后，改革量化评价制度，实行多元评价制度。案例学校目前的教师专业发展评价指标还是以学生的成绩为主，教师专业发展的动力来自学生，而不是自身。教师培训在教师专业成长中发挥着重要作用，但在个案学校的年终考核中培训只占5%，有些学校没有把培训列入考核项目当中。对教师的专业素质应该进行综合和多元的评估，尤其对培训的质量应该有周期评估。例如，每一个月或两个月为一个周期，在每个周期结束后，由学校根据具体细则进行质量评估，之后由教育主管部门对各校的培训质量进行综合评估。年底应该在学校级别和盟、市、旗级别分别举办培训质量评估与经验交流会议，对业绩突出者进行表彰和嘉奖，还可以出版教师在培训中的心得体会和学习经验相关论文。此外，教育部门和学校还可以根据教师的成长记录、教师参与的社会实践、教师与社区的合作等多方面制定考核指标。

### （四）重视双语教师专业发展中的文化向度，增强双语教师的职业归属感

2002年开始，新课程改革在内蒙古各地各类学校逐步推进。新课改对双语教师的影响比以往的教学改革更加直接和强烈。具体表现在以下方面：首先，双语教师的专业工作模式改变。新课改的三维课标和与此相应的课堂教学改革要求打破了双语教师传统的工作模式，教师专业胜任难度增加，教师面临不断学习、探索与突破自我的考验。其次，教师专业工作标准发生变化，考核标准变得更高、更多元。再次，随着新课改理念、方法的推广，教师培训成为从地方政府到教育各界的一个重要议题，面向全员的大规模“标准化培训”开始实施。最后，城市取向和现代文化取向的新课改培训方案、教材、内容、专家团队使双语教师不断主动或被动地接受更多来自城市与现代文化背景下的教育信息。

长期以来，我国的教育改革对影响双语教师专业发展态度与行为的重要因素——在民族传统文化、习俗、价值观、准则、信念等基础上建构起来的特殊民族心理与行为模式重视不够。如果教育改革或教育发展过程中不能充分关照双语教师的民族心理与行为模式，文化失衡甚至文

化冲突便不可避免，教师的专业发展也无法很好地实现。因此，需要有具备双语能力、跨文化知识能力和了解双语教育规律的教育主管部门积极推进。另外，教育行政部门和学校管理者都应对本学校双语教育模式的特点和发展有清晰的认知和明确的定位，并对双语教师的专业知识水平和双语教育规律有清楚的认知，有意识地介入、督导并恰当地调节有关的政策实施，从而推动双语教师实现自我发展。

问卷调查中针对“您觉得自己属于双语教师吗”问题的回答，64%的教师认为自己是双语教师，36%的教师不认可自己的双语教师身份。通过访谈我们了解到，教师对双语教育政策内容的了解程度直接影响他们对自身双语教师身份的认可程度。因此，教育主管部门领导以及校长们对双语教育政策的理解与执行直接影响双语教师对双语教育的态度和认识。此外，教师自身也应该积极关注和学习双语教育相关法律法规、政策文件、最新动态等，并积极参与到双语教学改革实践当中。培养和加强教师作为“双语教师”的归属感，首先需要提高双语教育政策的权威性与可操作性。在此基础上，通过实地调研、教师培训等方式帮助教师进行横向与纵向比较，了解其他民族地区双语教育实施状况，对本地区双语教育的实施现状、优势与劣势、存在问题等进行反思，逐渐培养“双语教育”意识与“双语教师”归属感。

### （五）提升双语教师在专业发展中的主体性

第一，双语教师应积极参与校本课程建设。民族学校开设与内地统一的教学科目，采取应试与升学为导向的教学模式，这种模式在强调学科教育的同时，忽视了人文教育，限制了双语教师的创造性、主动性和能动性。国家鼓励校本课程开发的政策给予双语教师施展才华的巨大空间。双语教师对本民族文化有深刻理解，对传承民族文化有着强烈的使命感，双语教师参与到校本课程开发中，能够使校本课程更适合当地经济、社会、文化的实际情况，更适合本民族学生的发展。校本课程不应仅是素材的堆积或课外读物，也不应停留在第二课堂或课外活动层面；校本课程的开发需要现代教育理念和课程理念的支撑，需要课程现代化。作为校本课程的研究者、开发者，双语教师应该具有把民族文化中的丰富资源按照现代教育理念进行整合的能力。这必然需要理论的学习和培训。

第二，双语教师应培养终身学习的观念。教师的自主发展有四个层面，包括动机、观念、规划和行动。个案学校双语教师有较强的自主发展意识与动机，如70%的教师认为参加培训是自我发展的需求。但在行动上，也就是在实际的培训过程中，他们的表现却并不十分积极，甚至少数双语教师尚没有认识到培训对促进教师专业发展的积极意义。因此，树立正确的终身学习观念，并将其付诸行动，才能够促进教师专业发展。双语教师除岗前接受的师范教育外，需要在自己的教学过程中，主动更新已有的知识技能，其中包括教学工作的动态发展、教育技术、专业学科知识、普通文化知识等。这些知识的积累与运用需要通过阅读、写作、参与研修和培训等手段来实现。

反思性教学是终身教育的重要体现。在反思性教学中，教师学会批判、分析与再认识。教学日记是有效的反思性工具，其作用在于强化专业意识、总结和扩充经验、提高教学实践水平。例如，X小学一位教师在批改作业的过程中发现，学生从不主动修改红色笔画叉的错题，他们似乎对此有种抵触心理。该教师对她的教学策略进行了调整，在错题上不画叉，而是画一个斜杠，当学生主动修改错题后教师将斜杠补充成对勾。通过这个实验，该教师发现，学生主动修改作业中错题的积极性大大增加，学生们很在意老师是不是按时把那个斜杠补充成对勾。诸如此类影响教学效果的关键细节，如果没有被教师及时记录下来，就不会引发反思，教师也不会去寻找其中的原因，并提出如此有效的解决之道。在这样一次又一次的循环过程中，教师们通过对教学情节、教学决策、课堂组织、教师自我角色转变等进行客观的审视并进行批判性反思，强化了教师内在的专业结构，还可以产生更合理的、新型的专业结构，使其在专业知识、专业能力、专业信念等诸多方面产生从量到质的转变，从而实现专业发展。

第三，双语教师应加强合作，兼顾自我管理。资源共享是合作的最大优势。在教育资源无法公平分配的客观背景下，双语教师应该学会在合作中促进自我专业发展。合作不只是两个教师之间的合作，也不仅限于教学上的合作，应该提倡多元的合作关系。例如，校长与教师之间的合作、同科目教师之间的合作、不同科目教师之间的跨学科合作、教师与社区之间的合作、教师与家长和学生之间的合作、教师与教学技术之间的合作等。在培训机会有限的条件下，教师可以通过集体备课、共同研讨、课题研究、合作教学等多种方式，共享资源与成果，共同面对教学中的难题。

在合作的过程中，教师的自我管理显得十分重要。自我管理比较差的教师首先应该建立适合自己的短期目标，目标不宜过高，然后在领队教师的引领下，在与其他教师的合作氛围中，从写教学记录、自我专业成长记录等小事开始，促使自己的发展目标得以实现。在目标实施过程中，会出现对自我发展方向感到迷茫、对自己的教学无法进行客观评价等问题，这时其他教师应该帮助其进行自我分析和自我评价。

（六）关注并改善代课教师生存境遇与专业发展现状

寄宿制学校的双语教师除繁重的教学工作之外，还要负责寄宿生的安全与日常管理问题。除此之外，每位教师还要承担一到两门的民族文化或技能课程。访谈中教师们表示，为传承民族文化，他们自愿承担这些课程，但这无形中增加了工作时间，挤占了他们的业余时间和休息时间。教师们从早到晚忙碌在校园中，社交网络也变得更加单一。M校作为苏木小学，教师数量少，教师承担的科目种类较多，教学、批改作业和课外辅导的压力就会相应增加。如果某位教师临时有事不能在教学岗位上，其他教师就得顶替此岗位。一方面，教师的教学任务变得更加沉重和烦琐；另一方面，专业教师不足导致同科目教师不够替换，只能由其他科目教师补充，如体育课教师上数学课等。

因此，应该改变目前寄宿制学校双语教师配备及薪酬中的不合理现象，应设立专项资金对寄宿制学校双语教师教学工作之外的工作给予额外补偿，根据偏远程度、劳动时间、劳动量等制定具体的补偿办法及额度。就代课教师的情况而言，个案学校E小学目前有20多名代课教师，年龄在25–31岁之间，他们大多没有按所学专业被分配到适合的学科，而是缺什么科目教师就补充到什么科目。代课教师的专业发展令人担忧，他们的课时量比正编老师多，编制问题长期得不到解决，收入较低。因此，政府应该统一制定该地区教师聘用相关合同条例，代课教师的收入至少应该由最低生活保障金、代课费、额外教学工作或其他工作酬劳等几部分组成，每项制定统一细则并严格按照规定执行。除此之外，代课教师在专业成长上应该获得与正编教师同样的培训、进修机会，学校应特别关注代课教师的专业成长路径，为他们制定专业成长规划与专业成长记录，使他们尽快融入学校常规教学、考核等体系当中，并在他们新入职时期，安排有经验的教师进行一对一的指导与督学。代课教师是一个学校整体教师团队中的一分子，学校层面应该给予代课教师特别的人文关怀，而不是使他们游离于团队之外。

### （七）发挥学校领导者在双语教师专业发展中的领头雁作用

在本研究中，我们分析了X小学的校长创建播录室，通过反复播放自己的上课录像，反思自己的教学过程，提升专业素养的案例。录播室的教学实验得到实证检验后，得到了政府和教育主管部门的认可并在经费和专业技术上给予大力支持。新成立的录播室给教师们提供了完备的设施，教师们主动参与到录播课程的实践中，在交流、反思、探索中提高了自身的教学水平。东乌珠穆沁旗一所蒙古语中学的校长，利用地处边境地区之利，与蒙古国边境一所中学建立了友好关系，并从自身做起，学习新蒙古文后编写了新蒙古文与旧蒙古文对比教材。通过一周一次的共同学习，教师们很快掌握了新蒙古文，并开始教授学生。很多掌握一技之长的学生毕业后从事翻译、贸易等相关工作。教师们则在两所学校之间的频繁交流中学习不同国家教育中的成功经验，又通过对比、反思、总结等促进了自己的专业发展。有一位校长在访谈中谈道："我认为，我们学校的教学与研究还没有达成统一。我主张教师们不要把研究当成专门的科研，其实每一堂课就是一篇论文。一堂课解决一个问题，把它记录下来，就是一篇教学论文。我们的教师目前还没有这样的意识。"这些校长非常关注并不断反思本学校的双语教师专业发展现状和问题，并通过自己的行动不断提升教师队伍的专业化程度。

# 结　语

笔者以一篇牧区蒙古族小学生的作文作为本书的结语或展望基点。这篇作文里凝结了一位六年级的小作者对理想课堂的期待，对生态课堂的期待，对教师用多媒体这个神奇的武器把知识、生活、生命连接起来的美好憧憬，正映衬了笔者所关注的研究方向——教师的专业化发展：课堂有趣、生动，教育信息化得到完美呈现，并极具个性化，真正体现学生的自主性地位。这是来自笔者所调研的个案学校——西乌珠穆沁旗X小学一名六年级学生的作文，题目是《我最爱的课堂》①。

学生进入各自的班级后开始上课了。课任老师的电脑是从各自的办公室直接与教学班的电脑连接的，老师从办公室通过班级的电脑讲课。学生必须注意听讲，因为从几个方向都有摄像头对着学生，如果你不注意听讲，就被老师发现，会受到警告。老师的教材内容很新颖并极有乐趣。

今天，我们班第一节课是数学课。老师在办公室讲课，屏幕上就出现影像，办公室电脑上写的字就和老师平常上课时在黑板上写的字一样，出现在班级的屏幕上。如果学生提问，还可以用课桌上的话筒和老师联系，老师就给我们解答。接着做巩固练习，做了很多奥林匹克数学题，有的同学很吃力，没有理解，那么还可以利用每人都可以录制课程的储存卡来重新听讲。40分钟的课程听完，休息了10分钟。

下一节课是地理课。老师在办公室讲课。上地理课时我们必须利用

① 原作者以蒙古语书写而成，由笔者翻译为汉语。

凳子上的一个设备。老师从办公室控制课堂教学。在他的控制下，他指到哪里，我们眼前就出现那个地方的优美风景。因为亲眼所见，所以留下很深的印象。当时我们周围突然大变，出现奇形怪样的楼房和五彩缤纷的景色，就像从卫星上录像一样，如同亲临其境。地理课还学很多天文地理知识，所以大家都愿意上地理课。

课间操我们做了眼保健操、广播体操，还列队跑完1000米。同学们都能够自觉跑步锻炼身体。老师们自愿参加。我们的队伍很整齐。跑完后有20分钟的课外活动时间，可以玩篮球、足球、羽毛球、乒乓球，无拘无束，每人脸上都挂着欢笑。

第三节课是外语课。我们在老师指导下与其他国家的人通话与交流，都是通过老师办公室的设备连接的，只用耳麦就行。耳麦是对讲工具、桌面就是屏幕……

这篇作文蕴含着小作者对一堂好课的期待。这位边远牧区学生所畅想的课堂其实蕴含了很多边远农村牧区孩子的教育之梦。朱永新在《新教育讲演录》中对我国新教育理想和梦想总结为以下几点：一是改变中国学生的生存状态——成为学生享受成长快乐的理想乐园；二是改变中国教师的行走方式——成为教师实现专业发展的理性舞台；三是重塑中国教育的人文精神——成为学校提升教育品质的理想平台；四是打造中国的“新教育共同体”——成为教育的精神家园和成长的理想村落。基于这一长远目标，我国边远农牧区的教育现代化过程仍然有很长的路要走，实现中国的教育梦仍然有很长的路要走。

教育大计，教师为本，教师是教育成功的关键。新课改倡导“以学生为主体”的教育核心理念，而启迪学生的主体性，就要依靠教师。因此，教师的成长至关重要。以往学者对双语教师专业发展的研究数量有限，对民族地区的双语教师专业发展现状和发展民族性、独特性关照不足，对双语教师专业发展的研究和教育改革的动力仍然缺乏关注。因此，双语教师的专业发展仍然需要多学科背景的专家学者共同关注，共同努力提高双语师资队伍的质量。

# 参考文献


著作类：

[1] 包路芳:《社会变迁与文化调适 —— 游牧鄂温克社会调查研究》，北京：中央民族大学出版社，2006年。

[2] 宝玉柱:《民族教育研究》，北京：中央民族大学出版社，2009年。

[3] 陈·巴特尔:《文化变迁中的蒙古民族高等教育的演变》，呼和浩特：内蒙古教育出版社，2004年。

[4] 陈立鹏:《中国少数民族教育立法新论》，北京：中央民族大学出版社，2007年。

[5] 陈向明:《质的研究方法与社会科学研究》，北京：教育科学出版社，2000年。

[6] 陈向明:《在参与中学习和行动 —— 参与式方法培训指南》，北京：教育科学出版社，2003年。

[7] 陈烨:《转型与发展：民族问题与政治稳定》，北京：中央民族大学出版社，2011年。

[8] 陈永明:《教师教育学》，北京：北京大学出版社，2012年。

[9] 迟双明主编:《学校教师继续教育全书》，北京：人民中国出版社，1998年。

[10] 崔运武主编:《中国师范教育史》，太原：山西教育出版社，2006年。

[11] 戴庆厦、滕星、关辛秋等:《中国少数民族双语教育概论》，沈阳：辽宁民族出版社，1997年。

[12] 丁石庆:《双语族群语言文化的调适与重构 —— 达斡尔族个案

研究》，北京：中央民族大学出版社，2006年。

[13]杜晓利：《教师政策》，上海：上海教育出版社，2012年。

[14]费孝通：《费孝通论文化与文化自觉》，北京：群言出版社，2007年。

[15]耿金声、崔斌子：《中国少数民族教育史（当代卷）》，长春：吉林教育出版社，1995年。

[16]耿金声、王锡宏主编：《民族教育改革与探索》，北京：中央民族学院出版社，1989年。

[17]顾明远主编：《教育大词典》第4卷，上海：上海教育出版社，1992年。

[18]国家民族事务委员会教育司编：《新时期民族教育工作手册》，北京：中央民族学院出版社，1991年。

[19]哈经雄、滕星主编：《民族教育学通论》，北京：教育科学出版社，2001年。

[20]郝维民主编：《内蒙古自治区史》，呼和浩特：内蒙古大学出版社，1991年。

[21]科林·贝克：《双语与双语教育概论》，翁燕珩等译，北京：中央民族大学出版社，2008年。

[22]教育部师范教育司编：《教师专业化的理论与实践》，北京：人民教育出版社，2002年。

[23]林崇德：《教育的智慧：写给中小学教师》，北京：开明出版社，1999年。

[24]刘铁芳：《给教育一点形而上的关怀——刘铁芳教育讲演录》，上海：华东师范大学出版社，2008年。

[25]刘捷：《专业化：挑战21世纪的教师》，北京：教育科学出版社，2002年。

[26]马啸风：《中国师范教育史》，北京：首都师范大学出版社，2003年。

[27]孟立军：《新中国民族教育理论概论》，南宁：广西民族出版社，

2006年。

[28] 内尔·诺丁斯:《幸福与教育》，龙宝新译，北京：教育科学出版社，2009年。

[29] 内尔·诺丁斯:《学会关心：教育的另一种模式》，于天龙译，北京：教育科学出版社，2011年。

[30]《内蒙古教育志》编委会编:《内蒙古教育史志资料》第一辑，呼和浩特：内蒙古大学出版社，1995年。

[31] 内蒙古教育厅民族教育处编:《内蒙古民族教育工作手册》第一辑，呼和浩特：内蒙古教育出版社，2004年。

[32] 内蒙古自治区教育厅编:《内蒙古自治区民族教育文件汇编》(汉文版）第一辑，呼和浩特：内蒙古自治区教育厅编印，1957年。

[33] 内蒙古教育厅基础教育处:《内蒙古自治区基础教育六十年》，呼和浩特：内蒙古教育出版社，2007年。

[34] 欧阳慧:《云南省孟波镇中学多元文化教师民族志研究》，北京：民族出版社，2011年。

[35] 任其怿:《日本帝国主义对内蒙古的文化侵略活动》，呼和浩特：内蒙古大学出版社，2006年。

[36] 斯琴巴图:《贡桑诺尔布》，呼和浩特：内蒙古科学技术出版社，2009年。

[37] 邢丽、邢旗:《内蒙古区域游牧文化的变迁》，北京：中国社会科学出版社，2013年。

[38] 苏德、陈中永:《中国边境民族教育论》，北京：中央民族大学出版社，2012年。

[39] 苏德主编:《民族教育质性研究方法：理论、策略与实例》，北京：教育科学出版社，2014年。

[40] 苏德:《蒙汉双语教学研究：多学科视角》，北京：民族出版社，2014年。

[41] 苏德等:《民族教育政策：行动反思与理论分析》，北京：教育科学出版社，2013年。

[42] 苏德主编:《民族教育政策：文化思考与本土建构》，北京：教育科学出版社，2014年。

[43] 苏德主编:《民族基础教育质量保障的政策研究》，北京：教育科学出版社，2013年。

[44] 苏德等:《民族教育政策：质性研究与案例分析》，北京：教育科学出版社，2014年。

[45] 史静寰等:《当代美国教育》（修订版），北京：社会科学文献出版社，2012年。

[46] 孙绵涛主编:《教育政策学》，北京：中国人民大学出版社，2010年。

[47] 孙若穷主编:《中国少数民族教育学概论》，北京：中国劳动出版社，1990年。

[48] 滕星、王铁志主编:《民族教育理论与政策研究》，北京：民族出版社，2009年。

[49] W·F.麦凯、M.西格恩:《双语教育概论》，严正、柳秀峰译，北京：光明日报出版社，1989年。

[50] 王斌华编著:《双语教育与双语教学》，上海：上海教育出版社，2003年。

[51] 王嘉毅、常宝宁等:《西北地区农村基础教育课程改革研究》，北京：教育科学出版社，2009年。

[52] 王军、董艳主编:《民族文化传承与教育》，北京：中央民族大学出版社，2007年。

[53] 王铁志:《新时期民族政策的理论与实践》，北京：民族出版社，2001年。

[54] 王枬等:《智慧型教师的诞生》，北京：教育科学出版社，2006年。

[55] 王锡宏:《中国少数民族教育本体理论研究》，北京：民族出版社，1998年。

[56] 王艳玲、苟顺明:《多元文化背景下的教师能力——以中国西南少数民族地区为例》，北京：人民出版社，2013年。

[57]乌兰图克:《蓬勃发展的四十年内蒙古自治区民族教育文集》,1990年。

[58]乌兰图克、齐桂芝主编:《内蒙古自治区民族教育文集(1966-1990)》,呼和浩特:内蒙古大学出版社,1990年。

[59]吴明海主编:《中国少数民族教育史教程》,北京:中央民族大学出版社,2006年。

[60]乌云娜:《蒙古语授课学生的英语教学研究》,呼和浩特:内蒙古教育出版社,2009年。

[61]萧大亨:《北虏风俗》(蒙古文版),呼和浩特:内蒙古人民出版社,1979年。

[62]徐碧美:《追求卓越——教师专业发展案例研究》,陈静、李忠如译,北京:人民教育出版社,2003年。

[63]姚晓迅:《边缘化的打工者:中西部乡村教师工作和生活状况调查研究报告》,北京:社会科学文献出版社,2014年。

[64]叶澜、白益民、王枬等:《教师角色与教师发展新探》,北京:教育科学出版社,2001年。

[65]叶澜主编:《中国教育学科年度发展报告·2001》,上海:上海教育出版社,2002年。

[66]叶澜:《教育概论》,北京:人民教育出版社,2006年。

[67]赵中建主译:《全球教育发展的历史轨迹——国际教育大会60年建议书》,北京:教育科学出版社,1999年。

[68]朱宁波:《中小学教师专业发展的理论与实践》,长春:吉林人民出版社,2002年。

[69]岡本雅亨:《中国の少数民族教育と言語政策》,社会評論社,1999年。

[70]小川佳万:《社会主義中国における少数民族教育》,東信堂,2001年。

[71]陈中永:《中国民族教育发展报告2017内蒙古卷》,北京:社会科学文献出版社,2017。

[72] 胡春梅:《民族教育发展研究》，呼和浩特:内蒙古教育出版社，2003。

[73] 内蒙古自治区教育厅民族教育处编:《内蒙古民族教育工作手册第一辑》，呼和浩特：内蒙古教育出版社，2011。

[74] 苏德:《中国民族教育发展报告（2015—2018）》，北京：社会科学文献出版社，2019.

[75] 苏德:《教育大辞典（民族教育卷）》，上海：上海教育出版社，即将出版。

[76] 乌兰夫:《乌兰夫文选（上）》，北京:中央文献出版社，2013。

## 报纸期刊类：

[1] 宝玉柱:《清代蒙古族寺院教育及其语言教育》，载《中央民族大学学报》（哲学社会科学版），2001年第5期。

[2] 陈立鹏、刘燕青:《我国现行双语教学政策分析》，载《贵州民族教育》，2009年第2期。

[3] 陈立鹏:《改革开放30年来我国民族教育政策回顾与评析》，载《民族研究》，2008年第5期。

[4] 陈向明:《从教师“专业发展”到教师“专业学习”》，载《教育发展研究》，2013年第8期。

[5] 陈向明、张玉荣:《教师专业发展和学习为何要走向“校本”》，载《清华大学教育研究》，2014年第1期。

[6] 陈向明:《理论在教师专业发展中的作用》，载《北京大学教育评论》，2008年第1期。

[7] 冯广兰:《美国双语教育政策嬗变及其实践》，载《民族教育研究》，2008年第1期。

[8] 顾华详:《美国双语教育发展的教训及警示——兼论我国民族地区发展双语教育的对策》，载《国家教育行政学院学报》，2008年第1期。

[9] 胡定荣:《教师专业发展:“觉悟”与“正道”》，载《课程·教

材·教法》，2014年第3期。

[10]胡俊生、李期:《中国特色的“半城镇化”及其对农村教育的影响》，载《延安大学学报（社会科学版）》，2014年第8期。

[11]冀文秀:《元朝蒙古族教育的异彩华章》，载《阴山学刊》，2010年第4期。

[12]姜宏德:《论双语教师的专业素质》，载《当代教育科学》，2003年第23期。

[13]金志远:《60年中国内地民族基础课程改革的本土经验》，载《内蒙古师范大学学报》（哲学社会科学版），2009年第6期。

[14]宁文:《浅论社会主义时期民族教育的地位》，载《民族教育》，1986年第2期。

[15]李斌:《国内外教师专业发展过程研究述评》，载《江苏教育学院学报》（社会科学版），2003年第4期。

[16]李强:《主动城镇化与被动城镇化》，载《西北师大学报》（社会科学版），2013年第6期。

[17]李泽林:《我国少数民族地区双语教师培训政策研究》，载《民族教育研究》，2010年第2期。

[18]林智中、张爽:《香港教师专业发展策略：从不足模式走向互动模式》，载《教师教育研究》，2008年第3期。

[19]梁进龙、万明钢:《中小学教师人格类型与职业认同的关系研究》，载《教育学术月刊》，2011年第12期。

[20]梁云:《新疆少数民族中小学双语教师培训的现状及对策研究》，载《民族教育研究》，2007年第6期。

[21]梁云、张洁:《新疆少数民族双语教师培训探微》，载《新疆师范大学学报》（哲学社科版），2007第3期。

[22]林崇德、申继亮、辛涛:《教师素质的构成及其培养途径》，载《中国教育学刊》，1996年第6期。

[23]刘洁:《试析影响教师专业发展的基本因素》，载《东北师大学报》，2004年第6期。

[24] 刘生龙，王亚华，胡鞍钢:《西部大开发成效与中国区域经济收敛》，载《经济研究》，2009年第9期。

[25] 刘万海:《教师专业发展：内涵、问题与趋向》，载《教育探索》，2003年第12期。

[26] 刘伟、李森、郑红苹:《近二十年我国少数民族双语教育研究状况分析——以〈民族教育研究〉(1990—2009年)为例》，载《民族教育研究》，2012年第1期。

[27] 罗玲、蒋伟:《民族地区教师“双语”培训亟待加强——藏、维民族聚居地区双语教学及教师双语培训调查报告》，载《教师教育研究》，2009年第1期。

[28] 毛菊:《少数民族教师专业发展的困境及路径选择》，载《湖南师范大学教育科学学报》，2002年第4期。

[29] 宋广文、魏淑华:《影响教师职业认同的相关因素分析》，载《心理发展与教育》，2006年第1期。

[30] 宋广文、魏淑华:《论教师专业发展》，载《教育研究》，2005年第7期。

[31] 苏德:《少数民族多元文化教育的内容及其课程建构》，载《中央民族大学学报》(哲学社会科学版)，2008年第1期。

[32] 塔娜:《以教育公平视角审思当前少数民族英语教育中的两大问题——以内蒙古蒙古族学校为例》，载《内蒙古师范大学学报》(教育科学版)，2014年第11期。

[33] 塔娜:《“蒙古语—汉语—英语”双语教育现实与反思——以内蒙古地区中小学为例》，载《贵州教育》，2013年第5期。

[34] 滕星:《中国少数民族双语教育研究的对象、特点、内容与方法》，载《民族教育研究》，1996年第2期。

[35] 谭旭伦:《论双语语言能力》，载《广西大学学报》(哲学社会科学版)，1994年第5期。

[36] 吐尔逊娜依:《双语教学对少数民族双语教师素质的要求》，载《新疆大学学报》(人文社会科学版)，2010年第4期。

[37] 王国超、孟立军:《回顾与展望:我国民族教育研究述评》，载《学术论坛》，2013年第9期。

[38] 王坤庆:《教师专业发展的境界:形成教师个人的教育哲学》，载《高等教育研究》，2011年第5期。

[39] 万明钢、邢强:《双语教学模式与藏族学生智力、学业成绩关系研究》，载《西北师大学报（社会科学版）》，1999年第5期。

[40] 王嘉毅、赵明仁:《民族地区教师队伍建设的现状、问题与对策研究》，载《西北民族研究》，2012年第1期。

[41] 王鉴、李泽林:《西北少数民族双语师资协同创新培养培训模式研究》，载《双语教育研究》，2014年第1期。

[42] 王鉴:《西部大开发背景下的民族教育政策问题》，载《西北师大学报（社会科学版）》，2003年第5期。

[43] 王鉴:《我国民族教育政策体系探讨》，载《民族研究》，2003年第6期。

[44] 王鉴、秦积翠、栾小芳等:《解读中国多元文化教育》，载《贵州民族研究》，2007年第1期。

[45] 王莉颖:《国外双语教师在职培训模式探析——美国、加拿大、芬兰案例》，载《教育发展研究》，2005年第21期。

[46] 王晓莉:《教师专业发展的内涵与历史发展》，载《教育发展研究》，2011年第18期。

[47] 向勇、牟方文:《西部开发　教育先行》载《西南民族学院学报（哲学社会科学版）》，2001年第11期。

[48] 熊春文:《再论“文字上移”:对农村学校布局调整的近期观察》，载《中国农业大学学报（社会科学版）》，2012年第4期。

[49] 徐颂列、李更生、姚安娣:《集中培训与校本培训关系之研究》，载《浙江教育学院学报》，2006年第5期。

[50] 徐志民:《近代日本政府对伪蒙疆政权留日学生政策探微》，载《抗日战争研究》，2008年第2期。

[51] 徐志民:《抗战时期日本对蒙疆地区留日学生政策述论》，载《内

蒙古师范大学学报（哲学社会科学版）》，2009年第5期。

[52] 杨曼苏、张家栋:《民族分离主义及其影响》，载《国际观察》，2002年第1期。

[53] 玉丽:《民族地区师资面临的问题与挑战——我国西部民族地区教师质量分析报告》，载《教育科学研究》，2008年第3期。

[54] 张宏伟、王占军:《〈国家中长期教育改革和发展规划纲要〉识读》，载《现代教育管理》，2010年第12期。

[55] 张燚、塞米·马木特:《新疆双语师资培训教学中的几个重要问题探析》，载《新疆师范大学学报》（哲学社会科学版），2006年第3期。

[56] 赵小雅:《少数民族学生为何重文轻理》，载《中国教育报》，2012年8月1日。

[57] 郑新蓉:《美国的语言教育政策：学校内外的争辩》，载《西北师大学报（社会科学版）》，2005年第1期。

[58] 钟海青、卢辉炬:《教师专业发展的意义探寻》，载《广西师范学院学报》，2003年第4期。

[59] 钟启泉:《“双语教学”之我见》，载《全球教育展望》，2003年第2期。

[60] 钟祖荣等:《教师专业发展阶段的调查研究及其对职后教师教育的启示》，载《教师教育研究》，2012年第6期。

[61] 周竞红:《简论历史上族际关系对蒙古族教育发展的影响》，载《民族教育研究》，1999年第3期。

[62] 周庆生:《中国双语教育类型》，载《民族语文》，1991年第3期。

[63] 褚慧:《改革开放40年我国少数民族双语教育研究热点、历史过程与展望》,《信阳师范学院学报（哲学社会科学版）》，2020年第1期。

[64] 塔娜:《母亲的“马背教师”生涯》，载《中国民族教育》，2016年第2期。

[65] 郑新蓉:《共和国五代乡村教师代际特征研究》，载《贵州师范大学学报（社会科学版）》，2016年第3期。

[66] 袁梅、苏德、江涛:《新时代民族教育的应然价值关照》，载《教

育研究》，2019年第10期。

[67]フフバートル，"Book Review岡本雅亨著‘中国の少数民族教育と言語政策’民族語教育の視点から見た中国の少数民族問題—" PRIME 第12号2000年3月.

[68]尹貞姫「中国における「国民教育」と「少数民族教育」の相克—中国朝鮮民族学校における教育課程に着目して—」『国際開発研究フォーラム』30 2005年3月.

[69]Aneta Pavlenko. I *Never Knew I Was a Bilingual*: *Reimagining Teacher Identities in TESOL*[J]. Journal of Language，Identity&Education，2009，2（4）.

[70]Cazden，C.B.and Snow，C.E.1990a，Preface to C.B. Cazden and C.E.Snow（eds）*English Plus*：*Issure in Bilingual Education*.London：Sage.

[71]Larissa. Aronin，*Theoretical Perspectives of Trilingual Education* [J] . International Journal of the Sociology of Language，2005（1）.

[72]Uradya E. Bulag. *Mongolian Ethnicity and Linguistic Anxiety in China* [J] . AMerican Anthropologist，2003，105（4）.

## 学术论文类：

[1] 曹彦丽:《民汉双语教师专业素质研究 —— 基于甘南藏族自治州的调查》，中央民族大学硕士学位论文，2011年。

[2] 陈德云:《美国优秀教师专业教学标准及其认证、开发、实施及影响》，华东师范大学博士学位论文，2011年。

[3] 陈俊同:《中美双语教师职前培养模式比较 —— 以个案研究为中心》，东北师范大学硕士学位论文，2007年。

[4] 达万吉:《民族中小学双语教师质量研究 —— 理论探索与田野呈现》，中央民族大学博士学位论文，2013年。

[5] 哈达:《内蒙古自治区蒙古语授课中小学教育研究（1947—1966

年）》，内蒙古大学博士学位论文，2013年。

[6]哈琴:《双语背景下的少数民族汉语教师专业发展研究——以内蒙古蒙古族小学汉语教师为例》，华东师范大学硕士学位论文，2010年。

[7]韩春晓:《蒙汉双语教育背景下汉语教学的社会语言学研究——以锡林浩特市蒙古语授课中小学为例》，中央民族大学博士学位论文，2012年。

[8]李家黎:《文化生态学视野下的少数民族教师专业发展研究——以云南省澜沧县拉祜族教师为个案》，西南大学硕士学位论文，2006年。

[9]李景:《行动研究与教师专业成长——以东乡县红星小学马老师为个案》，西北师范大学硕士学位论文，2006年。

[10]刘畅:《美国双语教师培养及其对我国少数民族中小学双语教师培养的启示》，辽宁师范大学硕士学位论文，2008年。

[11]鲁闻:《我国中小学双语教学师资培训模式探究》，东北师范大学硕士学位论文，2007年。

[12]卢巍:《中学双语教学师资培训途径有效性的研究——基于上海市某区中学的调查》，华东师范大学硕士学位论文，2006年。

[13]苏德:《多维视野下的双语教学发展观——内蒙古地区蒙古族中小学个案》，中央民族大学博士学位论文，2005年。

[14]史宇:《小学双语教师在职培训的问题与对策——以辽宁省抚顺市为例》，辽宁师范大学硕士学位论文，2006年。

[15]佟代泉:《边境农牧区民族中小学教师专业化发展策略研究——以内蒙古科右前旗、达茂旗部分民族中小学为个案》，内蒙古师范大学硕士学位论文，2008年。

[16]吐尔地·买买提:《乌鲁木齐中小学维吾尔族双语教师教学能力发展研究》，新疆师范大学硕士学位论文，2007年。

[17]王建军:《元代国子监研究》，暨南大学博士学位论文，2002年。

[18]魏长江:《通辽地区农村小学教师专业化发展现状分析与对策研究》，内蒙古师范大学硕士学位论文，2008年。

[19]魏士军:《农村教师专业发展影响因素之研究——以甘肃省白

银市靖远县为个案》，西北师范大学硕士学位论文，2009年。

[20]魏淑华:《教师职业认同研究》，西南大学博士学位论文，2008年。

[21]杨志娟:《民族基础教育新课程改革适切性研究——以内蒙古通辽市蒙古族中学为个案》，中央民族大学博士学位论文，2013年。

[22]赵昌木:《教师成长研究》，西北师范大学博士学位论文，2003年。

# 附　录

## 教师问卷 1

亲爱的老师：

您好！为了了解内蒙古蒙古族小学双语教师的专业发展现状，我们设计了这份问卷。答案无所谓对错，一律匿名处理，调查结果只作研究之用，请您按实际情况作答。谢谢您的合作！

一、根据实际情况填写在“______”上。

性别：______从教学校：______

婚姻状况：______专业技术职称：______

原始学历：______最终学历：______

年龄：______教龄：______

毕业院校、专业级毕业时间：______；______；

是否兼任行政职务？职务是：____________

本学期您所教的年级（请按1—12年级填写）：

本学期您教几门课程：____________

本学期您所教的课程是（可写多个）：______

本学期您给几个班上课：______个班；共有多少名学生：______名

您的月工资（包括津贴、奖金等所有现金收入）有：______元

二、请在您所适合的选项序号上画“√”。

1. 您属于下面哪类教师?

A 正式编制的专任教师　　B 特岗教师

C 代课教师　　D 其他（请说明）

2. 您职前毕业于

A 中等师范　　B 师范专科　　C 师范本科　　D 非师范中专

3. 您标准蒙古语水平测试的成绩是?

A 一级甲等　　B 一级乙等　　C 二级甲等　　D 二级乙等

E 三级甲等　　F 三级乙等　　G 未测试过

4. 普通话水平测试的成绩是?

A 一级甲等　　B 一级乙等　　C 二级甲等　　D 二级乙等

E 三级甲等　　F 三级乙等　　G 未测试过

5. 您对内蒙古双语教育政策（包括母语教育政策）的了解达到以下哪种程度?

A 从没有听说过双语教育政策

B 仅仅听说过双语教育政策，但不了解，不关心其内容

C 关心并学习过国家或学校的双语教育政策，对双语教育政策有所了解

D 十分关心并时刻注意双语教育政策的最新动态

E 经常与同行探讨双语教育政策并在自己的工作实践中贯彻执行双语教育政策

6. 您觉得您属于双语教师吗?

A 属于　　B 不属于（为什么? 请说明原因）

三、请在选项序号上画“√”。可选择您认为最适合的一个或几个备选项目。

1. 您选择教师职业的动机是

A 热爱教育事业　　B 有挑战性　　C 喜欢孩子　　D 稳定

E 家长意见　　F 无奈

2.您至今做教师的理由是

A 热爱教育事业 B 能体现个人价值 C 社会地位不断提高

D考虑到家庭等各种因素 E没有其他更好的职业选择 F其他

3.您工作中的快乐主要源于

A 个人价值得到体现 B 教学有成效 C 工作环境惬意

D 师生关系融洽 E 工资收入满意

4.您认为工作压力主要来自

A 教学任务重 B社会的期望 C升学率压力 D体制改革聘任制的压力

E课程改革 F家庭生活压力 G其他（请注明）

5.您对目前的工作感到最满意的是

A工资待遇满意 B工作量适度 C工作环境惬意 D 工作氛围融洽

E教学效果好 F胜任本职工作 G学校政策，办学理念好

H领导管理有方 I其他（请注明）

6.您对目前的工作最不满意的是

A工资待遇低 B工作量大 C工作环境差 D 工作氛围不融洽

E教学效果一般 F学校政策，办学理念陈旧落后 G领导管理理念存在问题 H 自身专业水平有限 H其他（请注明）

7.您对学校的教师评价制度是否满意?

A非常满意 B满意 C无所谓 D不满意 E非常不满意

8.您对自身专业发展的要求是

A 一般教师 B学者型教师 C学科带头人、骨干教师

D保证不落伍 E没有要求

9 .您认为制约自己专业发展的主要原因是

A 学校不重视 B工作量太大，没有充足的时间提高自身专业素养

C缺乏良好的环境 D缺乏专业指导 E其他（请注明）

10.认为影响教学效果（质量）的因素包括?

A 学校管理及领导理念 B教师的教学方法和手段 C 教师的专业水平 D 课程教材质量 E学校的教学气氛 F 学生的质量 F课时量的

多寡 G其他（请说明）

11.您认为影响学生成绩最主要的因素是

A教师 B教育经费投入 C办学体制和模式 D学生家庭背景

E学生的学习环境

12.在专业发展方面，您认为自己最需要提高的知识是

A 学科知识 B 双语教育知识 C 实践性知识 D 教学方法与策略知识 E 教育法规与政策知识 F文化基础知识 G经验知识 H 其他（请说明）

13.您认为双语教师在双语教学中最需要的知识是

A 双语教育的基本理论知识 B双语教学的专门策略知识 C双文化或多元文化知识 D双语教学研究所需知识 G本土知识 H其他

14.在专业发展方面，您认为自己最需要提高的能力是

A 教育教学能力 B科研能力 C课程开发能力 D 反思教育实践能力 E 教学监控能力 F交际能力 G 与学生沟通能力 H 创新能力 I 合作能力

15.您认为双语教师在双语教学中最需要的能力是

A 双语语言能力 B 双语教学技能 C双文化认知和双文化分析能力 D跨文化交往能力 E双文化或多文化的运作能力

16.您觉得您的知识水平随着您的学历的提升（包括函授、后本和正式研究生）而提高了吗?

A有很大提高 B有一些提高 C没多少提高 D不知道

17.您采取过哪些方法充实教学内容?

A购买相关资料、书籍 B上网搜寻 C找同事或图书室借资料 D资料缺乏、没采取什么措施充实教学 E其他（请注明）

18.您平时参加的教研活动的形式主要有

A仅仅是一起交流备课 B说课、听课、评课、竞教 C开展问题讨论、案例分析 D专题讲座 E校际交流 F其他（请注明）

19.您在工作中感到最棘手的事情是

A学生厌学 B学生难以管理 C专业知识缺乏 D教学能力不足

E 教学资源不足　F 教育理念落后　G 其他（请注明）

20. 为了提高自己，您经常采用的学习方式是

A 自学　B 与同行交流　C 专业培训　D 网络学习　E 报告讲座　F 学术会议　G 其他（请注明）

四、请在选项序号上画“√”。可选择您认为最适合的一个或几个备选项目。

1. 关于教师培训，您总是

A 积极参加　B 不愿意参加，但不得不参加

C 不愿参加也不去参加　D 无所谓

2. 您参加了哪个层次的培训？

A 国家级培训　B 自治区级培训　C 地州级培训

D 市县级培训　E 校级培训　F 没有参加过培训

3. 您平均每年参加各种形式的培训次数有

A0 次　B1 次　C2 — 3 次　D3 次以上

4. 您参加有组织的短期培训的时间是

A0 天　B1 — 3 天　C6 — 7 天　D8 — 10 天　E 两周以上

5. 对您来说，培训的主要目的是

A 评优晋级　B 自身发展需要　C 学校要求　D 没有目的　E 其他

6. 培训能否帮助您解决教学中遇到的问题？

A 很有帮助　B 有一定帮助　C 一般　D 偶尔　E 没什么帮助

7. 您希望在教师培训中学习哪些内容？

A 新课改理念　B 学科专业知识　C 学科教学法　D 一般教学策略

E 课堂管理策略　F 教育教学的研究方法　G 信息技术、教育技术

H 人文修养、艺术鉴赏　I 儿童心理发展　J 其他（请注明）

8. 在教师培训中您喜欢哪种培训方式？

A 专家讲座　B 收看 DVD 或 VCD　C 集中培训　D 教学观摩

E 小组讨论　F 自我反思　G 案例分析　H 与课题结合的教育教学研究　I 课题研究　J 其他（请注明）

9.您最喜欢参加的教师培训类型是

A到高校脱产学习 B到专门培训机构集中培训 C远程培训

D校本培训 E自我提高

10.您认为当前教师培训工作存在的最大问题是

A培训目标不明确 B受训者参与程度不高 C培训者单向灌输，忽视学员的感受 D与教学工作结合不紧密 E培训计划“一刀切” F注重数量，不顾质量 G其他（请注明）

11.为保障培训效果，贵校采取的管理措施有

A 建立培训质量监控、检查、评估制度 B建立并规范培训档案

C 规范学分登记制作 D 没有任何措施

12.培训中，培训者是否向您调查过您对培训的意见和建议，并在培训中做出适当的调整?

A调查过，并做出了调整 B调查过，但未见做出调整 C没有调查过，但培训中有所调整 D没有调查，也没有做过调整

衷心感谢老师们的支持与配合!

## 教师问卷 2（针对牧区教师）

亲爱的老师：

您好！为了了解内蒙古蒙古族小学双语教师的专业发展现状，我们设计了这份问卷。答案无所谓对错，一律匿名处理，调查结果只作研究之用，请您按实际情况作答。谢谢您的合作！

### 一、根据实际情况填写在“______”上。

性别：______从教学校：______

婚姻状况：______专业技术职称：______

原始学历：______最终学历：______

年龄：______教龄：______

毕业院校、专业及毕业时间：______；______；

是否兼任行政职务？职务是：______

本学期您所教的年级（请按1—12年级填写）：______

本学期您教几门课程：______

本学期您所教的课程是（可写多个）：___________

本学期您给几个班上课：______个班；共有多少名学生：______名

您的月工资（包括津贴、奖金等所有现金收入）有：______元

### 二、请在您所适合的选项序号上画“√”。

1. 您愿意把苏木小学撤并到旗里吗？

A 愿意　B 不愿意　C 无所谓

2. 如果您选择A，愿意把学校撤并到旗里的理由是什么？

A 旗里交通方便，生活条件好　B 旗里医疗条件好　C 旗里教育条件好　D 其他（ ）

3. 如果您选择B，不愿意把学校撤并到旗里的理由是什么？

A 家在牧区，不愿搬迁　B 旗里生活环境不如牧区好　C 旗里生活压

力大　D家里的牲畜和老人需要照顾　E其他（　）

4.在教学方面，牧区学校的教师、学生与旗里学校的教师、学生比较：

学生掌握母语方面

A牧区学生更好　　B不如旗里学生　　C差不多

学生掌握蒙古族传统文化方面

A牧区学生更好　　B不如旗里学生　　C差不多

学生的纪律方面

A牧区学生更好　　B不如旗里学生　　C差不多

教师的压力方面

A牧区教师压力更大　　B不如旗里教师　　C差不多

教师的积极性方面

A牧区教师的积极性高　　B不如旗里教师　　C差不多

教师的责任感方面

A牧区教师的责任感强　　B不如旗里教师　　C差不多

教学条件方面

A牧区条件更好　　B不如旗里条件　　C差不多

家长与教师合作方面

A牧区学生更好　　B不如旗里学生　　C差不多

家教方面

A牧区学生更好　　B不如旗里学生　　C差不多

5.您认为布局调整政策实施后对牧民的生活、经济、家庭带来了哪些影响？＿＿＿＿＿＿

6.您认为布局调整政策实施后的牧区学校学生与城镇学校学生在身心成长过程中有不同之处吗，有哪些不同？＿＿＿＿＿＿

衷心感谢老师们的支持与配合！

## 教师访谈

1.请您介绍一下您的教育背景?

2.您认为自己属于双语教师吗?

3.您对当前的工作满意吗?您觉得工作开心吗?在您任教过程中,您遇到了哪些困惑?

4.您对目前的生活满意吗?对工资满意吗?您在生活中是否有困惑,有的话具体是什么?

5.您觉得什么样的老师是好老师?您觉得自身哪些方面做得好或做得不足?您身边是否有特别尊重或崇拜的一位老师?他/她是如何开展教学工作的?是否可以举个例子。

6.您如何理解教师专业发展?您认为双语教师的教师专业发展应该与普通教师(该地区汉民族教师)在哪些方面表现出不同?

7.在您参与的培训项目中,您觉得哪些培训对您的专业发展有帮助?为什么?您对当前的教师培训有哪些意见和建议?

8.您认为在双语教师专业发展过程中,学校应该为教师提供哪些条件?政策决策者该为教师专业发展提供哪些方面的保障?

9.双语教师自身在教师专业发展过程中应该做哪些努力?谈谈您的看法。

10.您对自身的期待是什么?您对生活的期待是什么?

## 校领导访谈

1.您如何理解双语教育?

2.您的教育与专业成长背景是什么样的?

3.您在校长的岗位上工作了多长时间?在此岗位上您的成就有哪些?您的困难有哪些?您的挑战是什么?

4.贵校的办学特色是什么?办学思路是什么?教师和学生对此如何看待?

5.贵校的师资条件如何？教师的专业结构如何？是否存在不合理之处，存在的话具体指什么？不合理之处产生的原因或背景是什么？您觉得教师们工作积极性如何？您认为教师们对目前的工作状态满意吗？

6.近年来贵校在双语教师的数量与质量上有什么样的变化？

7.您觉得贵校双语教师整体素质如何？您最关注的是双语教师的哪些素质？您认为贵校的双语教师应该具备哪些素质？

8.贵校是如何开展教师培训工作的？经费支持与政策保障如何？您如何总结近年来开展的各类教师培训？您认为双语教师需要哪些培训？培训过程中应该注意哪些方面？

9.您觉得除培训以外促进该校双语教师专业发展的途径还有哪些？

10.您对贵校双语教师专业发展的期待是什么？您对贵校发展的期待是什么？您对蒙古族民族教育的期待是什么？

## 教育管理部门负责人访谈

1.您如何理解双语教育？如何理解本地区双语教育？您认为本地区双语教育有何特色？

2.您的教育与专业成长背景是什么样的？

3.您在此岗位上工作了多长时间？在此岗位上您的成就有哪些？您的困难有哪些？您的挑战是什么？

4.本地区双语教育发展现状是什么样的？呈现出哪些特点？当前的突出问题是什么？

5.本地区双语师资条件如何？教师的专业结构如何？是否存在不合理之处，存在的话具体指什么？不合理之处产生的原因或背景是什么？您觉得教师们工作积极性如何？您认为教师们对目前的工作状态满意吗？

6.近年来本地区在双语教师的数量与质量上有什么样的变化？

7.您觉得该地区双语教师整体素质如何？您认为该地区的双语教师应该具备哪些素质？

8. 该地区教师培训工作开展得如何？教育部门对双语教师培训工作提供了哪些保障？目前双语教师培训的突出问题是什么？是否有地方因素限制？培训的经费来源是什么？

9. 该地区是否制定并实施过促进双语教师专业发展的特殊政策？

10. 您对该地区双语教育的期待是什么？您对双语教师队伍发展的期待是什么？

## 培训部门负责人访谈

1. 您如何理解双语教育？又如何理解本地区双语教育？

2. 您的教育与专业成长背景是什么样的？

3. 您在此岗位上工作了多长时间？在此岗位上您的成就有哪些？您的困难有哪些？您的挑战是什么？

4. 本地区双语教育发展现状是什么样的？双语教师发展现状是什么样的？呈现出哪些地方特点？

5. 本地区双语教师培训工作是如何开展的？双语教师培训工作的重点是什么？难点是什么？

6. 教育管理部门、培训部门与学校之间的工作是如何衔接的？本地区培训部门的主要工作和职责是什么？ 有哪些部门为教师培训工作提供了什么样的保障（如经济和政策层面）？

7. 目前双语教师培训工作的突出问题是什么？是否有地方因素限制？本地区是否制定并实施过双语教师培训的特殊政策？

8. 双语教师如何看待培训？他们愿意参加培训吗？各个地方的教师参加培训的态度一样吗？有何不同？

9. 您认为本地区双语教师最需要什么样的培训？双语教师最期待什么样的培训？

10. 您对双语教师队伍发展的期待是什么？您对您的工作的期待是什么？